종교 안에서
종교를 넘어

레페스심포지엄 01

종교 안에서 종교를 넘어

불자와 그리스도인의 대화

레페스포럼 기획

| 일러두기 |

1. 실제 발제하고 토론했던 순서와 내용 그대로 정리해서 게재했다.
2. 생생한 토론 분위기를 살리기 위하여 종교명, 직함, 호칭 등은 토론자가 발언한 그대로 실었다.
   예) 기독교/그리스도교, ○○○선생님/○○○교수님/○○○박사님

머리말

2016년 1월 17일 개운사(김천시 소재)에서 한 개신교인이 법당 내 관음상과 각종 불구(佛具)들을 훼손하였다. 훼불 전에는 인근 성당의 성모상도 훼손했다고 한다. 기자의 취재 결과에 따르면, 자기 불행의 원인을 남(특히 다른 종교)에게서 찾으며 스스로를 위로하려고 그런 일을 벌였던 것 같다. 한국에서 잊을 만하면 터지는 개신교인에 의한 훼불 사건은 타인의 종교는 물론 자신의 종교에 대한 무지에서 벌어진 불행한 일들이다. 그런 사건이 벌어져도 진심어린 사과를 하지 않는 주류 개신교회들이나 특별한 보도를 하지 않는 개신교계 주류 언론, 설령 알더라도 그러려니 하는 체념적 무감각들 때문에 이런 일들은 되풀이된다.

이 사건 이후 서울기독대 손원영 교수의 발의로 김근수, 이찬수, 박범석 등 일부 종교인들이 '개운사 불당 회복을 위한 모금'을 몇 개월에 걸쳐 인터넷 상에서 진행하였고, 일정 금액이 모금되었다. 액수가 크다고 할 수는 없었지만, 마음만큼은 무엇보다 큰 후원금이었다. 개운사 측에서는 모금액을 사회적으로 의미 있게 사용해주면 좋겠다 요청해 왔고, 그동안 종교와 평화 관련 포럼을 진행해 오던 '레페스포럼'이 그 사용 책임을 맡았다. 레페스포럼에서는 우리 사회의 불교와 기독교의 상호 이해를 심화시키는 일이 무엇보다 중요하다고 판단하고, 전문 연구자들이 모여 두 종교의 사상을 중심으로 진지하게 대화하고 그 결과를 책으로 내는 일에 이 귀한 돈을 쓰기로 했다.

'불교와 기독교는 어떤 관계에 있는지', 특히 '사상적 차원에서 무엇이 같고 무엇이 다른지' 열두 명의 불교와 기독교 연구자들이 참여해 1박2일 심층 토론을 벌였다. 가능한 한 주제별 시간을 제한하지 않고 이야기를 계속 이어가며 토론하는 일종의 '끝장토론' 형식이었다. 식사와 간식은 물론 뒤풀이도 같이 하며 진행했으니, 말 그대로 '심포지엄(향연)'이었다. 이 책은 그 심포지엄 결과를 참석자들이 여러 차례 보완하고 정리하여 단행본으로 만든 것이다.

심포지엄에는 모두 열두 명의 전문 연구자가 참여했다. 불교 측에서는 김용표(동국대 명예교수, 종교학/불교학), 류제동(성균관대 초빙교수, 종교학/불교학), 명법(은유와마음연구소 대표, 불교학/미학), 송현주(순천향대 교수, 종교학/불교학), 원영상(원광대 연구교수, 일본불교학/원불교학), 이도흠(한양대 교수, 국문학/불교학) 선생이, 기독교측에서는 김근수(가톨릭 해방신학연구소장, 신약성서학/해방신학), 김승철(일본 난잔대 교수, 조직신학/종교간대화), 손원영(서울기독대 교수, 기독교교육학), 이찬수(서울대 통일평화연구원 HK연구교수, 종교학/평화학), 이관표(협성대 초빙교수, 신학/철학), 정경일(새길기독사회문화원장, 조직신학/종교간대화) 선생이 참여했다. 홍정호(연세대 기독교문화연구소 전문연구원, 선교학) 선생이 전체 토론의 기록과 정리를 맡았다.

허심탄회하게 그리고 진지하게 토론하면서 참석자들이 대부분 공감한 것은 외견상 이질적인 두 종교가 사상적 차원에서 상통하는 부분이 많다는 사실이다. 평상시 개인적으로 예상하던 공통성을 집단지성 안에서 확인하기도 했고, 미세하고 중요한 차이들을 다시 정리하기도 했다. 불교적 세계관의 핵심이라 할 수 있는 무아와 연기가 기독교권에서는 어떤 방식으로 나타나고 작용하는지도 따져보았다. 이런 내용들을 다루며 하나의 진리가 다양하게 표현되고 해석되는 것이라는 주장은 물론, 표현과 해석의 다양성이면 충분하지 그 너머에서 하나의 진리를 도출하거나 가정하기는 어렵다는 주장도 되새겼다. 오랜 세월에 걸쳐 인간이 질문하고 대답하고 각성해 온 깊은 진리 체계를 농축해서 함께 느끼는 역동적인 시간이기도 했다.

그럼에도 불구하고 불교와 기독교 간 중요한 차이가 있다면, 특히 인간론에서 발견된다고 할 수 있다. 인간은 무한한가 유한한가의 문제, 인간은 이른바 궁극적 진리와 같은가 다른가의 문제였다. 불교가 대체로 전자에 가깝게 생각하고 기독교는 대체로 후자에 가깝게 생각하는 경향이 있다는 사실이 한 번 더 확인되었다. 기독교권에서는 인간이 궁극적 진리로서의 신과 동일하다고 말하기는 곤란한 전통이 강한 데 비해, 불교권에서는 인간이 우주적 진리로서의 붓다 혹은 불성과 동일하다고 말하는 것이 자연스럽다는 것이다.

그리고 기독교권에서는, 비록 최근 생태신학적 사유가 부각되고 있기는 하지만, 대체로 인간 중심적 사유가 강한 데 비해, 불교권에서는 인간과 자연을 상관적으로 대하는 경향이 강하다는 차이도 다시 확인할 수 있었다. 하지만 이런 것들은 두 세계관의 특징이지 우열의 차원으로 간주할 수는 없다는 점, 그리고 불교든 기독교든 여전히 다양한 해석의 가능성에 열려 있는 사유체계라는 사실도 분명했다. 두 종교가 상보적으로 이해되고 서로 안에 수용될 때, 불교와 기독교 하나하나는 물론 인류의 미래까지 담보할 수 있으리라는 생각들도 서로 나눴다.

개인의 견해를 듣고, 대화하고, 거의 밤샘 토론에 가까울 정도로 서로 교류하는 과정은 재미에 의미를 더한 흔치 않은 경험이었다. 머리말에 일일이 담을 수 없는 이야기들이 오고갔다. 심포지엄 참여자들이 저마다 불교와 기독교를 어떻게 보는지 발제문들도 미리 준비해왔고, 함께 읽으며 서로 배웠지만, 심포지엄의 백미는 역시 대화와 토론이었다. 이 정도 수준의 토론은 그동안 국내는 물론 해외에서도 별로 없었을 것 같다. 편안하면서도 진지하고 수준도 높았다.

그런데 이런 의미깊은 행사의 참석자 중의 한 사람에게, 아니 사실상 참석자 모두에게 불행한 일이 다시 닥쳤다. 모금하는 과정이 언론에 보도된 이후 손원영 교수가 우상숭배에 준하는 행동을 했다는 이유로 재직하던 학교에서 징계를 당할 상황에 처하게 된 것이다. 고통을 겪고 있는 이웃을 도왔으니 칭찬을 해야 마땅한 일인데 징계라니 웬말이냐며 참석자들은 염려했고, 주변에도 안타까워하는 이들이 많았지만, 결국 손 교수는 심포지엄이 끝나고 난 얼마 후 학교에서 파면이라는 중징계를 당했다. 파면사건이 언론에 보도되자 학교에서는 징계에는 다른 이유가 있다며 발뺌했지만, 불교를 도왔다는 일이 파면의 결정적 계기였다는 점은 누구나 알 만한 사실이었다. 이 소식을 접한 양식 있는 많은 이들이 징계가 부당한 처사라며 학교를 비판하고 파면 철회를 요구했지만, 학교의 전통과 설립 정신이 손 교수의 신학 및 처사와 맞지 않는다는 이유로 학교는 징계를 정당화하기 급급했다. 개신교인에 의해 심한 정신적 물적 피해를 입은 사찰에 미안한 마음으로 대신 용서를 구하며 복구에 도움을 주고자 했던 사랑의 손길을 신앙의 이름으로 도리어 정죄할뿐더러 20년 이상 재직하던 학교에서 단박에 내치는 그 비정한 상황이 벌어진 것이다. 안타깝기 그지없는 일이다. 손 교수 파면의 부당성에 대해서는 이미 수많은 언론이나 양식있는 학자들이 대신 증언하고 있고, 이 책의 맨 뒤에 손 교수 본인이 직접 저간의 상황을 기록한 생생한 기록도 들어 있다. 더 많은 양식있는 시민들이 학교의 부당한 처사에 대해 비판의 목소리를 높일 일이다.

존재하는 모든 것들은 서로 관계를 맺고 있이기에 서로를 존중하며 사는 것이 당연하고 필연적인 윤리라는 토론을 하기도 했던 이번 레페스 심포지엄의 참석자들은 손 교수의 파면이 철회되고, 손 교수가 헌신하던 학교로 다시 돌아가 연구와 교육에 전념할 수 있게 되기만을 바랄 뿐이다. 이번 심포지엄 참석자 전체는 물론 일말의 양식이라도 있는 이라면 누구든 그것이야말로 기독교의 정신에 어울리는 가장 근본적인 일이라 믿어 의심치 않기 때문이다.

2017.12
토론자를 대표하여 이찬수 합장

차례　　　　　　　종교 안에서 종교를 넘어

머리말 ——5

제1부 불교와 기독교의 대화

Ⅰ. 불교와 기독교의 대화_ **원영상** ——————————15
　1. 불교와 기독교 간 대화의 출발점 ———————17
　2. 불교와 기독교 간 대화의 심화 —————————18
　3. 불교와 기독교 간 대화의 미래 —————————20

Ⅱ. 불교 공(空)사상과 열린 포괄주의에서 본 기독교_ **김용표** ——21
　1. 공성으로 이웃 종교 바라보기 —————————22
　2. 내가 생각하는 기독교 ——————————————24
　3. 창조적 종교 대화를 위한 제언 —————————30

Ⅲ. 불교와의 대화를 통해 신학을 배우면서_ **김승철** ————35
　1. 불교를 통해서 신학을 배우다 —————————36
　2. 불교적 기독교 신학의 형성 ———————————39
　3. 불교와 자연과학과 다원주의적 다원주의 ————42
　4. 기독교 신학의 패러다임 변화 —————————45

Ⅳ. 불교와 기독교의 공통점과 차이, 융합_ **이도흠** ————49
　1. 머리글 ——————————————————————50
　2. 실체론과 관계론 —————————————————51
　3. 이원론과 대대론(待對論) ————————————54

4. 신과 진여(眞如) —————————————— 56
   5. 열반과 하느님 나라 ————————————— 59
   6. 사랑과 자비 ——————————————— 61
   7. 맺음말 ————————————————— 65

Ⅴ. 불교와 기독교의 대화를 위한 몇 가지 주제들
   - 삶의 나약함을 받아들이는 두 종교_ 이관표 ————— 69
   1. 들어가는 말 —————————————— 70
   2. 힘이 아닌 나약함을 받아들이는 기독교와 불교 ——— 71
   3. 나약함의 수용으로서의 비움 ————————— 74
   4. 나가는 말 —————————————— 77

● 종합토론 ● —————————————————— 79

제2부 불교와 기독교의 만남

Ⅵ. 불교와 기독교, 같은 실재를 달리 표현한다_ 이찬수 ——— 121
   1. 붓다와 예수 —————————————— 122
   2. 열반과 하느님 나라 ————————————— 123
   3. 부활과 윤회 —————————————— 125
   4. 공(空)과 하느님 ————————————— 128

Ⅶ. 불교와 기독교의 만남_ 명법 ——————————— 131
   1. 불편한 기억들을 너머 ————————————— 132
   2. 공동의 지평을 찾아서 ————————————— 133
   3. 차이를 통한 공존의 모색 ——————————— 135

● 종합토론 ● —————————————————— 137

제3부 불교와 기독교의 실천

VIII. 그리스도교 세계관과 불교
- 세상을 올바로 바꾸려는 투쟁과 올바로 보는 눈_ **김근수** ——— 163
  1. 그리스도교는 무엇인가? ——————————————— 164
  2. 내가 보는 불교 ————————————————— 168

IX. 불교와 그리스도교에서 종교적 삶
- 윌프레드 캔트웰 스미스의 연구를 중심으로_ **류제동** ——— 171
  1. 종교적 삶의 초월성 ——————————————— 172
  2. 그리스도교 전통에서 종교적 삶·인간의 초월성에 대한 통찰 —— 173
  3. 불교 전통에서 종교적 삶 ————————————— 174
  4. 종교적 삶에서 신앙 ——————————————— 177

X. 붓다의 길과 예수의 길_ **정경일** ————————— 179
  1. "이 산의 또 다른 면이 있다" ————————————— 180
  2. 구원의 다른 길들 ——————————————— 181
  3. 환대의 꿈 —————————————————— 182

XI. 불교와 기독교, 아픔을 공유하다
- 개운사 훼불사건 및 불당회복을 위한 모금운동 일지_ **손원영** —— 187
  1. 한국 교회의 위기 극복은 바른 신학 교육으로부터 —————— 201
  2. 우상숭배 운운에 대하여 ————————————— 202
  3. 우리 학교는 정통-보수신학이라는 주장에 대하여 —————— 206
  4. 결론을 대신하여 ———————————————— 207

● 종합토론 ● ———————————————————— 209

찾아보기 ——255
저자 소개 ——260

제1부

불교와 기독교의 대화

Ⅰ. 불교와 기독교의 대화 _원영상

Ⅱ. 불교 공(空)사상과 열린 포괄주의에서 본 기독교 _김용표

Ⅲ. 불교와의 대화를 통해 신학을 배우면서 _김승철

Ⅵ. 불교와 기독교의 공통점과 차이, 융합 _이도흠

Ⅴ. 불교와 기독교의 대화를 위한 몇 가지 주제들
 - 삶의 나약함을 받아들이는 두 종교 _이관표

I.
불교와 기독교의 대화

원영상 (원광대학교 정역원 연구교수)

불교와 기독교(여기서는 가톨릭과 프로테스탄트 모두)는 이슬람과 더불어 세계종교의 반열에 올라선 전통종교라고 할 수 있다. 여러 종교인과 학자들이 오래전부터 두 종교의 관계에 대해 논해 왔으며, 이번 심포지엄도 그 연장선에 놓여 있다. 특히 한국 사회에서는 이들이 종교계의 양대 축을 형성하며, 치열한 각축전을 벌이고 있다. 불교는 이미 문화적으로나 사상적으로 토착화한 지 오래되었으며, 기독교는 한국적 기독교로 토착화하기 위해 전진하고 있다. 최근 통계에 의하면, 종교인구의 감소로 공히 위기에 처하기는 했지만, 당분간 한국 사회의 종교적 지형이나 사회적 분야에서 이 양대 종교의 영향력은 여전할 것으로 판단된다.

이러한 현실에서 우려되는 것은 종교 간 대립이 격화되는 상황이다. 물론 제도와 대중 민주주의 때문에 다른 나라에서 발생하는 본격적인 종교 간 갈등은 일어나지 않을 것으로 본다. 또한 역사적으로 양대 종교가 얽힌 이해관계가 심각하지 않기 때문에 타자에 대한 전면적 폭력 상황은 발생하지 않을 것으로 본다. 그렇지만 돌다리도 두드려 보고 건너야 할 필요가 있다. 우리나라에서도 종교가 정치에 휘말려 종교의 가르침에서 이탈할 경우, 다른 나라에서 발생하는 심각한 종교 간 갈등이 일어나지 말라는 법은 없다. 이런 상황을 미연에 방지하기 위해서라도, 나아가 사회 통합과 화합을 위해서도 종교 간 대화 노력은 필수적이라고 할 수 있다. 즉, 이러한 상황이 오지 않도록 종교인들과 종교 전문가들이 모여 진지한 대화를 계속해야 한다. 여러 방면에서의 평소의 대화가 위기 상황에서 큰 힘을 발휘할 수 있다.

1. 불교와 기독교 간 대화의 출발점

그렇다면 불교와 기독교의 대화는 어떻게 이루어져야 할까. 무엇보다도 먼저 두 종교에 대한 역사적 이해가 필요하다. 상대가 나고 자란 과정을 알지 못하고는 어떠한 대화도 겉돌기 십상이다. 말하자면 상대를 이해하기 위한 공부가 필요하다. 그중에서도 각자의 고유한 역사적 배경을 아는 것이 우선이다. 우리가 이슬람을 유럽의 색안경을 끼고 보면서 얼마나 많은 편견을 갖게 되었던가. 이러한 교훈은 기독교나 불교에 대해서도 마찬가지이다. 불교가 어떻게 한국 전통 문화 유산의 거의 모든 부분을 차지하게 되었으며, 오늘날 기독교의 성당과 교회에서 왜 그렇게 많은 사람들이 모여 열광적인 예배를 보는가를 이해할 필요가 있다.

이는 종교 간 대화를 위해서만이 아니라 이러한 사회문화적 현상이 우리 사회의 많은 영역에서 다양한 의사의 표출로 나타나기 때문이다. 국가의 진로를 결정하는 데에 이러한 종교 문화와 활동이 영향을 미치는 것은 자명한 일이다. 정교 분리라는 근대의 상식을 내세워 정치와 경제 정책에 종교적 가르침이 개입되지 않는다고 보는 것은 너무나 순진한 발상이다. 겉으로는 사적인 종교의 영역이 공적 영역에 과연 영향력이 있겠는지 물을 수 있겠지만, 현실은 결코 그렇지 않다.

해방 이후 일제가 남기고 간 적산(敵産) 처분 과정이나 군종의 형성 배경 등을 볼 때, 정치가 종교에 또는 종교가 정치에 얼마나 관여했는지가 명확해진다. 불교 측에서는 불교 관련 전통 문화유산을 불교의 전통 자산이라고 하지만 그것은 불교 고유의 재산이면서 한반도에서 살아온 수많은 민중이 십시일반으로 형성시킨 문화적 자산이다. 그것을 어떻게 불교만의 것이라고 할 수 있는가. 왜 국가의 세금으로 이를 보호하고 보존하는가. 불교가 한국 민중과 함께해 온 것은 사실이지만, 역사적으로 볼 때 정치와 불교의 관계는 분리할 수 없는 관계인 것이다. 거친 기술이지만 이처럼 종교는 다양한 형태로 국가와 사회의 향방에 영향을 미치는 것이 사실이다. 따라서 기독교와 불교를 이해하기 위해서는 양자의 역사와 전통을 진지하게 이해하고 받아들이는 자세가 필요하다. 그 과정을 명확히 바라봄으로써 비로소 대화의 테이블에 앉은 의미를 실현할 수 있게 되는 것이다.

2. 불교와 기독교 간 대화의 심화

다음으로 불교와 기독교 간 대화가 본격적으로 시작되는 것은 각각 교의를 이해하는 수준에 이르러서이다. 이로써 양자의 대화는 좀더 심층적인 의미에 접근하게 된다.

한국에는 다양한 종교가 있다. 불교와 기독교는 물론 이슬람도 최근 그 활동이 활발해지고, 근대 문명의 영향을 받고 동양 사상을 자양분으로 해서 탄생하여 성장한 천도교·증산교·원불교 등의 자생 종교들, 철학과 종교는 물론 정치 이념으로까지 영향을 미치며 일상생활 윤리에 영향을 준 유교, 무위자연을 강조하며 삶의 초월적 관조를 지향하는 도교를 비롯하여 일본·중국 등에서 유입된 다양한 외래 종교에 이르기까지 한국은 가히 종교의 천국이라고 할 수 있다.

이러한 종교 가운데에서도 불교와 기독교는 영향력이나 세력 면에서 단연 두드러진다. 양 종교의 대화는 결국 다른 종교 간의 대화를 촉진시킬 것임에 틀림이 없다. 이러한 대화가 진행된다면 한국에서 현대 문명의 앞길을 밝힐 성자가 출현하지 말라는 법이 있겠는가. 세계의 모든 모순이 집약되었다고 하는 한국 사회에서 세계적인 종교를 비롯하여 이렇게 많은 종교가 군웅할거를 하는 이유는 그만큼 인간의 아픔도 크다는 증거일 것이다. 역으로 인류의 고통을 짊어지며 세계를 구제할 성현이 출현할 수 있는 토양도 더욱 비옥해지고 있다고 할 수 있다.

따라서 종교 간 대화는 한 종교가 표방하는 진리를 이웃 종교라는 프리즘을 통해 살펴봄으로써 그 종교 자신은 물론 이웃 종교가 자신의 가능성을 실현하는 열쇠가 될 수 있을 것이다. 이를 위해서는 당연히 상대방의 핵심 교의를 진지하게 탐구하는 과정이 필수적이다. 그 종교는 어떻게 진리를 그렇게 해석하는가, 그 믿음과 수행의 체계는 왜 그렇게 형성되었는가, 인간의 이성과 감성 그리고 영성에 그 종교는 어떻게 호소하는가, 그 종교가 제시하는 구원의 방식은 무엇인가, 세계 사상계에 미친 그 핵심 교의는 무엇인가 등등 배울 것이 무한하다.

좀 다른 이야기이지만, 프랑스가 독일과 더불어 왜 현대 철학계를 이끌고 있는가를 살펴보자. 주지의 사실이지만 그리스철학(헬레니즘)과 기독교 전통(헤브라이즘)의 양대 산맥이 여전히 사상적 전통을 이루고 있기 때문이 아닌가 생각된다. 서구 현대 문명 또한 이러한 틀에서 형성된 것이다. 한국이 프랑스나 독일 못지않은 철학 강국이나 팔레스타인과 같은 종교적 메카가 되지 말란 법이 있는가. 일제 강점으로부터 해방된 후, 전쟁의 고통과 경이적인 자본주의 압축 성장으로 정신적 혼란이 극에 달한 현대 한국 사회를 볼 때, 이를 계기로 새로운 철학과 종교가 탄생하리라는 예감은 필자만의 독단은 아닐 것이라고 본다.

불교와 기독교의 대화는 어떻게 보면, 양대 문명의 대화라고도 할 수 있다. 명암이 교차했던 유럽 문명의 모태인 기독교가 아시아에서 토착화해 가는 과정과, 인도를 토양으로 탄생한 불교가 동진하며 다양한 아시아 문화와 화학반응을 일으키며 정착해 온 상황을 고려할 때 한국 사회에서 두 전통이 만나 대화하는 것은 새로운 정신문명 창출의 계기가 될 가능성을 충분히 내포하고 있다고 할 수 있다. 이 점을 염두에 두고 대화를 한다면 무한한 기쁨을 맛볼 수 있을 것이다.

3. 불교와 기독교 간 대화의 미래

그럼에도 불구하고, 한국 사회에서 기독교와 불교의 대화는 이제 시작일 뿐이다. 이미 많은 학자들이 탐구해 오고 있지만, 한국 내 연구의 역사는 그다지 길지 않은 데다 비주류 연구 분야에 해당된다. 한국종교인평화회의(KCRP)나 한국종교연합(URI Korea) 등 여러 채널을 통한 대화도 시도되고 있지만 그다지 주목을 받지 못하고 있다. 각 교단별 교리나 교의 연구에는 공력을 쌓아 올렸지만, 타자와의 대화를 진지하게 고민한 성과는 그다지 많지 않다. 게다가 최근 대학 내에서도 종교학·철학·문학 등의 학문적 입지가 좁아지고 있다.

이러한 상황에서 모든 인문학의 짐을 짊어질 수는 없다고 하더라도, 현대 한국 사회의 실제적 삶의 상당 부분을 지탱하는 두 종교 간의 깊은 대화를 통해, 오늘 한국 사회의 고민과 인문학적 과제들이 공론화되고 해결되는 과정에 다소간 숨통이 트였으면 한다.

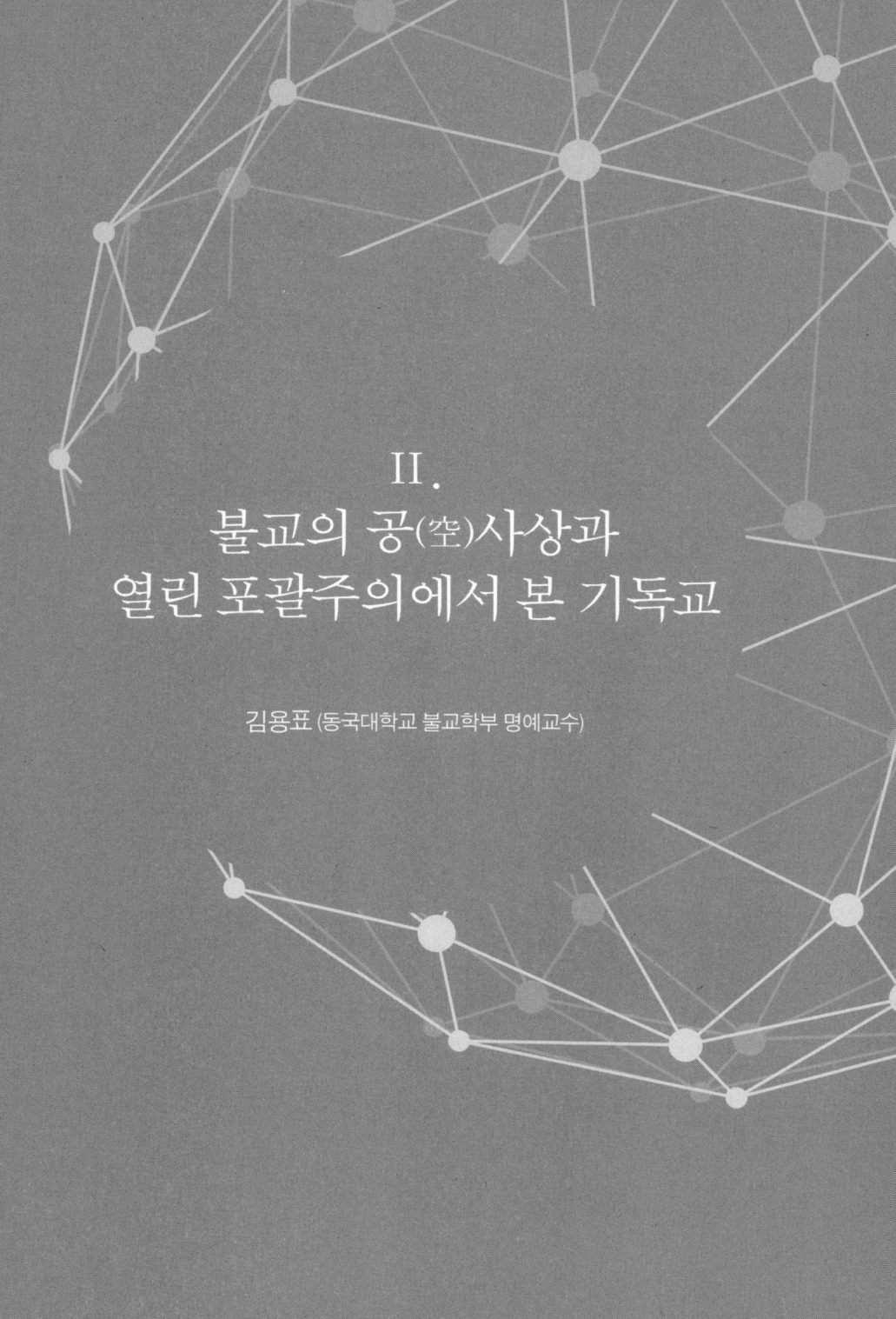

II.
불교의 공(空)사상과
열린 포괄주의에서 본 기독교

김용표 (동국대학교 불교학부 명예교수)

1. 공성(śūnyatā)으로 이웃 종교 바라보기

현재 한국 불교도들의 이웃 종교에 대한 일반적 태도를 일별해 보면, 교단 차원에서는 배타주의적 경향이 강하게 나타나고 있다. 이는 일부 개신교도들의 배타적 도전에 대한 자기방어적 기제가 작용되는 것이라고 볼 수 있다.

그러나 대부분의 불자들은 불법이 무상(無上)의 진리라는 신앙을 바탕으로, 다른 종교의 가르침도 폭넓게 수용하고 있다. 전통적인 불교 논리에 따라 교리적으로 포괄주의적 해석을 하는 것이다. 또한 대선지식들은 종교체험 차원에서 위대한 종교는 그 깊이에서 본질적으로 같다고 보는 다원주의적 입장을 설하고 있다. 천하에 진리는 둘이 아니고 성인의 마음도 둘이 아니라고 보는 것이다(天下無二道 聖人無兩心).

지혜와 자비를 근간으로 한 불교도들의 이웃 종교에 대한 이러한 관용적 태도는 붓다가 이웃 종교에 대해 취했던 입장을 계승한 것이다. 붓다는 연기적 세계관(緣起說, 諸行無常·諸法無我)과 다른 진리 주장이나 맹목적 신앙, 배타적 독단론, 환원론적 진리 주장을 비판하였다. 그러나 본질적으로 붓다는 모든 진리 주장과 다툼에서 떠난 분이다. 붓다의 열린 진리관은 다음의 설법에서 엿볼 수 있다.

"여래는 진리와 지식에 집착함이 없다. 집착하지 않기 때문에 마음속에서 적멸(寂滅)과 해탈을 얻었다."

- 『Brahmajāra sutta』(남전 6, 52-53)

"나는 세상과 다투지 않는다. 세상이 나와 다투는구나. 무슨 까닭인가? 비구들이여, 만일 법다이 말하는 사람이라면 세상과 다투지 않기 때문이다."

("我不與世間諍, 世間與我諍. 所以者何? 比丘! 若如法語者, 不與世間諍.")

- 『雜阿含』37「我經」(T.2, p.8b)

진리는 특정인이나 특정 종교가 독점할 수 있는 것이 아니다. 붓다는 본래 있는 그대로의 모습인 제법실상(諸法實相)을 처음으로 깨달은 분(如實知見者)으로, 진리의 발견자이지 창조자가 아니었다. 그러므로 진리는 누구에게나 본래 열려 있다고 설하는 것이다. 제법실상은 누구나 깨달을 수 있으며, 여러 종교나 철학의 가르침에서도 이를 발견할 수 있는 길이 있다고 본다.

불교의 이웃 종교관은 한마디로 '무한히 열린 포괄주의(open endless inclusivism)'라고 할 수 있다. 여기에서 '열린 포괄주의'란 '닫힌 포괄주의'와 대비되는 개념이다. '닫힌 포괄주의'란 특정 종교의 절대성을 신앙하며 타종교를 일부 수용하지만 자신이 믿는 신의 절대 타자성과 영원 실재성, 예수 속죄에 의한 최종 구원 등의 진리 주장을 스스로 해체할 수 없는 입장이다.(예: 『제2차바티칸공회회문헌』의 「비그리스도교에 관한 선언」 등)

반면에 '열린 포괄주의'란 불법의 궁극적 진리성을 믿으면서도, 법집(法執)에서 벗어난 입장을 말한다. 불법이 절대 진리라는 집착에서도 벗어나야 궁극적인 깨달음에 도달할 수 있다. 불교의 열린 포괄주의는 『금강경』의 비설소설(非說所說)과 무득(無得) 사상에서 찾아볼 수 있다.

수보리여, 너는 여래께서 '내가 설한 법이 마땅히 있다'는 생각을 한다고 말하지 말라. 이런 생각도 하지 말라. 왜냐하면 만약 어떤 사람이 "여래께서 설한 법이 있다"고 말한다면, 곧 부처님을 비방하는 것이 되어 버리니, 내가 설한 바를 이해하지 못했기 때문이다. 수보리여, '설법'이라는 것은 법을 설한다고 할 만한 것이 없음을 이름하여 '설법'이라 하는 것이다.
(須菩提 汝勿謂如來作是念 我當有所說法. 莫作是念. 何以故. 若人言 如來有所說法 卽爲謗佛 不能解我所說故. 須菩提 說法者 無法可說 是名說法.)

-『金剛經』21,「非說所說分」

대승의 공관(空觀)은 무쟁(無諍)과 법(法, Dharma)에 대한 무집착, 무한한 개방성, 그리고 한없이 열린 테두리 없는 마음을 가르친다.

2. 내가 생각하는 기독교

1) 종교철학과의 만남에서 배운 것

미국 템플대학교 대학원 종교학과에서 만난 저명한 신학자, 종교학자들은 필자에게 기독교를 비롯한 서구 종교에 대한 새로운 인식과 비전을 제시해 주었다. 당시 수업 과목은 레너드 스위들러(Leonard Swidler)의 〈종교다원주의와 대화〉, 〈가톨릭신학〉, 토마스 딘(Thomas Dean)의 〈종교철학〉, 〈폴 틸리히(Paul Tillich) 신학〉, 〈종교해석학〉, 리차드 디마티노(Richard DeMartino)의 〈선과 융(Jung)〉, 〈현대사상〉, 〈교토학파(Kyoto School)〉, 잘만 샥터(Zalmann Schacter)의 〈유대교 하시디즘(Hasidic) 신비주의〉, 아베 마사오(Abe Masao, 阿部正雄, 1915~2006)의 〈선과 현대철학〉 등이었다.

미국 유학 전에는 기독교에 대한 이해가 거의 없었으며, 기독교는 철학성과 논리성이 매우 부족한 비지성적인 종교라는 편견이 있었다. 그러나 신학과 서구 종교철학의 다양성과 치밀한 논리 전개, 지속적인 발전 양상 등을 공부하면서 기독교의 창조적인 교리 발전사에서 깨우친 바가 많았다. 특히 기독교 신학이 새로운 시대사조에 따라 끊임없이 변화하고 발전해 가는 모습과 실천신학의 방법론에 주목하게 되었다. 무엇보다 당시 필자는 불교의 교리발달사가 당(唐, 618-907) 이후 별 진전이 없다는 문제점을 깊이 고민하던 때여서 불교학의 새로운 비전과 개척에 큰 시사점을 주었다.

박사논문 지도위원의 한 분인 레너드 스위들러 교수의 종교다원주의 사상과 대화이론은 귀국 후에도 지속적으로 관심을 갖는 분야가 되었다. 2006년에 한국교수불자연합회 회장으로서 기독자교수협의회와 '불자-기독자 교수 대화 포럼'을 창립하여 매년 종교대화 학술세미나를 열었다. 그 결과를 모은 책이 『인류의 스승으로서의 붓다와 예수』(동연, 2006), 『오늘 우리에게 구원과 해탈은 무엇인가』(동연, 2007), 『현대사회에서 종교권력, 무엇이 문제인가』(동연, 2008) 등이다. '불자-기독자 교수 대화 포럼'에서 발표되고 토론된 내용 들은 추후 재평가할 기회가 있을 것이다.

2) 기독교 신관(神觀)에 대한 의문

우주와 세계의 궁극적 실재로서의 신에 대한 관념은 여러 종교에서 발견된다. 그러나 기독교 신관에서 잘 이해되지 않는 점은 창조신과 주재신의 인격성과 그 실체성에 관한 것이었다. 신이 초자연적 인격적 존재라는 개념은 잘 와닿지 않았다. 예수가 신성과 인성을 모두 지닌 존재라는 점은 잘 이해가 되었으나, 예수의 죽음이 인류의 원죄를 대속했다는 교리는 이해할 수 없었다.

기독교의 인격적 신관은 불교의 입장에서는 근본적으로 동의하기 어려운 난제이다. 그러므로 기존 신관의 새로운 해석이나 기독론에 대한 비판적 담론이 나와야 비로소 대화의 통로가 열릴 수 있다고 본다. 스위들러 교수는 "불교는 무신론(atheism)이나 반신론(antitheism)이 아니고 비신론(non-theism)"이라고 하였다. 붓다에게는 신의 존재 유무보다는 생사윤회의 고통으로부터 해탈하는 것이 더 중요한 문제였으므로, "여래는 이러한 신의 개념에서 자유로워졌다(장부경전, 1:22)."고 선언했던 것이다.

신을 비롯한 영혼의 실체성에 대해 중관(中觀) 철학은 언어-심리적 분석으로 그 허상을 밝히고 있다. 신의 실체성을 믿는 것은 존재의 실체(ātman)와 실체가 없음(anātman)을 동일시하는 인식의 혼미에서 비롯된 것이라고 본다. 실체론이란 인간의 기원은 어떤 실체에서 나왔다고 믿는 사유 체제로, 세계는 영원히 실재하며 자신의 구원도 이러한 발생론적 존재로 회귀하는 데서 가능하다고 믿는 이론이다. 7세기 중관학자 월칭(月稱, Candrakīrti)은 이러한 실체론을 철학적 환상이라고 규정하였다. 영원하고 완전한 존재에 대한 실체론적 신앙은 나약한 인간의 자기 정체성에 대한 불안의 표현일 뿐이다. 인간은 무와 유를 자기의 영상(atmiyakara)에 투영하여 자기 존재의 안전과 정체성을 확인하고 싶어 한다. 그것은 실재를 자기 자신의 것(upādayāt)으로 만들려는 자기애(自己愛)적 의도에서 기인된 미혹이다.

자기애에 집착한 인간은 환상적 언어유희인 희론(戱論, prapañca)에 빠져 윤회의 삶을 지속하게 된다. 이러한 실체론적 형이상학을 심리-언어학적으로 분석해 보면 자기애가 희론적 고착증을 만들어냄을 보여준다. 자기 존재가 허무로 환원될 것이라는 불안한 마음에서 인간은 실체론자가 되고 영혼불멸설이나 영원한 신과 실재를 상정하고 믿게 되는 것이다. 그것은 외적 대상을 자기 것으로 하여 거기에 의지하려는 나약한 자기애의 산물일 뿐이다.

3) 기독교 내 밀교(密敎)적 전통의 재발견

예수의 가르침을 공교(公敎, exoteric teaching)와 밀교(密敎, esoteric teaching)로 구분하여 이해할 필요가 있으며, 밀교적 가르침과 그 전승을 재검토해야 한다. 공교와 밀교의 구분은 영원주의 철학자 슈온(Frithjof Schuon, 1907-1998)의 세계종교 구분법이다. 밀교란 교리나 언어를 통하지 않고 비밀리에 전수한 가르침으로 '마음에서 마음으로[以心傳心]' 전해지거나, 비밀리에 특정인에게 전승되는 종교이다. 불교에는 현교(顯敎)와 밀교(密敎)의 교판(敎判)이 있다.

예수의 가르침에서 밀교적 요소(내면의 신 발견 · 믿음보다 깨달음 중시 · 신과 인간의 동일성)를 발견하는 일은 심층적 종교 대화를 위해 중요하다. 이를 위해서는 하르낙(Adolf Harnack)이 제안한 '예수의 종교'와 '예수에 관한 종교'를 구분하여 좀더 세밀하게 이해할 필요가 있다. 밀교적 기독교와 신비주의 이해를 위한 논점에는 다음과 같은 것이 있다.

- ●예수에게 불교의 영향이 있었다는 주장에 대한 역사적, 경전적 근거는 무엇인가?
- ●성서 안에서 발견되는 불교적 요소는 무엇인가?
- ●예수 불제자설과 보살설의 이론적 근거는 타당한가?
- ●예수에게 밀의(密義)를 전수받은 제자는 누구인가?
- ●도마복음 등 외경과 영지주의와 같은 소위 이단 사상의 불교적 요소는 무엇인가?

- 기독교사에 나타난 신비주의자는 예수의 정통 제자인가?
- 기독교적 벽지불(辟支佛=獨覺佛) 존재에 대해 어떻게 평가할 수 있는가?
- 현대의 불교적 기독교 해석자들의 의도와 사상을 어떻게 평가할 수 있는가?

예컨대, 마이스터 에크하르트(Meister Eckhart, 1260-1328)는 진정한 예수의 밀의(密意)의 상속자였으며, 보편적 종교성의 바탕이 되는 청빈과 초탈(超脫)과 무아(無我)의 삶의 길을 보여준 서구의 독수성(獨修聖=辟支佛)이었다. 에크하르트의 화두는 '인간과 신의 완전한 동일성 실현'이었다. 그는 종교의 본질이 전통적 제도나 교리에 있지 않고 인간의 내면 근저에 있는 신성(神性)의 빛과 그 공성(空性)을 발견하는 데 있다는 점을 보여주었다. 또한 성육신(聖肉身)은 예수에게만 가능한 것이 아니라 모든 인간이 신의 아들로 다시 태어나는 체험을 통해 가능하다고 본다. 이는 불성(佛性)을 지닌 모든 유정(有情)이 성불할 수 있다는 불교의 가르침과 유사하다.

에크하르트의 '신성(神性)의 공성(空性)'과 '초탈'의 가르침은 불교의 공사상과 매우 유사함을 알 수 있다. 에크하르트 부정신학(否定神學)은 비록 실체론적 세계관에 바탕을 두고 있으나, 불교의 공사상이나 선불교와도 유사한 실천적 구조를 지니고 있다. 그가 설한 '돌파(Durchbruch)'란 모든 아성(我性)에 대한 집착, 인간에 대한 집착, 그리고 신에 대한 집착마저도 떠나서 '신성(Godhead)으로 뚫고 나감'을 의미한다. 그것은 깨뜨림과 해체를 통하여 초탈과 공성을 실현하는 일이다. 그러므로 에크하르트의 신성과 절대무, 초탈과 무집착, 무원(無願), 무소유, 무지, 신의 아들, 고귀한 인간 등의 가르침은 무상(無相), 무념(無念), 무주(無住)의 삶을 가르치는 대승 공사상과 그 지향점이 매우 유사하다.

4) 현대 기독교 지성들의 불교 접근에 대하여

근현대 서구의 지성 가운데 기독교 문명을 비판하며 불교에 접근하는 이가 점점 증가하는 사실은 주목할 만한 현상이다. 대표적으로 에드윈 아놀드(Edwin Arnold, 1889-1975), 아놀드 토인비(Arnold Toynbee), 버트런드 러셀(Bertrand Russell, 1872-1970), 알버트 아인슈타인(Albert Einstein, 1879-1955), 한스 발덴펠스(Hans Waldenfels), 윌리엄 존스턴(William Johnston), 존 콥(John Cobb), 폴 니터(Paul Knitter) 등이 있다. 1879년 영국의 아놀드 경의 베스트셀러『아시아의 빛(The Light of Asia)』이후 서구에서의 불교 붐은 세계 종교문화의 흐름을 크게 변화시키고 있다. 아놀드 토인비는 "20세기 최대의 중요한 사건은 불교의 서구 전파였다."고 설파하였다. 버트런드 러셀은 동양적 가치와 세계관이 인류사를 근원적으로 변화시킬 날이 올 것이라고 예언하였다. 또한 알버트 아인슈타인은 "미래의 종교는 우주적 종교의 성격을 지닌 불교가 될 것"이라고 확신했다. 서구인들은 신 중심의 기독교 문화의 예속에서 벗어나 지혜와 자비, 즉 인간의 참된 자유와 자기 발견을 강조하는 불교로부터 새로운 복음의 빛을 발견하고 있는 것으로 보인다.

현대 일본의 신학자 야기 세이치(八木誠一, 1932-)는 기독교의 비(非)누미노제(Numinose)화와 탈신비화론으로 기독교의 선적(禪的) 해석 모델을 제시했다. 그는 기독교 신앙의 근거는 예수의 존재나 부활에 있지 않고 초월의 근거인 로고스(Logos)에 있다고 보았다. 예수의 대속설, 성서문자주의, 유일회성 육화설 등은 우상적 신앙이고, 인간은 성서와 십자가의 대속 없이도 본래 신성을 회복할 수 있는 존재라고 본다. 야기는 니시다의 '장(field)의 이론'을 빌려, 로고스는 '힘의 장(field of force)'이며 관계적이고 과정적인 역동적 생명력으로 모든 존재의 근거라고 파악한다. 실존의 근저에서의 신과 예수와의 만남은 참된 자기의 주체적 발견과 같다. 예수는 로고스와 자신이 하나라는 근원적인 진리를 온전히 깨달은 사람이다. 이런 차원에서 이기적 자아의 해체를 통해 참자아를 깨달은 붓다와 예수의 가르침은 사실상 같다고 본 야기의 관점은 공감이 많이 가는 이론이다.

한국의 대표적인 불교적 신학자로 최병헌, 함석헌, 유영모, 유동식, 윤성범, 변선환, 김경재, 길희성, 오강남, 김승철, 이찬수, 김은규 등을 들 수 있다. 이들 신학자들이 추구하는 불교적 신학의 가치와 의미는 다시 평가되어야 할 이 시대의 새로운 종교 사상이다.

불교적 신학자들은 예수 설교 정신의 심층적 해석을 목표로 하며, 신학에의 불교 도입을 '불가결의 보완'으로 인식한다. 이는 예수의 본래 가르침으로 돌아가려는 구도자적 고뇌와 탐구 정신으로서, '진보적 정통성과 이단의 경계에 선 자'의 험난함 속에서 새로운 신학 운동을 시도하는 것이다. 전통 교단의 제도권 안에서 진보적 신학 사상의 합리화 작업은 고난의 길이다. 이들의 학문적 작업은 세계종교의 내적 통일성과 공동요소를 발견하려는 현대 종교 사상사적 중요한 움직임으로 평가할 수 있다.

3. 창조적 종교 대화를 위한 제언

1) 종교불학(宗敎佛學)의 길

필자는 불교의 입장에서 세계종교를 이해하는 틀을 모색해 왔다. 최근 필자가 개념화한 '종교불학(宗敎佛學, Buddhology of Religions)'은 불교학의 새 분과로서, 세계종교의 맥락에서 불교를 이해하고 해석하려는 응용 불교학의 한 분야이다. 넓게는 세계 여러 종교들에 대한 불교학적 입장과 해석 모두를 종교불학으로 볼 수도 있다. 종교불학은 종교에 대한 다원주의적 가치를 존중하며, 불교와 세계종교 간의 상호 교섭 관계에 대한 역사적이고 사상적인 연구와 아울러 궁극적으로는 대화를 통해 세계종교의 공동 기반과 종교의 보편적 본질과 그 기능을 탐색하는 것이다. 그 연구 방법으로는 종교학과 세계종교 이해를 기반으로 한 불교의 새로운 인식 방법으로 보편적인 종교의 현상학적 구조와 불교의 특수한 원리 간의 상호 순환적 이해를 모색한다. 그리하여 불교를 세계 종교사와 인류 정신사의 맥락에서 이해하며, 종교경험의 본질을 탐색하여 심층적 종교 대화의 길을 모색하고자 한다.

2) 방편과 진실을 회통할 수 있는 해석학적 열쇠는?

불교는 30여 개 이상의 다양한 종교가 합해진 것과 같은 복잡한 체계를 지닌 종교이다. 부파불교 시대에 18부파, 대승불교에는 13종파 이상의 서로 다른 전통이 있었다. 현재 한국불교종단협의회에는 30여 개 종단이 가입해 있다. 그러나 이 모든 종파를 관통하는 불교의 중심 가르침은 제법실상(諸法實相: 緣起-無自性-無我-無常-中道)을 자각하는 지혜의 체득과 나와 타인이 하나의 생명체라는 연기의 원리에 기초한 동체자비(同體慈悲)를 실천하는 것이다. 팔만사천(八萬四千)의 다양한 법문(法門)은 하나의 동일 주제에 대한 다양한 변주곡과 같다.

붓다는 진리 자체보다 진리로 가는 길과 방법(Mārga)을 가르쳤다. 모든 법문은 길이며 방편(upāya)일 뿐이므로, 특정 법문이나 경전을 절대화하는 것은 법집(法執), 즉 진리에 대한 집착이다. 법에 대한 언어적 집착은 희론(戲論, prapañca)을 일으킨다. 희론이란 언어가 어떤 사물에 왜곡된 의미를 부여해 주는 것이다. 희론은 궁극적 진리 인식을 방해한다. 대승의 "일체법이다 공하다(諸法皆空)."는 법문은 이러한 희론에 의한 아집과 법집을 타파하기 위하여 설해진 것이다.

그러면 다양한 붓다 교설이 담긴 대·소승 모든 경전과 전통을 하나로 회통하고 조망할 수 있는 해석 원리는 무엇일까? 그 원리를 발견하는 일은 불법의 바른 이해는 물론 세계종교의 심오한 가르침을 통섭할 수 있는 중요한 열쇠가 될 것이다. 그 첫째 열쇠는 붓다의 교설은 세간적 진리(saṁvṛti-satya)와 궁극적 의미(paramārtha-satya)의 두 차원으로 설해졌다는 이제설(二諦說)을 바로 이해하는 것이다. 이 두 가지 진리를 구별하지 못하면 모든 부처님의 설법의 깊은 의미를 알 수가 없다. 세간적 방편에 의지하지 않고는 궁극적 진리를 알 수 없으며, 궁극적 진리를 통하지 않고 열반을 증득할 수 없다는 것이다. 두 번째 열쇠는 신라 원효(元曉, 617~686)가 제시한 화쟁회통법이다. 원효는 "일체의 타의(他義)가 불교의 뜻이요, 백가의 설이 옳지 않음이 없으며, 팔만법문이 모두 이치에 맞는 것이다."라고 하여, 무애 자재한 일심(一心)의 경지에서 언어를 넘어 그 안에 내포된 참된 의미를 파악한다면, 허용하지 못할 어떤 법문도 없다는 화회(和會) 해석법을 제시했다.

3) 종교 간의 창조적 대화를 위하여

첫째, 특정 종교 신자가 되기보다 성숙된 신앙인이 되어야 한다. 성숙된 종교인은 (1) 전통과 교리의 장벽을 넘어서 보편적 종교성을 체득하고자 하는 종교인, (2) 동체대비와 무아의 사랑 실천을 교리에 대한 신앙보다 우선하는 종교인, (3) 종교현상을 객관적으로 이해하며, 위대한 종교들의 공동요소를 발견하고자 하는 지성인, (4) 대화를 통해 이웃종교에서 배우려 하는 열린 신앙인이다.

둘째, 자기 종교의 전통을 비판하고 재해석하는 용기가 필요하다. 자기가 속한 교단을 향한 이기주의적 사랑보다 진리를 더 사랑해야 한다. 그러기 위해서는 전통 신학(문자주의와 근본주의)을 비판적이고 창조적으로 해석하는 자세가 필요하다.

셋째, 기독교와 대화하기 위한 해석학적 접점을 모색해야 한다. 불교와 기독교 간에 교리적으로 상충되는 이론들, 즉 '실체론과 연기론', '초월종교와 내재종교', '이원론과 불이론', '신본주의와 인본주의', '타력종교와 자력종교', '원죄설과 원복설(元福說)', '은총종교와 지혜종교', '독생자 유일회성론과 천백억화신설', '소수구원론과 만인구제론', '삼위일체와 삼신설' 등의 대립된 난제를 해결할 해석학적 접점을 탐색해야 한다.

넷째, 표면적인 대화보다 심층적 대화가 필요하다. 종교다원주의 담론의 새 지평을 열기 위해서는 전통과 교리와 언어의 장벽을 넘어서는 종교 세계에 대한 영적 차원의 대화가 필요하다. 심층적 대화를 위해서는 '불이(不二)와 합일(合一, unity)'의 종교체험이 중요하다. 신인합일, 자연합일, 천인합일 등의 체험은 대상과 주관의 이원성(二元性)을 극복케 한다. 붓다의 정각 체험이나 예수의 성령 체험, 범아일여 등의 체험은 우주적 실재나 그 원리 또는 궁극성과의 합일을 통한 보편적 영성의 지평을 열게 할 것이다. 불이의 체험은 평화, 지혜, 사랑, 조화, 감사, 청정, 자비, 자타일체, 희열 등의 인류 보편적 종교성과 덕목을 인격화할 수 있다.

마지막으로, 종교 간 대화 교육의 대중화가 필요하다. 일부 종교 지도자 간의 의례적 대화나 학자들의 학술적 대화는 그 한계가 자명하다. 그러므로 종교 지도자와 성직자들은 일반 신자에게 열린 대화 교육을 해야 한다. 종교 간 대화의 대중화가 성공해야 참된 종교 간의 평화가 성취될 수 있을 것이다.

III.
불교와의 대화를 통해 신학을 배우면서

김승철 (난잔대학 인문학부 교수)

1. 불교를 통해서 신학을 배우다

본래 필자에게 주어진 주제는 "불교와 기독교 어디가 다른가?" 하는 것이었는데, 그 문제는 너무 어려워 필자가 풀 수 없다는 생각에 시험문제를 바꿨다. 기독교와 불교가 무엇이 다른지는 잘 모르지만, 필자가 불교를 읽고 공부하면서 신학을 배워 온 것에 대해서 정리해서 말씀드릴 수 있지 않을까 생각했다.

인도의 신학자 레이몬드 파니카는 『종교 간의 대화(The Intra-re ligious Dialogue)』라는 책에서 "나는 기독교인으로 출발하여서 나 자신이 힌두교도임을 발견하였고, 불교도로 돌아간다. 그러나 단 한 번도 기독교인이 아니었던 적이 없었다."라고 말했다. 자주 인용되는 말이다. 일반적으로 종교적인 여정이나 순례라고 말할 때 전형적인 책으로 존 번연의 『천로역정』이나 단테의 『신곡』 같은 책의 내용을 떠올린다. 영혼이 정화의 과정을 거쳐 지옥에서 연옥을 거쳐 천국으로 가는 일종의 영혼의 순례를 신비주의자들은 전형적인 방식으로 취한다고 생각한다. 오늘날 다원주의 사회에서 하나의 영적인 순례의 사례로서 앞서 인용한 파니카의 말이 대단히 중요한 시사점을 줄 수 있지 않을까 생각이 된다.

필자의 경험 하나를 소개한다. 필자는 학부에서 물리학을 전공하고 있었는데, 교회를 다니면서 아마도 여러 의미에서 필자의 내면에서 갈등이 있었던 것 같다. 그러다가 이화여대 대학교회에서 나온 설교집 『사람 삶 사람』(이화여자대학교출판부, 1978)을 읽었는데, 거기에 감리교신학대학 변선환 박사가 일본의 불교철학자들이나 선불교의 공안(公案)을 말씀하시면서 성경을 해설하는 내용이 있었다. 필자는 그 내용이 너무 재미있어서 아마 수십 번 그 설교문을 읽었던 것 같다. 그것이 한 계기가 되어서 신학을 공부하려고 감리교신학대학원에 들어갔다. 거창한 말이 되겠지만, 사실 신학을 공부해야겠다고 생각한 계기가 '불교를 통해 이해된 기독교'를 알고 싶다는 것이었기 때문에, 필자에게 "불교와 기독교가 무엇이 다르고 같은가?" 하는 물음은 처음부터 부차적인 질문이었다.

이후 바젤대학에서 하인리히 오트(Heinrich Ott) 교수 지도로 박사학위논문을 쓰면서 고려시대의 보조국사 지눌의 책들을 읽게 되었다. 지눌에 의하면, 불교의 화엄교학도 결국은 객관적인 세계에 대한 기술이 아니라, 우리 마음의 현상을 그려 내는 것이다. 그래서, 필자가 보기로는, 지눌은 법장의 화엄교학보다는 이통현의 해석을 더 강조하시고 좋아한다고 느꼈다. 또 염불 하는 것도 외적인 대상에 대한 예배라기보다도 '진여염불'처럼 초월적인 것을 배제하지 않으면서도 초월적인 것을 추구하지 않는 모습을 지눌은 제시하였다고 필자는 생각했다. 지눌은 선불교를 통해서 교학과 염불 등 불교 전체를 재해석한, 즉 선불교적인 해석학을 시도한 분이라 할 수 있을텐데, 이것이 기독교 신학을 이해하는 하나의 패러다임을 제공해 주지 않을까 생각했다.

그러면서 그때 해석학을 공부할 기회도 얻었다. 지도교수인 오트 교수가 하이데거와 불트만과 가다머의 해석학을 신학에 도입한 분이라는 것에서도 큰 영향을 받았다. 널리 알려진 불트만의 '비신화화(Entmythologisierung)'

라는 개념이 있다. '비신화화'란 많이 오해를 받는 개념이기는 하지만, 불트만은 신약성서의 내용이 2,000년 전 고대인의 세계관으로 '신의 계시'라든지 '예수는 누구냐'라든지 '구원이 무엇이냐' 하는 것을 써 놓은 것이기 때문에, 그것을 그대로 현재로 가지고 와서는 이해될 수 없고, 실존적 이해를 통해 성서를 '비신화화'해야 한다고 주장했다.

또 이와 관련해서 감신대학원을 다니면서 영국의 성공회 주교인 로빈슨이 쓴 『신에게 솔직히(Honest to God)』를 재미있게 읽었다. 그 책의 주제는 '신의 죽음'을 선언한 니체 이후에 과연 신학이 어떻게 가능할까 하는 것이다. 로빈슨 주교는 신학자로서 본회퍼의 '기독교의 비종교화', '데우스 엑스 마키나(Deus ex machina)', 즉 갑자기 나타나서 모든 문제를 해결해 주는 '기계장치의 신'과 같은 것 없이 살아가야 한다고 주장했다. 그다음에 폴 틸리히는 '종교의 비문자화'를 말하는데, 이것은 종교적인 언어가 사실은 상징이라는 의미다. 기독교의 교리도 그 당시의 시대 상황을 반영한 개념이기 때문에 교리가 끊임없는 재해석의 대상이 된다는 것이다. 이런 점에서 틸리히의 '종교의 비문자화' 개념은 우리에게 역동성을 줄 수 있을 것으로 생각한다.

하이데거와 가다머의 책들을 읽으면서 '이해'(Verstehen)라는 것은 인식론적인 개념을 통해서 'A는 B이다'라는 식으로 '설명'하는 것이 아니라는 것을 배웠다. 물론 그런 것들을 포함해서 이해라는 것은 인간이 세상에 살고 있는 근원적인 존재 양식이라는 말에 관심을 가지게 되었다. 우리의 삶의 모든 행위는 곧 이해 행위다. 자기·타자·세계를 이해하는 과정이다. 그때 이해라는 말을 가다머는 '지평 융합'이라는 용어로 설명한다. 무언가를 이해하기 위해서는 어떤 지평이 필요한데, 이해라고 하는 것은 이전의 지평이 또 하나의 지평으로 끊임없이 변화하는 것, 지평과 지평이 만나서 융합되는 것이라고 가다머는 설명한다. 그런데 지평이라는 것 자체가 언제나 하나의

'융합된 지평'이다. 융합되기 이전의 지평이라는 것은 존재하지 않는다는 말이다. 모든 지평은 이미 무엇과 융합된, 말자하면 '혼합된 지평'이다. 그런 맥락에서 보면, 필자가 불교인과 대화한다고 할 때는 이미 필자가 본래 가지고 있었다고 생각하는 기독교 신앙 자체가 '불교를 통해 이해된' 기독교 신앙이기 때문에, 불교는 필자에게 외적인 타자가 아니고, 이미 필자의 기독교 신학을 구성하는 내적인 타자, 구성적인 타자라고 할 수 있다.

물론 이 경우에도 불교를 기독교 신앙에 대해서 '타자'라고 명명했을 때 '타자성'이라는 게 과연 어떤 의미인가를 물어야 한다. 예를 들어 존 힉이나 폴 니터(Paul Knitter) 같은 서양의 신학자들이 기독교와 타 종교와 대화를 하면서 'other religion'이라고 개념화했던 것과는 다르다고 생각한다. 불교와의 대화는 아시아 기독교인에게는 자기 밖에 있는 무엇과의 대화이기도 하지만, 이미 자기 속에 있는, 자기 기독교 신앙을 가능하게 해 주었던 무엇과의 대화라고 볼 수 있다는 말이다. 그렇다면, 정경일 교수가 번역한 폴 니터의 책 『붓다 없이 나는 그리스도인일 수 없었다』(클리어마인드, 2011)에 나오는 'double religious belonging'이라는 말처럼 필자의 기독교인으로서의 정체성과 기독교 신앙은 불교와의 만남을 통해 형성된 것이기 때문에 그 정체성 자체가 '불교적 기독교인의 정체성'이라고 해도 좋겠고, '기독교적 불교인의 정체성'이라고 해도 좋을 것이다. 말하자면 'multiple religious belonging'이다. 이것을 종래의 신학 술어로 어떻게 재표현할 수 있을 것인가가 중요한 과제가 아닐까 생각한다.

2. 불교적 기독교 신학의 형성

두 번째는 불교를 통해 형성되는 신학적 시도와 관련된 내용이다. 일전에

『대지와 바람』이라는 책을 썼는데, 특히 두 번째 장 '신학의 대지성과 풍토의 신학'은 여러 문학작품을 읽으면서 썼다. '대지'라는 단어는 가와바타 야스나리(川端康成)의 『설국(雪国)』, 『산소리(山の音)』, 『잠자는 미녀(眠れる美女)』 등 불교적인 색채가 잘 드러나는 작품을 읽으며 생각한 것이고, '바람'은 생텍쥐페리의 『야간비행』이라는 책을 읽으며 생각한 단어이다.

종교 간 대화의 자리에 갑자기 문학 장르를 끌어들인 이유는 이렇다. 메를로 퐁티가 한 말로 기억되는데, 위대한 문학은 반드시 그 안에 철학적이고 신학적인 주제를 포함하고 있다. 철학이나 신학이 그것을 추상적인 관념의 언어로 설명하려 한다면, 문학은 그 철학적 신학적 주제가 인간의 현실에서 어떻게 배어 나오는가를 그려 나간다는 퐁티의 말에 필자는 굉장히 공감했다. 그래서 야스나리나 생텍쥐페리, 엔도 슈사쿠(遠藤周作) 등의 문학작품을 읽으면서 '나에게 기독교 신학은 어떤 것인가'를 생각해 보고 있다. 그런 의미에서 문학이 불교와 기독교의 만남에서 현실 이해를 살펴볼 수 있는 좋은 창구가 될 것이라고 생각한다. 아래는 『대지와 바람』의 목차이다.

1. 동양 신학을 위한 아나키즘
2. 신학의 대지성과 풍토의 신학
3. 보조 사상의 근간으로서의 선교일치의 해석학과 기독교 신학
4. 기독교 신학의 불교적 조형 (I) 파울 쉬츠(Paul Schütz)와 니시타니 게이지
5. 기독교 신학의 불교적 조형 (II) '그리스도의 재림'과 '무자공안'
6. 기독교 신학의 불교적 조형 (III) 경교연구(景教研究)
7. 종교 간의 대화와 해석학
8. 종교 간의 대화와 기독교 신학
9. 종교에 직면한 기독교 신학

(『대지와 바람: 동양 신학의 조형을 위한 해석학적 시도』, 다산글방, 1994)

또 한 권의 책은, 『무주와 방랑』(2015)이다. 무주(無住)라는 말은 무념(無念), 무상(無相)과 같이 쓰이는 개념인데, 일본의 선불교학자 스즈키 다이세츠(鈴木大拙)가 주창했던 '즉비(卽非)'의 논리가 이 '무주'라는 개념에 기초한 것이라고 생각한다. 미국의 해체주의 신학자인 마크 C. 테일러의 『방황(Erring)』을 읽으면서 기독교의 해체주의, 즉 로고스 중심주의(logocentrism)로부터의 탈각을 통해서 서구 신학의 근본적 요소인 신과 자아와 역사와 책을 해체하고 재구축하려는 시도를, 스즈키의 선불교적 논리와 비교하며 제 나름대로 대화해 보려고 했다. 『무주와 방랑』의 여섯 번째 장에서 일본에서의 기독교와 불교의 대화를 다루었다. 전체 목차는 다음과 같다.

1. 무주와 방랑–즉비(卽非)의 논리와 해체의 신학
2. 테오토코스(theotokos)와 불모(佛母)
3. 역사와 절대무
4. 만해의 '님'과 실천적 다원주의
5. 십우도(十牛圖)의 신학
6. 일본에서의 기독교와 불교의 대화–그 내적 동인을 중심으로
7. 토착화와 종교다원주의, 그리고 그 이후–변선환 박사의 신학 사상에 대한 일고찰
8. 분위기 · 글 · 시간–불교적 상상력과 글쓰기 (1)
9. 가을 강은 거울 빛을 열어서–불교적 상상력과 글쓰기 (2)

(『無住와 放浪: 기독교 신학의 불교적 상상력』, 동연, 2015)

난잔종교문화연구소 소장(2대)을 지낸 얀 반 브라후트 신부는 일본에서 기독교와 불교 간 대화를 할 때 기독교 신학자들에게 세 가지 동기가 있는 것 같다고 진단했다. '대화의 동기', '토착화의 동기', '탈유럽화의 동기'가 그것이다.

하르낙의 말대로 기독교 교리는 기독교의 '헬라화(Hellenisierung)'의 결과라고 필자는 생각한다. 그런데 일본 신학자들은 기독교의 메시지를 이해하는 데 그 헬라적인 논리보다는 불교적인 원리가 훨씬 더 적합하고 정확하다고 생각한다. 그렇기 때문에 기독교를 불교적으로 해석하는 것은 기독교의 탈유럽화를 위한 것이라고 해석했는데, 그 말에 필자는 공감했다. 기독교의 전통적인 삼위일체 교리나 기독론, 최근의 과학과 종교의 대화에서도 대화의 패러다임은 헬레니즘에 기초해 있는데, 그 틀을 어떻게 바꿀 것인가 하는 것이 신학의 중요한 과제 가운데 하나라고 본다.

3. 불교와 자연과학과 다원주의적 다원주의

마지막으로, 최근 필자는 '기독교 신앙과 불교와 자연과학의 대화를 통해 형성되는 신학의 가능성'을 생각해 보고 있다. 필자의 개인적인 관심사이긴 하지만, 불교를 통해 기독교의 절대성이라는 신화가 무화되는 것을 경험한다. 필자는 그것을 하나의 계시적 모멘트라고 생각한다. 그런 점에서 에른스트 트뢸치(Ernst Troeltsch)라는 독일 신학자의 공과(功過)를 말할 수 있다. 트뢸치는 종교사를 신학에 도입해서 신학화하려고 했던 최초의 개신교 신학자로 평가되지만, 그는 여전히 '일(一)'과 '다'(多)라는 논리로 설명한다. "하느님의 사랑은 지상에서는 하나가 아니고 여럿인데, 여럿 가운데 하나를 예감하는 것이 사랑의 본질이다"라고 「세계 종교에서의 기독교의 위치」라는 논문에서 말한다. 재미있는 건 그 표현은 돈 주앙이 했던 말 가운데 하나라는 점이다. 많은 여성을 사랑하는 것은 아름다움 그 자체를 추구하는 것이기 때문에 한 여인에 머물지 않는다는 그 표현을 트뢸치가 자기 나름대로 인용한 것이다. 트뢸치가 크게 공헌했지만, 이런 생각에는 또 하나의 한계가 있다는 것이 필자의 생각이다.

그러나 기독교의 새로운 패러다임을 형성하는 데 가장 중요한 것 중 하나는 자연과학이다. 특히 진화론이 결정적인 역할을 한다. 기독교와 자연과학이 대화한다고 할 때 물리학이나 형이상학과 대화하는 경우가 많지만, 그 가운데 가장 근본적이고 래디컬한 차원에서의 대화는 생물학적 진화론과의 대화라고 생각한다. 왜냐하면 진화론에 따르면 기독교를 포함해서 모든 종교가 결국 인간의 진화 과정을 통해 형성된 진화의 산물에 불과하기 때문이다. 초월자라든지 초월의식이라는 것도 인간의 진화와 생존 과정에서 나온 산물이지 선험론적으로 있는 것이 아니라는 것이다. 기독교가 타 종교와 만나면서 기독교의 절대성이라는 신화가 무화되고, 자연과학과 만나면서 '종교'의 근본 자체가 무화되는 이중의 '무'를 경험하고 있다는 점에서 새로운 패러다임이 필요하다.

기독교를 절대화하는 신앙은 우리가 극복해야겠지만, 기독교 절대성의 신화를 극복하기 위해서 트뢸치나 존 힉, 초기의 폴 니터 같은 이들이 주장한, '모든 종교가 하나의 공통점을 지향한다'는 패러다임도 극복할 필요가 있지 않을까 생각한다. 폴 니터는 자신의 신학적 사유 패턴을 '일원적 다원주의(unitive pluralism)'라고 명명하였는데, 필자는 그러한 단계를 거치면서 '다원주의적 다원주의(pluralistic pluralism)'이라는 용어로 표현되는 어떤 시도가 필요하지 않을까 생각하고 있다. 여기에 연기론으로부터 중관 사상을 거쳐서 화엄불교로 발전해 온 불교의 실재 이해의 역사가 중요한 시사점을 준다고 생각한다. 아래에 있는 글들은 이러한 필자의 최근의 관심사에 대해서 쓴 논문들이다.

- Rethinking Religious Pluralism from an Asian Perspective" Toronto Journal of Theology, 24/2 (2008) pp.197-208.
- 「宗教と科学に面してのキリスト教神学」,『東西宗教研究』vol.8 (2009년), 85-105頁(東西宗教交流學會, 2008, 京都)
- 「『境界』の脱構築と倫理:『ドリー以後』における人間の自己理解を中心にして」,『宗教研究』(日本宗教学会) 83(2), 431-451頁, 2009.
- "Der Glaube als interkulturelles und interreligiöses Ereignis in Bezug auf die Kulturalität des Selbstverständnisses des ostasiatischen christlichen Glaubens" Michael Fischer(hg.) *Subjekt und Kulturalität I Kulturabhängigkeit von Begriffen* Peter Lang Verlag, 2010, pp.117-126.
- 「E・トレルチの神学思想におけるヨーロッパ中心主義について」,『金城学院大学論集(人文科学編)』7(1), 42-55頁, 2010.
- "Kū(sunyata) und Körper Die Stimmung der Vergänglichkeit und die Welt des Teufels" Andreas Cesana(hg.) *Subjekt und Kulturalität II Körperbilder. Kulturalität und Wertetransfer* Peter Lang Verlag, 2011, pp.115-122.
- "How could we get over the monotheistic paradigm for the interreligious dialogue?" *Journal of Inter-religious Studies* 13(2014), pp.20-33 (American Academy of Religion, 2013, Baltimore)
- "*Śūnyatā and Kokoro*: Science-Religion dialogue in the Japanese Context" Zygon Journal of Religion and Science vo.50, no.1 (2015), pp.155-171.

- "Asiatische Theologie nach buddhistischen Wirklichkeitsverständnis" Michael Meyer-Blank(hg.) *Geschichte und Gott* Evangelische Verlagsanstalt, 2016, S. 970-979.(Europäische Kongress für Theologie, 2014, Berlin)
- "邊鮮煥 先生의 '불교적 그리스도교 신학'의 의미", 변선환아키브편, 『하느님, 당신은 누구십니까? 트랜스 휴먼과 탈-종교 시대의 대화신학』, 동연, 186-225쪽, 2015.
- "Religion and Science in Dialogue An Asian Christian View" *Zygon Journal of Religion and Science* vol. 51, no. 1 (2016) pp.63-70.
- "Der philosophische Glaube angesichts des religiösen Pluralismus" Andreas Cesana hg., *Kulturkonflikte und Kommunikation. Zur Aktualität von Jaspers'Philosophie* Verlag Königshaus & Neumann, S. 325-332, 2016.

4. 기독교 신학의 패러다임 변화

마지막으로, 토마스 쿤이 『과학혁명의 구조』에서 패러다임 변화의 궁극적인 의미가 무엇이냐고 할 때, 예컨대 천동설에서 지동설로 패러다임이 바뀌었다는 것은 천동설에서는 움직이지 않던 지구가 지동설로 변하면서 갑자기 움직였다는 것이 아니라 '움직인다'라는 개념 자체가 바뀌었다 의미라고 설명한다. 또 다른 예로, 아리스토텔레스나 프톨레마이오스의 물리학에서는 물체는 본래 정지해 있는데, 움직이기 위해서는 외부로부터 힘이 필요하다고 말한다. 물체는 외부의 힘이 있는 한 운동을 지속하며 그 힘이 없어지면 운동이 멈춘다는 것이다. 그것이 아리스토텔레스적인 운동의 개념이다.

그런데 코페르니쿠스나 갈릴레오에 와서는 운동의 개념 자체가 변한다. 사물은 본래 움직이고 있다. 그것이 본질이다. 그 움직이는 물체를 정지시키기 위해서 외부의 힘이 필요하다. 그러니까 사물은 외부로부터 힘이 가해지지 않는 이상은 영원히 운동을 계속한다. 천동설이냐 지동설이냐의 문제는 태양이 움직이는가 지구가 움직이는가의 문제가 아니고, 도대체 '움직인다'는 것이 무엇인가에 대한 설명 구조 자체가 바뀌는 것이다. 필자는 그것을 읽으면서, '기독교 밖에 구원이 있느냐', '궁극적인 진리가 있느냐 없느냐', '모든 종교가 하나의 진리를 추구하느냐 마느냐' 하는 얘기를, 사실은 좀 더 근본적인 차원에서 '구원, 해탈, 진리'의 개념 자체의 변화를 요구하고, 그 요구에 우리가 어떻게 대답할 수 있을 것인가를 묻는 것이 진정한 의미의 종교 간 대화의 출발점이 되어야 한다고 생각한다. 언젠가 필자는 쿤의 이러한 주장을 다르게 표현해서 다음과 같이 쓴 적이 있다. 처음 인용문은 쿤의 『과학혁명의 구조』의 내용이고, 두 번째는 필자가 패러디한 것이다.

지구가 돈다고 해서 그를 이상하다고 했던 사람들을 생각해 보라. … 적어도 그들의 지구는 움직여질 수 없었다. 따라서 코페르니쿠스적 혁명은 단순히 지구를 움직여 보겠다는 것이 아니었다. 그보다는 물리학과 천문학의 문제에 관한 전혀 새로운 방법이었다. 그것은 필연적으로 '지구'와 '운동'의 의미를 바꾸어 놓았던 것이다. 그러한 변화가 없었다면, 지동(地動)의 개념은 무모한 것이었을 것이다. 한편 일단 그러한 변화가 이루어지고 이해되면 지구의 운동이라는 것이 과학의 내용이 될 만한 문제가 아니라는 점을 깨달을 것이다.

기독교 밖에도 구원이 있다고 주장하는 그를 이상하다고 했던 사람들을 생각해 보라. … 적어도 그들의 구원은 기독교 밖에는 있을 수 없었다. 따라서 종교다원주의는 단순히 기독교 안에만 있다고 여겨지는 구원을 기독교 밖에까지 확장해 보겠다는 것이 아니었다. 그보다 그것은 신학에 대한 전혀 새로운 방법이었다. 그것은 필연적으로 '구원'과 '그리스도(계시)'의 의미를 바꾸어 놓았던 것이다. 그러한 변화가 없었다면 다원주의의 개념은 무모한 것이었을 것이다. 한편 일단 그러한 변화가 이뤄지고 나면, … '기독교 밖의 구원'이 신학의 내용이 될 만한 문제가 아니라는 점을 깨닫게 될 것이다.

그런데 새로운 패러다임은 인위적으로 만들어내는 것은 아니다. 물적 토대가 있고, 거기에서 자연스럽게 만들어진다고 볼 수 있는데, 천동설에서 지동설로의 변화도 과학자들이 그저 책상에서 계산해서 만들어 낸 것이 아니다. 당시 사회가 항해의 영역이 점점 확장되면서 좀더 정확한 항해술에 대한 필요(needs)가 증대했고, 그에 따라 천체 관측의 정확도를 높여가는 과정에서 패러다임의 변화가 이루어졌다.

한국 사회를 두고 말하자면, 사회 구성원들의 삶의 바탕이나 양식 등이 급격히 변하고 있고, 그에 따라 종교·구원·해탈의 개념 자체도 머지않아 변화하지 않을까 생각한다. 아베 마사오는 아마 부처님이 오늘날 태어나신다면 부처님도 운전면허가 필요할 것이라고 했는데, 그런 말로 종교 간 대화의 현실을 빗대어 설명할 수 있지 않을까 싶다. 같은 논리로, 만일 예수님께서 오늘날 태어나신다면 인터넷으로 커뮤니케이션을 하는 방법을 배우셨을 게다.

IV.
불교와 기독교의 공통점과 차이, 융합

이도흠 (한양대학교 국어국문학과 교수)

1. 머리글

'인류 역사에 핀 아름다운 두 송이 꽃(틱낫한)'인 불교와 기독교는 크게 세 가지 면에서 남한과 북한을 닮았다. 상당히 대립적으로 보이지만 심층에서는 같다. 극단적인 사람들은 다름을 과장하며 이를 타자에 대한 폭력을 정당화하는 근거로 활용하지만 그렇지 않은 이들은 상통함을 절규하며 상생과 평화를 도모한다. 상대의 입장에서 보면, 핵심 개념에 대한 해석이 달라지고 바로잡거나 보완하여 한 단계 향상시킬 수 있는 길이 보인다.

우주에서부터 인간과 작디작은 소립자에 이르기까지 모든 것은 연기적 관계에서 무궁하게 반복하면서 차이를 생성한다. 그 차이와 반복을 있는 그대로 여여(如如)하게 직시하면서, 공통점을 읽으면 서로 통하고 차이를 읽으면 넓으면서도 깊게 된다. 불교와 기독교 또한 우주, 자연, 궁극적 실재와 진리, 사회, 역사, 그리고 무수한 사람/생명들과 연기적 관계에서 반복하면서 차이를 생성한 주름들이다. 불교와 기독교는 붓다와 예수가 기존의 종교와 사상을 토대로 하되 궁극적 실재와 원리에 대해 전혀 새로운 차원으로 깨닫고 이를 말씀과 마음과 실천으로 전한 것이자 그에 대한 인간의 해석들이 보태진 기억과 현장의 주름들이다. 그 무한한 주름 가운데 한 꺼풀이나마 펴고 불교와 기독교의 공통점과 차이를 살짝 엿보고자 한다. 단, 지면관계상, 실체론과 관계론 · 이원론과 대대론 · 신과 진여 · 열반과 하느님 나라 · 사랑과 자비로 나누어 핵심만 간략하게 논한다.

2. 실체론과 관계론

우주 삼라만상 가운데 연기(緣起)를 떠나서 존재하는 것은 아무것도 없다. 모든 존재자들이 서로 의지하고 영향을 미치며 조건을 형성하고 원인과 결과로 작용하며 서로 생성한다. 이 관계와 작용을 분리시켜서 바라볼 때 둘은 서로 싸우지만, 올바로 들여다볼 때 둘은 서로 통한다.

세계 그 자체는 가유(假有)인 실체들이 대대적(待對的)으로 연기를 이루고 있다. 이 세계에 대하여, 부분을 독립적인 것으로 보면 실체로 이루어진 듯 보이지만, 전체를 아울러 보면 서로 연결되어 조건과 인과로 작용하며 서로를 생성한다. 처음에는 동양이든 서양이든 불자들이나 기독교도나 구분 없이 신과 세계를 바라보았다. 하지만 불자들은 세계를 의식을 넘어 그 자체로 직시하는 것을 더 우선하면서 연기에 초점을 맞추어 바라보았고, 기독교도들은 이 세계를 로고스를 통하여 명료하게 인식하는 것을 우선하면서 실체에 초점을 맞추어 바라보았다. 그 후 불교에도 실체론적 해석이 있는데 연기론이 압도하고, 기독교에도 연기론적 해석이 있는데 실체론적 해석이 헤게모니를 가졌다.

그 결과, 어항을 짧은 시간 동안 보여준 후 재현하라고 하면 서양 사람들은 대부분 어항과 물고기만 그리지만, 동양 사람들은 대다수가 물고기와 수초와 돌을 그린다. 사람에 대해서도 서양 사람들은 "너는 누구냐?"라고 묻는데 반하여, 동양 사람들은 네 아버지나 친구 · 선생이 누구냐고 묻는다. 딱정벌레를 발로 밟았을 때 서양 사람들은 "죽었다"고 말하지만, 동양의 사고를 가진 사람들은 "그 딱정벌레를 개미가 해체하여 여왕개미에게 먹여 개미 알을 낳고 남은 껍데기에도 무수한 미생물이 살아가니 딱정벌레가 개미나 미생물로 변했다"고 말한다. 이처럼 서양은 부분과 실체를 보며 이데아·실체·본질을 규명하는 데 반하여, 동양은 전체가 어우러진 역동적인 시스템을 보며 그 관계에서 벌어지는 생성과 작용을 살피려 한다.

불교는 모든 것이 서로 의지하며 작용하고 영향을 미치면서 인과로 맺어졌기에 아(我)란 없는 것이며 공(空)하다고 본다. 사람이든 다른 존재자든 독립성이나 개체성이 없으며 상대방으로 인하여 생성하고 소멸할 뿐이다. 그러기에 "연기를 보는 자는 다르마(法)를 보고, 다르마를 보는 자는 연기를 본다(맛지마 니까야)." 반면에, 기독교에서는 모든 존재가 조물주 하느님이 무로부터 창조한 피조물이라 본다. 그러기에 모든 존재는 하느님으로부터 존재를 부여받은 것이며 하느님에게 절대적으로 의존한다. 하느님은 필연유(必然有)다.

> "하느님은 유한한 존재인 우리 인간의 모든 것을 무한히 넘어서는 전적인 타자이며, 초월적 타자인 하느님은 무한히 완벽하고, 무한히 완전하고 홀로 행복하며 아무것도 필요로 하지 않는다. 하느님은 자존적 존재 그 자체로서 자신에게서 비롯되고, 오직 자신에게만 의존하며, 타자를 전혀 필요로 하지도 않고 타자로부터 영향도 받지 않으며 자족적으로 완전한 절대적 타자다 (폴 니터)."

아주 미세하지만, 싸우고 있는 두 사람 사이에서도 서로 내뿜는 호흡에 수억 마리의 미생물이 들어 있어 그것이 상대방의 몸을 바꾸며 달라진 몸은 또 미생물과 공기의 성분이 변한 숨을 토해 낸다. 이렇듯 우주 삼라만상과 모든 인간은 찰나의 순간에도 서로 의존하고 침투하며 조건과 인과를 형성하며 서로 만들어 주는 상호생성자(inter-becoming)다. 인간은 절대자 앞에서 완전하지 못한 채 세계의 횡포와 부조리에 맞서야 하고 죽음의 한계에 직면해야 하는 늘 고독하고 불안한 존재(being)인 동시에 상호생성자, 곧 필자의 용어로 '눈부처'들이다. 씨는 열매 없이 존재하지 못하고 열매 또한 씨 없이 존재하지 못한다. 씨가 병들면 열매가 병들며, 열매가 병들면 씨 또한 병든다. 찰나의 순간에도 씨와 열매 자체, 씨와 열매의 관계는 변한다. 씨가 변하여 꽃으로 피고 오롯이 열매로 맺기까지 흙 · 흙 속의 영양분과 미생물 · 대기와 대기의 미생물 · 주변의 사람과 동물과 식물 · 구름과 해와 바람에 이르기까지 온 우주의 삼라만상이 관계한다. 그렇게 씨와 열매가 무아(無我)하고 무상(無常)하며 서로 연기적 관계에서 공하지만[色卽是空], 씨가 자신을 소멸시키면 싹이 나고 꽃이 피고 열매를 맺고 열매가 자신을 썩히면 씨를 남긴다. 그렇듯 모든 존재는 불일불이(不一不二)의 연기적 관계 속에서 공(空)하기에 상대를 존재하게 한다[空卽是色]. 한마디로, 있는 것도 아니고 없는 것도 아니다[非有非無]. 없으며 있고 있으면서 없다.

  이런 패러다임의 전환에 이르면 불교와 기독교는 만난다. 불교가 연기와 공의 사유에 단단히 뿌리를 박고서, 근본 원인에 수정을 가하여 인과관계에 변화의 미동을 주는 주체로서, 업(業)의 상속자로서, 깨달음의 주체로서 가유(假有)를 설정하거나 참나[眞我]를 추구하면 실체론에 다가간다. 반면에, 기독교가 초월적 타자로서의 하느님이 아니라 모든 존재자와 그들이 서로 작용하며 빚어내는 모든 사건들에 임하시는 하느님으로 생각한다면, 존재에서 생성으로 인식을 전환하여 하느님을 '상호존재의 근거(ground of inter-being)'(폴 니터)나 '관계성의 원천과 힘(the source and power of relationship)'(폴 틸리히)으로서 이해한다면 연기론에 다가간다. "하느님은 상호존재의 역동적인 에너지의 장이다(폴 니터)."

3. 이원론과 대대론(待對論)

　서양의 사유의 근본 바탕은 아리스토텔레스 이래 이분법적 모순율이다. 이 세계는 A or not-A인 것이며, A and not-A는 모순이기에 배제하였다. A가 아니면 나머지는 A가 아닌 것이어야 한다. 동일한 사물이 동일한 사물과 동시에 동일한 점에 속하면서 또한 속하지 않는다는 것은 있을 수 없다. 이데아는 이데아이고 그림자는 그림자였지 이데아인 동시에 그림자는 모순이었다. 이에 서양은 이 세계를 이데아와 그림자 · 주체와 객체 · 현상과 본질 · 있음과 없음 · 육체와 정신 · 이성과 감성 · 말과 글 · 신과 인간 등 둘로 나누고 이데아인 동시에 그림자 · 주체인 동시에 객체 · 현상인 동시에 본질 등은 모순이라 보고 이를 배격한다.
　하지만 동양, 그중에서도 불교는 대대적(待對的)이다. 대대란 서로 대립되는 것이 동시에 상대방을 생성하는 것이자[相反相成] 대립되는 것을 내 안에 모셔서 하나로 어울리는 것이다. 흔히 우리는 어두우면 밤, 밝으면 낮이라 한다. 하지만 실제 세계는 'A and not-A'이다. 낮 12시라 하더라도 12시에서 0.00001초도 모자라지도 남지도 않는 극점만이 낮인 것이며, 1분만 지났다 하더라도 그만큼 밤이 들어와 있는 것이니, 하루의 모든 시간은 낮인 동시에 밤이다. 이렇게 실제 세계는 A이거나 not-A인 것이 아니라 A인 동시에 not-A, 곧 퍼지(fuzzy)이다. 내가 팔을 펴는 것이 양, 팔을 구부리는 것이 음이라면, 양의 기운이 작용하여 팔을 펴는 순간에 구부리려는 기운이 작용한다. 이에 팔을 최대로 펴면 다시 구부리게 된다[物極必反]. 그 반대도 마찬가지다. 파란 태극 문양 안에 빨간 동그라미가 있고, 빨간 태극 문양 안에 파란 동그라미가 있는 것은 이 때문이다.

기독교에서 하느님이 초월적 타자(the transcendent other)일 경우 신과 인간 · 거룩함과 비속함 · 이상과 현실 · 초월성과 내재성 · 무한/자와 유한/자 · 영원과 순간은 이원론적으로 대립한다. 이원론은 두 대립되는 실재가 실은 만나서 어울리고 서로 생성하는 면을 놓치거나 부정한다. 원수였던 남녀가 사랑하듯, 두 대립하는 실재가 실제로는 서로를 필요로 하고 서로 품고 보듬으며 상대방을 보완하고 생성하여 주는 관계를 보지 못한다. 이 이원론에서는 원죄에 더하여 죄의 굴레에서 벗어나지 못한 채 이를 반복하다가 언젠가는 죽어야 하는 인간이 예수를 믿어 그 영혼이 천국에 가서 구원을 받아 무한과 영원으로 초월하는 것이 신앙의 목적이 된다.

하지만, "뜻이 하늘에서 이뤄진 것 같이 땅에서도 이뤄지이다.'라는 주기도문과 하느님이 이 세상을 이처럼 사랑하사 독생자를 주셨다는 성육신 신앙에서 보면(김경재)", 이원론은 무너진다. "무한한 초월자가 제한된 인간 안에 들어올 수 있으려면 인간이야말로 애당초 무한한 초월자와 교감할 수 있는 무한한 가능성을 지닌 존재여야 한다. 그렇다면 인간의 구원은 비구원적 상황 '밖'이 아니라 '안'에서, 더 '깊고 깊은 안'에서 온다고 보아야 할 것이다(이찬수)." 이렇게 신을 초월적 타자가 아니라 대대적인 존재로 해석하면, 신과 인간, 성과 속, 초월성과 내재성, 무한/자와 유한/자, 영원과 순간 또한 대대적 관계를 갖는다. 곧, 신은 사랑과 자기비하의 섬김으로 인간으로 내려오고 무한한 가능성을 가진 존재인 인간이 모든 탐욕과 죄를 초월하여 무한과 영원을 지향하여 자기 안에서 하느님을 발견하고 하늘나라에 오를 수 있는 것이다.

4. 신과 진여(眞如)

기독교와 불교 모두 궁극적 진리를 추구하며 이는 하느님/부처와 통한다. 불교에서 보면, 공(空)의 바깥에 근원적 실재가 없다. 당연히 신은 존재하지 않는다. 누구나 불성(佛性)을 가지고 있으며 탐욕을 없애고 무지에서 벗어나 깨달으면 부처가 된다. 그러니, "법을 보는 자는 나(붓다)를 보고, 나(붓다)를 보는 자는 법을 본다(상윳따 니까야)." 반면에, 기독교에서 하느님은 주(主)이시며, 진리이다. 무로부터 만물을 창조한 주(主)이자 전지전능한 존재가 하느님이다. "하느님은 존재하는 모든 것의 근원, 모든 것의 최종 원인이며 모든 것을 지탱하는 근거, 존재하는 모든 것의 목적이다(가톨릭사회교리서)." "하느님은 비존재(nonbeing)를 무한히 극복하시는 존재 자체(being itself)로서 존재의 근거(the ground of being)이자 존재의 힘(the power of being)이다(폴 틸리히)." 기독교에서 보면, 모든 존재자를 존재하게 하는 궁극적 기반으로서 하느님이 존재한다. 모든 존재자는 하느님으로부터 존재를 부여받으며, 하느님에 의존하여 존재를 드러내며 하느님 안에서 비로소 존재 근거를 갖는다. 모든 존재자가 존재할 수 있게 하며, 그 존재들이 존재하는 근거이자 근본 원인이 바로 하느님이다. 무엇보다도 하느님은 모든 존재자들이 존재하는 목적이다.

싯다르타는 나무 아래서 명상하다가 연기법과 사성제(四聖諦), 다시 말해 모든 괴로움과 그 괴로움이 일어나는 원인과 원리, 이를 없애는 길과 없애고 열반에 도달하는 것에 대한 진리인 사성제를 깨우치고 '위 없는 바른 깨달음[無上正等覺]'의 경지에 이르러 깨달은 사람, 붓다가 되었다. 붓다는 이를 "비구들이여, 나에게는 전에 들어 보지 못한 법들에 대한 눈이 생겼다. 앎이 생겼다. 지혜가 생겼다. 밝음이 생겼다. 빛이 생겼다.(『전법륜경』)"라고 표현하였다.

 모든 존재자가 서로 의존하고 상호작용하며 인과관계를 맺고 있다. 지속되는 것은 아무것도 없으며 찰나의 순간에도 모든 것이 변한다. 일체의 존재자가 일시적으로 원인과 요소들의 집합으로 이루어졌다가 머무름이 없이 소멸되는 것이니 자성(自性)이란 없다. 모든 존재가 의타적으로 다른 존재에 의해 드러날 뿐인 가유(假有)이다. 그러니 모든 존재는 공(空)하다. 공이 바로 제법의 실상이요 진여(眞如)다.

 공으로부터 기독교를 보자. 모든 피조물은 무(無)이다. 인간 또한 마찬가지다. 하지만 무임을 깨닫고 존재하는 궁극적 근거가 하느님임을 깨달으면 유로서 의미를 갖는다. 만물이 모두 의타성이 있기에 무아이고 무상하지만, 그 만물들에 내재하면서 찰나의 무상과 유한을 초월하여 영원과 무한의 존재로 거듭나게 하는 존재가 바로 하느님이다. 그러기에 신은 "내재하면서 초월한다. 신은 우리가 느끼는 어떤 존재의 떨림, 초월적 힘에 대한 감수성이며, 존재자로서 인간존재의 심연에서 우러나는 울림, 존재의 소리를 듣는 영적인 지평에 관계된 개념이다(신승환)." 이런 신관(神觀)으로 불교를 보면, 모든 존재자들이 서로에게 작용하고 영향을 미치며 인과를 낳는 연기의 근본 원인이 바로 하느님이다. 연기의 주재자요 연기를 통해 존재하는 모든 존재자의 존재 근거가 하느님이다.

 선(禪)에서 보면, 궁극적인 진리는 인간의 의식과 언어를 넘어선다. 누군가를 진정으로 사랑하면 사랑한다는 말이 나오지 않는다. 말로 표현할 수 있는 것을 넘어서기 때문이다. 진정한 사랑이 100이라면 온 세상의 말을 다 동원한다 하더라도 그 말은 사랑 자체에 미치지 못한다. 그렇듯 언어로는 진여실제(眞如實際)에 이를 수 없거니와 현실과 사물에 대해서 그 실상대로 말할 수도 없다. 그 이유는 여러 가지다. 도(道)와 일심(一心)이란 언어기호나 인간의 생각 저 너머에 있어 언어기호로는 이를 표현할 수 없다. '나무'가 홀로 의미를 갖지 못하고 '풀'과의 관계 속에서 '목질의 줄기를 가진 다년생의 식물'이라는 의미를 갖고 '쇠'와 관련하면 '목질성·자연'의 뜻을 갖는 데서 잘 드러나듯, 언어는 홀로 자성을 갖지 못한 채 가명을 갖기 때문에 진여실제를 드러낼 수 없다. 무지개의 빨강과 주황 사이에도 무한대의 색이 존재하는데 우리가 명도와 채도란 객관적 준거를 만들어 이름을 부여하고 이 이름과 저 이름의 차이를 통해 의미를 드러내는 사례에서 잘 드러나듯, 언어와 세계가 일치하지 않으며 언어는 단지 세계의 실상이 아니라 차이 자체를 재현한다. 이름과 뜻·경전과 해석·기표와 기의·발신자와 수신자가 서로 연기적 관계에 따라 상호 작용한다. 이 세계 자체가 연기에 따른 것이고 무상하기에 자성이 없이 공하다. 다른 것과 서로 조건을 형성하고 상호작용하며 끊임없이 변하는 세계를 동일성이나 실체라는 틀로 가두어 무엇이라 명명할 수 없다. 무자성이고 공(空)인 세계를 언어로 명명할 수 없으며, 언어 또한 자성이 없이 차이에 따라 연기되므로 더더욱 불가능한 일이다. 그러기에 세계의 궁극적 실제는 말로 표현/재현할 수 없고[不可言說] 말과 의식을 통해서는 전혀 이해할 수 없으므로 언어도단(言語道斷)을 선언하고 선정을 통해서나 부처님의 마음·진여실제에 다가갈 수 있다.

그렇다고 언어를 완전히 버릴 수는 없다. 완전한 사랑이 언어를 넘어서는 것을 알지만 일상에서는 사랑의 표현이 필요하다. 선의 최고 정전인 『단경(壇經)』을 지은 혜능(慧能)은 "그리고 글자를 쓰지 않는다는 것은 사람들이 역시 말을 해서는 안 된다고 하는 것인데, 이 말이야말로 곧 문자의 모습이다. 또 불립문자(不立文字)를 말하는데 '불립(不立)' 양 글자 역시 문자이다."라고 하였다. 인간이 궁극적 진리에 다가가는 방편 또한 언어이기 때문이다. 자성과 연기 사이의 모순과 언어의 공성(空性)을 이해하면서도 언어를 통하여 의미와 진리를 전달하는 딜레마를 해결하는 것은 언어를 방편으로 삼은 뒤에 말을 버리고 실제에 이르는 것, 곧 '말을 통해서 말을 버리기[因言遣言]'이다. 비트겐슈타인(Ludwig Wittgenstein)이 비유한 대로, 지붕(궁극적 진리)에 이르려면 사다리(언어)가 필요하지만, 사다리에서 발을 떼야 지붕에 오를 수 있다.

인언견언의 논리로 기독교를 보면, 하느님은 인간의 언어·의식·지성으로 다가갈 수 없는 신비이자 불가해성이다. "하느님은 완전한 신비다. 하느님은 그리스도교의 언어와 체험보다 훨씬 더 큰 분(폴 니터)이다." 그것은 오로지 존재의 유한함을 자각하고 이를 초월하고자 할 때만 인간이 체험할 수 있는 신비다. 성경의 모든 비유나 말씀은 이 궁극적 실재로서 하느님의 신비에 이르기 위한 방편일 뿐이다. 하지만 우리는 이 방편을 통하여 그 신비의 한 자락에라도 스치듯 다가갈 수 있다. "하느님이 역사 속에 육화한다고 말할 때, 우리는 말·상징·신조가 부적절한 동시에 그만큼 또한 진실하다고 말하고 있는 것이다. 그 말은 하느님이 더 완전하게 하느님일 수 있게 한다(폴 니터)."

5. 열반과 하느님 나라

기독교와 불교는 모든 탐욕을 없애고 죄와 고통이 많은 사회에서 초월하여 구원과 깨달음을 얻어 열반하거나 하느님 나라에 가라고 한다. "기독교에서는 만인과 만물의 텔로스(telos, 목적, 본질)가 하느님 나라 안에서 통일되고, 불교에서는 만물과 만인의 텔로스가 니르바나(열반) 안에서 성취된다(이찬수)." 두 종교 모두 온갖 망상과 탐욕의 없앰과 자신의 거듭남을 매개로 하지만, 기독교는 하느님에 대한 믿음을 전제로 한 데 반하여 불교는 연기에 대한 통찰과 깨달음을 전제로 한다. 열반이 나를 떠나서 가능한 것이라면, 하느님 나라는 내 몸이 다시 그리고 영원히 사는 것이다. "하느님 나라는 현재·미래·과거 모두에 걸쳐서 하느님의 통치가 미치는 영역, 곧 주님께서 역사하는 곳이다. 하느님의 나라는 사회적·정치적·인격적 상징(social-political-personalistic symbol)인 데 반하여, 니르바나는 존재론적 상징(ontological symbol)이다. 하느님의 나라는 '정의와 평화의 다스림'을 갈망하는 공동체의 희망의 상징이고, 니르바나는 존재의 궁극적 지반 안에서 유한성·소외·무명(無明)·고(苦)가 극복된 상태를 갈망하는 인간실존의 구도적 상징이다(김경재)."

불교에서 보면, 유리창의 먼지만 닦아 내면 맑고 푸른 하늘이 드러나듯, 모든 사람의 미혹하고 망령된 마음만 닦아내면 그들 마음속에 있는 불성(佛性)이 저절로 드러난다. 깨달음과 열반은 밖에 있는 것이 아니라 우리 안에 있다. 깨달음이란 원래 깨달을 수 있는 바탕을 지니고 있는 인간이 어떤 계기로 세계를 새롭게 인식하고 전혀 다른 존재로 거듭나는 것이다.

지혜로써 모든 경계를 파악하여 온갖 사념과 망상을 떨쳐 버리고 탐욕과 탐심을 멈추는 지행(止行), 세계와 타자와 나 사이의 연기적 관계를 통찰하는 관행(觀行)을 쌍으로 부린다. 이렇게 하여 임계치 이상의 물리적 충격을 받은 물질이 배열 구조가 바뀌어 화학변화를 일으키는 것처럼, 원래 깨달을 수 있는 바탕을 갖추고 있는 인간이 어떤 계기를 통해 연기(緣起)·무아(無我)·공(空)을 새롭게 인식하고 탐욕과 어리석음과 성냄을 완전히 소멸시키고 자기 두뇌의 신경세포와 몸 안에 간직된 온갖 경험과 기억과 의식, 알라야식(alaya-vijniana, 阿賴耶識)에 있는 모든 종자(種子)를 재배열하여 자신의 존재를 전혀 다른 존재로 거듭나게 하고, 악의 종자를 모두 거두어 내고 선의 종자만이 의식과 실천으로 작용하게 하면서 업(業)에서 벗어나고, 이 존재가 새로운 지평에서 진여실제에 다가간 것으로, 말로는 표현할 수 없는 자유롭고 평안한 상태에 이른 경지가 바로 열반이다. "불교의 수행은 깨달은 내용을 실천하기 위한 수행이고, 부처로서 살기 위한 수행이고, 열반을 완성하기 위한 수행이다(홍사성)."

열반에서 하느님 나라를 보면, "하느님은 모든 것에 이미 스며들어 있는 영(靈)이자 에너지다. 영은 영이기 위하여 내가 필요하고 나는 나이기 위하여 영이 필요하다. 우리는 사랑하는 어미새(사랑하는 하느님)인 동시에 두려워하는 아기새(자유의지를 가진 인간)이기에 인간의 자유로운 행위와 결정 속에서 은총은 은총이 된다(폴 니터)." 토마스 복음의 가르침처럼, 하느님 품에 안겨 내 안의 하느님을 발견하고 나에게서 완전히 벗어나서 깨달아야 구원이다. 이런 하느님관을 따른다면 "사후 영생을 현세의 연장 또는 완결판으로 보는 유치한 구원관을 극복함은 물론, 나아가 일체의 형상이 사라진 무상(無相)의 하느님, 일체의 언어와 분별이 사라진 무언(無言)의 하느님을 만나고 '나'를 완전히 초극한 무아적 구원의 세계를 진지하게 생각해 볼 수 있을 것이다(길희성)." 하느님 나라에서 열반을 보면, 내가 지극한 마음으로 수행정진을 하여 내 안의 불성을 찾지 못했다 하더라도 계시지 않은 곳이 없는 부처님의 가피(加被)가 임재할 때 진정한 깨달음에 이른다.

6. 사랑과 자비

기독교와 불교 모두 탐욕과 이기심을 극복하고 고통받는 타자를 구원하는 사랑과 자비의 실천을 추구한다. 아무런 조건과 대가 없이 무한하게 베풀고, 차별이 없이 가난한 이든 부자든 죄인이든 의인이든 가리지 않고 행하며, 자신의 모든 것을 던져서 타인을 살리는 것이 사랑과 자비다.

"나는 너희에게 이르노니 너희 원수를 사랑하며 너희를 핍박하는 자를 위하여 기도하라(마 5:44),"라는 말씀에 잘 나타나듯, 예수의 아가페적 사랑은 제약이 없고 조건이 없고 보상을 바라지 않고서 헌신하는 무한한 사랑이다. 예수는 "가난한 사람을 학대하는 자는 그를 지으신 이를 멸시하는 자요 궁핍한 사람을 불쌍히 여기는 자는 주를 존경하는 자니라(잠 14:31),"라며 가난하고 핍박받는 이웃을 사랑하라 일렀다. 인간의 죄를 사하기 위하여 십자가에 못 박혀 죽으시어 우리의 죄를 대속(代贖)한 것에 잘 나타나듯, 자기 자신을 넘어서며 자기 자신을 온전히 비우는 사랑이다. "예수의 자유와 사랑은 그가 전적으로 신뢰하고 자신을 맡긴 아빠 하느님의 절대 무상의 사랑과 은총으로부터 온다(길희성)."

흔히 불교는 '깨달음의 종교'이고 기독교는 '사랑의 종교'라고 단순화하지만, 불교는 깨달음과 자비가 불일불이(不一不二)의 화쟁을 이루는 종교다. 티베트 불교에서 가장 중요한 교과서인『보리도차제론(菩提道次第論)』을 보면, 수행을 3층 건물에 비유하는데, 2층이 선정이고 3층이 보살행이다. 자비 없는 깨달음은 아직 2층에 머문 것에 지나지 않는다. 보살행을 하여야 완성에 이르는 것이다.

원효는 진속불이(眞俗不二)를 말한다. 내가 깨달아 부처가 되었더라도 고통을 받는 중생이 있다면 나는 아직 진실로 부처가 아니다. 그를 구제하여 부처로 만드는 순간에 나도 비로소 부처가 된다. "서로 말미암아 존재하고 서로를 말미암아 생명이 활동한다는 연기의 법칙이 '사실의 판단'이라면, 필연적으로 '사이좋게' 지내야 하는 것은 '가치의 판단이다(법인)." 서로 싸우던 두 사람이 어릴 때 헤어졌던 이복형제라는 사실을 알게 되면 싸움을 멈추고 포옹할 것이다. 연기의 지혜에 이르면, 이는 자연스레 나와 무수한 연관과 인과 관계에 있는 타인에 대한 자비로 이어진다. 세친보살(Vasubandhu)은

『불성론(佛性論)』에서 "지혜로 말미암아 나에 대한 애착은 버리고 큰 자비로 말미암아 타인에 대한 사랑은 일어나게 한다. 지혜로 말미암아 열반을 버리지 않고, 자비로 말미암아 생사를 버리지 않는다."라고 하였다. 지혜가 있기에 모든 집착·망상·탐욕·분노·어리석음의 근원인 내 몸에 대한 사랑을 버리지만, 고통받는 중생에 대한 자비로 말미암아 중생에 대한 사랑은 늘 솟아나게 한다. 지혜가 있기에 탐욕과 어리석음과 분노를 없애고 열반에 이르려 하지만, 고통받는 중생에 대한 자비심으로 인하여 열반에 이르렀어도 이를 미루고 중생을 구제한다. 그러니 『유마경』에서 말한 대로, 중생은 어리석음과 분노와 탐심으로 인하여 병을 얻지만, 보살은 중생의 아픔에 대한 자비로 인하여 병이 생긴다. 중생이 아프면 보살도 아프다. 이 아픔 때문에 열반에 이르렀어도 이를 미루고 세속의 세상에 머물 수밖에 없다. 중생이 병이 나아야 자신도 모든 아픔에서 벗어난다. 타인을 돌보는 것은 공감과 자비심의 발로이지만, 업과 연기의 관계 속에서 내 업을 씻고 내가 내 안의 불성을 발견하여 진정으로 깨닫는 길이다.

 이를 위해 한국 불교는 성찰하고 혁신해야 한다. 한국 불교는 개인의 수행과 암자불교를 고집하여, '아프니까 청춘'이라는 식으로 사회적 문제를 개인적 문제로 치환해서 사회적 문제를 은폐하여 중생의 고통을 방임한 지금까지의 행적을 철저하게 참회해야 한다. '개인적 고(苦)'를 '사회적 고(苦)'로 확대하고, 사회 공동체가 함께 책임을 지는 공업(共業) 개념을 적극 수용해야 한다. 개인이 깨달아야 세계가 변하지만, 세계가 변해야 개인의 깨달음도 지속된다. 혼자 깨달으면 열반에 이르렀다고 하더라도 아직 공업을 소멸한 것이 아니며, 타자를 고통에서 벗어나게 해야 열반은 완성된다.

 사랑과 자비는 인간의 어디에서 싹트는가? 인지과학적으로 보면, 마음이란 어떤 물리적이고 화학적인 자극에 의하여 두뇌 속 500조 개의 신경세포 다발이 서로 연기 관계 속에서 화학물질을 주고받는 생성 과정에 몸이 작용하는 것이다. 페라리 등은 타자와의 소통·공감을 담당하는 "거울신경세포체제(mirror neuron system)가 타인에게 자신의 표현을 더 쉽고 안정적으로 전달하는 것을 선호하는 데서 기인한 자연선택의 결과라고 밝혔다(P. F. Ferrari, A. Tramacere, A. Simpson, E. A. Iriki)." 이기적 유전자를 가진 생존 기계인 인간이 사회를 형성하면서 이타적 협력을 한 결과 만들어진 진화적 생성물이 거울신경체제다. 자비심은 내 몸이 약자의 고통에 접하였을 때 두뇌 속에서 공감을 담당하는 거울신경세포체제가 타자와 나를 연기 관계로 인지하여 그의 고통을 내 것처럼 아파할 때 발생하는 마음 작용이다. 그러니 타자의 아픔을 접하였을 때 거울신경세포체제를 통하여 자신의 고통처럼 공감하는 것에서 사랑과 자비가 싹튼다. 다만 자비가 연기에 대한 지혜를 바탕으로 한다면, 사랑은 하느님의 은총을 바탕으로 한다.

더 나아가 사랑과 자비는 대승적 실천으로 확대된다. 우리는 사랑하는 타인에게서 신을 발견한다. 타인에게 더욱 가까이 다가가서 얼굴을 바라보고 그의 목소리에 귀를 기울일 때 "그 순간 타자 속에 진실로 신이 현존한다. 나와 타자의 관계 속에서 나는 신의 음성을 듣는다(에마니엘 레비나스)." 테러리스트가 아무 죄가 없는 아이를 죽이려 한다면 기도를 하는 것이 사랑과 자비인가, 아니면 테러리스트를 죽이고 아이를 구하는 것이 사랑과 자비인가? 본 회퍼(Dietrich Bonhoeffer) 목사는 "미친 운전자가 인도를 질주하고 있다면, 목사인 내 임무는 죽은 자의 장례를 치르고 기도를 하는 것이 아니라 그를 운전대에서 끌어내리는 것이다."라고 하였다. "하느님의 실재와 만날 수 있는 가장 확실하고 가장 근본적인 길은 타인의 얼굴을 마주하는 것이며, 사랑한다는 것은 자아를 떠나는 것·자아를 비우는 것·타자와 연관되는 것이다(폴 니터)."

부처 또한 '분노는 분노에 의해 사라지지 않으며 오로지 자비에 의해서만 사라진다는 것이 영원한 진리'라고 『법구경』 등 여러 경전에서 말하고 있지만, 『대방편경』에서는 선원 499명을 살리기 위하여 선원 한 명을 죽인 이야기를 하고 있다. 선원 499명을 죽이려는 선원을 세 차례나 설득하여도 듣지 않자 선장은 "만일 내가 저 선원을 죽이지 않는다면 다른 499명이 죽게 될 것이다. 하지만 그를 죽이면 499명의 목숨을 구하기 위해, 그리고 그가 499명을 죽이는 죄를 범하는 것을 막기 위해 한 사람을 죽인 죄에 따른 악업의 결과를 그대로 받게 된다. 게다가 만약 내가 음모를 꾸미는 저 사람을 죽이지 않는다면, 나는 499명의 죽음에 간접적으로 책임이 있다."라며 무기를 들고 그 선원을 죽인다. 그 선장이 바로 전생의 부처다. 이처럼 파사현정(破邪顯正)하는 지혜에 기초하여 생명을 살리기 위하여, 설득과 협상 등 평화적 방법이 무망한 상황에서 모든 죽어 가는 중생의 고통에 연민하고 공감하는 마음에서 비롯된, 증오가 없이 최종 수단으로서만 폭력을 용인하는 분노는 더 큰 사랑과 자비다. 한마디로 말하여, '정의로운 분노'는 이를 행사하는 개인이나 집단의 이데올로기의 소산일 수 있어 경우와 맥락에 따라 다르지만, '자비로운 분노'는 '불교적으로' 정당하다.

7. 맺음말

우리나라든 세계든 거의 종착역에 와 있다는 느낌이다. 무엇보다도 기후변화 · 불평등 · 생명의 집단적 죽음 · 기계의 생명화에 올바른 대안을 세우지 않으면 인류에게 22세기는 디스토피아로 다가올 것이다. 주술의 정원에서 탈출하여 이성과 교양이 획기적으로 증대된 20세기에 인간이 대량 학살을 끊임없이 자행한 것은 '평범한 악의 순전한 생각 없음(한나 아렌트)'이나

'권위에 대한 복종(스탠리 밀그램)' 때문만이 아니라 근본적으로 동일성의 패러다임 때문이다. 이 틀에서 '이교도 · 유색인 · 이민족 · 좌파 · 여성' 등을 타자로 상정해서 이를 배제하고 폭력을 가하며 동일성을 강화하면서 대량학살이 발생하였다. 근대는 기독교도 · 백인 · 유럽 등 '갑'의 위상에 있는 민족 · 종교 · 지역에 의한 이교도 · 유색인 · 제3세계 등 '을'의 위상에 있는 자들의 착취와 학살로 점철되었으며, 이는 지금도 지속되고 있다. 이제 대대의 논리로, 동일성을 근본적으로 해체하는 눈부처의 차이로 서로 대화하고 공감하며 서로를 품어야 한다. 부처 안에서 예수를 발견하고 예수 안에서 부처를 발견하여 우리는 더 좋으신 부처와 예수를 만날 수 있으며, 우리 자신 또한 더 나은 존재로 고양될 수 있다. 싯다르타의 고행상을 보며 십자가에서 피를 흘리는 예수의 목소리를 듣고, 마티아스 그뤼네발트의 〈이젠하임의 제단화〉를 보며 남김 없는 열반에 들지 않고 다시 중생의 고통 속으로 뛰어든 부처를 본다.

    지금 세계적으로 갑부 8명이 소유한 부(富)가 하위 36억 명의 재산과 같으며, 나라마다 약간의 차이는 있지만 대략 상위 10%가 절반이 넘는 소득을 차지하고 있다. 권력 · 자본 · 보수 언론 · 종교 권력층 · 어용 지식인 · 전문가 집단의 동맹은 더욱 견고해지고, 이를 견제할 시민 단체 · 노동조합 · 진보 정당 · 언론이 무력화되면서 이들의 독점과 폭력은 심화하고 상대적으로 약자들의 삶은 점점 피폐해지고 민주주의마저 전체주의에 굴복하고 있다. 이렇게 하여 생명이 집단적으로 죽어 가고 불평등이 극심해진 현 상황에서는 '가난한 자를 위한 편애적 선택(the preferential option for the poor, 가톨릭 사회교리서)'에 더하여 '가난한 생명을 위한 편애적 해석과 자비적 실천(the preferential interpretation and compassionate practice for the poor lives)'이 필요하다. "뇌나 심장이나 배꼽이 아니라 아픈 곳이 우리 몸의 중심이다(엘리 위젤)." 손

가락만 살짝 베어도 우리 몸의 신경물질과 영양분과 백혈구와 대식세포가 그곳으로 집중하여 그곳을 치유하고 우리 몸을 건강하게 한다. 그렇듯 난민·굶주리는 어린이·노인·여성·비정규직 노동자·이주노동자·멸종 위기의 생명이 있는 곳이 이 지구의 중심이다. 가장 먼저 그들의 아픔에 공감하고 연대하는 그 자리에 부처와 예수가 자리한다.

V.
기독교와 불교의 대화를 위한 몇 가지 주제들
- 삶의 나약함을 받아들이는 두 종교

이관표 (인천대학교 기초교육원 강의교수)

1. 들어가는 말

이 글은 기독교와 불교의 대화를 위한 몇 가지 주제들을 제안하며, 특별히 삶의 나약함을 스스로 수용하는 두 종교의 특이성에 관심을 둔다. 구체적인 주제를 이야기하기 전에 다음과 같은 사항을 분명히 할 필요가 있다.

첫째, 기독교와 불교의 대화라는 것은 결코 이 둘의 단순한 동일성으로 귀결될 수 없다는 점이다. 예를 들어, 존재자가 존재하는 원리라 할 수 있는 개별성/고유성이 성립하는 지점은 일반적인 보편성, 일반성 혹은 통일성이 아닌 철저한 다름이라 말해야 한다. 왜냐하면 각 개체가 각자 다르지 않다면 각각의 개체자는 결코 그 자신으로 존재할 수 없을 것이기 때문이다. 이는 종교와 문화 역시 마찬가지이다. 만약 기독교와 불교가 각각 자신만의 특수한 차별성을 가지고 있지 않았다면, 그것들은 그 자신으로 존재할 수 없었을 것이다. 물론 이러한 차별성 혹은 다름은 여러 종교들의 가르침 안에 포함되며, 이것은 곧 각 종교의 정체성이 철저히 다를 수밖에 없음을 의미한다.

둘째, 그러함에도 불구하고 기독교와 불교 사이에는 보편성 · 일반성 · 통일성으로 환원되지 않는 일종의 가족유사성(Familien- ähnlichkeit)이 존재한다. 비트겐슈타인에 따르면, 형이상학자들이 이야기하는 절대적 통일성이란 환상에 불과하다. 가족들이 서로 유사한 것이 절대적인 기준 때문에 그런 것이 아니듯이 우리가 세상에서 관찰할 수 있는 유사함의 현상은 결코 절대적 보편성·일반성·통일성을 기준으로 한 것이 아니다. 다시 말해, 각 가족의 구성원들이 똑같지는 않지만 유사하듯이 이런 식의 현상을 우리는 세계 안에서도 관찰할 수 있다. 개별적 인간임과 동시에 보편적 인간 안에 귀속해 들어가는 우리의 삶과 세계에서 나타나는 근원적인 차원의 유사성은 분명하게 설명할 수는 없지만 종교 안에서도 분명하게 나타나고 있다.

셋째, 이러한 차이와 유사성이라는 아슬아슬한 경계선을 통해 기독교와 불교의 대화는 좀 더 다양한 논의의 주제를 획득할 수 있다는 점이다. 결코 완전히 합일될 수 없는 두 종교는 그러함에도 불구하고, 삶의 근원적 차원에서 연결되는 유사성 안에서 경계선을 공유한다. 따라서 본 글은 세계 안의 가족유사성을 통해 기독교와 불교의 연결점들을 돌아볼 것이며, 동시에 그 연결점들이 결코 완벽히 동일한 것일 수 없기에 끝없이 다름을 견지하게 됨을 살펴볼 것이다. 이 사실을 우리는 다음과 같이 이야기할 수 있다. 두 종교는 동일한 종교가 아니며, 한 가르침으로 통일되지도 않는다. 그러나 그럼에도 불구하고 바로 그렇기 때문에 그 둘은 끊임없이 대화하면서 서로를 성찰할 수 있는 가능성을 나눠 가질 수 있다.

2. 힘이 아닌 나약함을 받아들이는 기독교와 불교

종교란 무엇인가? 기독교에서 종교란 절대적인 존재로서의 신을 의지하고, 그에 따라 삶과 세상을 해석함을 의미한다. 그리고 이런 한에서 절대자로서의 신은 강한 존재자이다. 왜냐하면 세상에 있는 것들과 전적으로 다른 존재자, 그래서 우리가 가진 유한성과 전적으로 다른 무한성의 존재가 바로 신이기 때문이다. 그는 우리의 삶을 가능하게 할 뿐만 아니라 죽음을 극복하게 해 주어야 하며, 그에 대한 신앙이란 그래서 힘에 대한 지향이자 그리움이다.

물론 이 가설이 정당화될 수 있는 이유는 거의 모든 종교들이 아버지라는 이름으로 상징되는 절대적 권력을 신의 속성에 포함시키고 있기 때문이다. 다시 말해 대부분의 종교는 신을 원초적인 힘의 상징으로서의 아버지라고 부르며, 항상 인간의 유한성과 대치되는 무한한 힘을 예배한다. 그 힘은 절대자, 혹은 절대적인 것이다. 그리고 신을 숭배하는 것은 신의 힘에 대한 두려움(Tremendum)과 그것에 대한 황홀 혹은 열망(Faszination)의 이중적 감정과 관련된다. 이러한 이중적 감정은 종교의 특성으로서의 힘 숭배주의(dynamism)에 기인함을 분명히 할 필요가 있다. 왜냐하면 전능자는 가사적(可死的) 인간에게 두려움의 대상임과 동시에 매혹의 대상이기 때문이다. 종교는 그 시원에서부터 절대적인 힘에 대한 추구였으며, 그래서 "힘의 숭배는 종교의 자연스러운 출발점이다."

여기에서 분명히 해야 하는 것은, 기독교는 결코 이러한 힘 숭배를 위한 종교에 머물지 않는다는 점이다. 오히려 기독교의 뿌리인 유대교는 가난하고 불쌍한 노예 하비루들의 종교였고, 그들이 이집트의 정치적·종교적 희생양이 되지 않기 위해 시작하였던 나약함의 자기각성 운동이었다. 이러한 가난하고 불쌍한 자들의 신은 그래서 자연종교적 힘 숭배를 넘어 철저히 자연 질서의 전복을 이야기한다. 창조자 신이 세상을 창조했다는 것, 구원자 신이 죄를 대신 지고 죽었다가 살아났다는 것, 그리고 사랑의 성령이 인간의 삶을 자유롭고 평등하게 만들고 있다는 사실 등이 이처럼 자연 질서에 저항적인 기독교의 모습을 보여주고 있다. 자연에서는 힘의 논리에 따라 죽임을 당하는 자연도태가 벌어지지만 신의 본래적 질서 안에서는 그 정반대이다.

불교 역시 기존 힘 숭배의 제도권에 대한 저항이었다. 붓다가 탄생한 기원전 7-5세기는 인도의 정치적·사회적 전환기였다. 그 이전의 브라만 시대에는 역사가 기록되지 않았으며, 오직 그들의 경전인 『베다』만이 구두로 전승되었다. 이와 반대로 석가모니의 탄생 시기 이후 자이나교와 불교 등의 신흥종교 운동이 생겨났고, 종교적으로도 이 시기는 인도 역사에서 지적으로 가장 활발한 시기, 즉 우파니샤드 시대의 시작이었다. 우파니샤드 이전까지는 사제들 중심의 제사 의식을 통한 기복 신앙이 일반적이었다면, 기원전 8세기 이후부터는 내면적 명상의 신앙이 발달하기 시작한다. 그러면서 세상의 행복이 아닌, 영원한 구원에 대한 궁극적인 관심이 구체적으로 나타났으며, 그 안에서 불교의 근간이 되는 사상들이 성립된다. 이러한 전환기에 석가모니 붓다가 태어났으며, 붓다는 이전의 정치적·사회적·종교적 권력에 만족하지 못하고 그것을 극복하고자 한다. 그는 초기에 당시의 일반적인 구도자들과 같이 극단적인 고행을 실천하여 무아경에서 황홀감을 체험하기도 했지만, 무아경에서 벗어나 일상생활로 돌아오면 다시 허무와 번뇌로 고통받게 됨을 깨달았다고 한다. 이러한 문제를 인식하고 석가모니 붓다는 독자적으로 수행하다가 어느 날 한 소녀가 주는 우유를 받아 마시고 기운을 차린 이후부터 고행과 쾌락을 모두 지양하는 중도(中道)를 수행하였고, 마침내 보리수 아래에서 깨달음을 얻는다. 즉, 있음에 집착하던 브라만으로부터 해방되어 스스로의 존재의 허망함을 분명히 직시하고, 그 나약함을 그 자체로 받아들이는 것이 불교의 출발점이 되었다.

앞서 살펴본 기독교와 불교의 출발에서 볼 수 있는 것처럼, 최소한 기독교와 불교 양자는 결단코 힘 숭배와 자기 보존에 집착하지 않는다. 만약 전 세계를 하나의 기계라고 가정한다면, 살고자 노력하는 자연적 존재자들에 맞서서 자기를 내려놓고 희생함으로써 전체를 존재하게 만드는 하나의 기제가 기독교와 불교라 말할 수도 있다. 가난하고 불쌍한 자들의 도태를 막아서는 것, 꽉 막혀 있는 자연 질서와 인과율의 압제로부터 끊임없이 자유와 해방을 가능하게 만드는 것, 최소한 이것이야말로 기독교와 불교가 종교로서, 삶의 방식으로서 우리에게 보여주는 가족유사성이다.

3. 나약함의 수용으로서의 비움
: 불교의 공(空)과 기독교의 케노시스(kenosis)

앞서 언급했던 힘 숭배로부터의 해방과 나약함의 수용은 공과 케노시스라는 두 가지 가르침을 통해 좀 더 구체적으로 이해될 수 있다. 일반적으로 비움 혹은 공은 불교의 주요 개념으로 알려져 있다. 공을 표현하는 단어 '순야타(Sunyata)'는 산스크리트어로 '팽창하다'의 'svi'로부터 유래하며, 이 '팽창'이라는 표상은 동시에 '공허'라는 표상과 결합된다. 밖에서는 팽창하는 것으로 보이는 어떤 것의 내부는 비어 있기 때문이라는 것이다. 그리고 불교는 이 공의 개념을 가지고, 서구의 실체와 다른 의미에서, 세상의 본래적 모습이 '빔 혹은 무'라고 주장한다. 세상에는 지속적으로 존재하는 존재자란 없으며, 그 존재자 안에는 자체의 확고한 고유함 역시 없다는 것이다. "기본적으로 그것(공)은 어떤 것의 부재함을 의미하며, 공은 […] 탈고유함의 운동을 제시한다." 특별히 공은 붓다의 가르침인 '연기법'과 '무아설'을 해명하는 데 중요한 역할을 함으로써 대승불교 이후 불교 사상의 핵심적 개념으로 자리매김하게 된다.

특히 일본의 교토학파에 따르면, 존재란 공이며, 이것은 글자 그대로 말해 비움 혹은 비워 감 자체이다. "그것(공)은 처음부터 존재와 하나이다." 또한 인간 역시 자신의 근거로서의 공을 따라 스스로를 비우고 있는 자이다. "진정한 자기는 […] 무(공)이며, 진정한 공은 진정한 자아 외의 다른 것이 아니다."

존재에 대해 그것을 초월하며, 긍정하는 비움의 역할 때문에 "그것(공)은 단순히 텅 빈 없는 것이 아니라, 오히려 절대적인 공이다. 그것은 공의 표상까지도 비운다. 이러한 근거에서 그것은 처음부터 존재와 하나이다." 공은 스스로를 비워 감으로써 일체를 드러내며, 이렇게 스스로 없음으로 감추는 측면이 바로 공의 절대무의 차원이다. 다시 말해 일체의 존재를 존재하게 만들기 위해 자기 자신은 무를 향해 계속적으로 비워 나가는 존재의 근원이다. 그리고 인간 역시 이러한 공 안에서 궁극적인 공을 향해 자기를 비워 나가는 자로 규정된다. 자기 비움 안에서 그는 자신을 무로 만들며, 바로 그러할 때만 그는 자기 자신이 된다. 오히려 진정한 인격을 가진 참된 인간이 되고자 한다면, 항상 그 무 안에 들어가기 위해 부단히 스스로를 비워 가야 한다.

여기에 비견될 수 있는 기독교 개념은 케노시스($\kappa \acute{\epsilon} \nu \omega \sigma \iota \varsigma$)로 알려져 있다. 케노시스는 빌립보서 2:5-11의 그리스도 찬가에서 '비움' 또는 '자기비움의 행동'을 지칭하는 데 사용되었다. "바울이 빌립보서 2:5-11에 인용하는 그리스도 찬가에 의하면, 그리스도의 이야기는 하나님의 버림을 받은 사람들의 구원을 위한 케노시스로 이해된다." 이 안에서 그리스도는 하나님과 동일한 신적 본성이지만, 영광 안에서 거주하기를 거부하고, 자신을 비워 종의 형상을 입은 자로 설명된다. 특별히 여기서 다루어지는 케노시스는 그리스도가 신으로부터 인간에로 하강해서 내려왔던 사건이 창조주 신 자신의 비움 사건이라고 이야기한다. "이 찬가의 첫째 부분이 묘사하는 그리스도의 이야기는 하늘에 있는 하나님의 아들의 '신적 형태'로 시작하며, 골고다의 십자가에 있는 '종의 형태'로 끝난다. 그리스도의 성육신은 그의 신적 형태의 '자기비움(Selbstentäuβerung)'을 전제하며, 이것은 그의 자기 낮추심으로 귀결된다."

개념의 확장을 통해 케노시스는 현대에 이르러 그리스도의 해석을 넘어 창조주 신의 극단적인 자기비움의 본성으로까지 해석된다. 다시 말해 케노시스란 사랑을 실현하는 신의 자기희생 행위이며, 그 희생 안에서 신은 새로운 모습으로 드러나게 된다. 현대의 신학은 더 이상 전능하며 완벽한 존재자로 설명되었던 형이상학적 신에 머무를 수 없으며, 오히려 우리의 고통과 함께하는 케노시스적 신을 요구한다. 신은 절대 불변하며 정적인 존재가 아니라, 오히려 자신의 절대 불변을 비워 나가는 동적인 존재이다. 그는 자기비움을 통해 창조하는 자이며, 그래서 창조의 법칙이 바로 자기비움이다.

우리가 느끼는 세상의 불안과 고통은 피조물만의 것이 아니라 신 자신이 경험하고 있는 것이기도 하며, 이제 신은 우리의 존재를 창조·유지하기 위해 자기를 비우면서도 그것 때문에 우리보다 먼저, 우리보다 더한 고통을 겪는다. "존재[로서의 신]는 계속적으로 창조적이기 때문에 자신을 비우고 있으며 따라서 계속적으로 고통스러워한다. 그러나 창조성은 [⋯] 고통을 담고 있는 반면, 한편으로는 기쁨이다. 존재로서의 신도 그의 자기비움 안에서 계속 기쁘다."

현대의 케노시스적 신은 힘을 추구하지만 그것을 폭력으로 행사하는 존재가 아니다. 오히려 그는 모든 인류의 공생을 염려하며 어떻게 살아가야 하는지를 새롭게 보여주는 존재이다. 그의 아들이 자신을 비워 우리를 구원했던 것처럼, 그 역시 이미 태초부터 스스로를 비워 존재자를 존재하게 하며, 나아가 우리로 하여금 자기비움으로서의 존재의 원리를 따라 살도록 요구하고 있다. 기존의 전통 신학적 관점에서 "우주 만물 위에 계신 성부는 분명히 행동하시고 또한 분명히 영향을 받지 않는다. 이것은 그가 고통을 겪을 수 없다는 것을 의미한다." 그러나 이제 케노시스적 신은 전통적 이해와 전적으로 다른 방식인 비움의 나약함을 통해 자신의 완전성을, 자신의 전능함을, 그리고 자신의 무한성을 드러낸다.

불교가 세계의 근거를 공으로 말하면서 모두가 결국 비워져 가는 나약함을 이야기하는 것처럼, 기독교 역시 신이 케노시스적인 존재임을 말하면서 세상 모두가 비워져 가는 나약함을 수용해야 함을 제안한다. 두 종교의 유사성은 나약함을 수용해야 함을 이야기한다는 것이며, 나아가 이 나약함의 수용이란 결국 불교의 공과 기독교의 케노시스를 통해 그 유사성을 좀 더 구체적인 현상 안에서 드러내고 있다.

4. 나가는 말

지금까지 우리는 기독교와 불교 사이의 유사성을 살펴보았다. 어쩌면 공과 케노시스의 논의처럼 이미 많이 알려져 있는, 그래서 조금은 진부한 것처럼 보이는 논의에 그쳤을 수도 있다. 그러나 분명한 것은 기독교와 불교는 분명한 유사성 안에서 세상이 이야기하는 양육강식, 먹이사슬을 통한 자연 질서가 아니라, 각각의 존재자들이 자유롭고 평등하게 존재할 수 있는 전적으로 다른 삶의 질서, 즉 나약함을 수용해야 함을 이야기하고 있다는 점이다.

현대를 살아가는 우리는 너무나도 가지려 하고, 너무나도 존재하려 하며, 너무나도 힘을 소유하려 한다. 그러나 유한한 세상 안에서 우리는 언제나 상호 간에 연결된 채 서로를 위해 자신을 포기해야만 하는 삶을 살아가고 있다. 존재만 혹은 무만이 강요되는 그런 것이 삶이 아니라 존재와 무·삶과 죽음·충만함과 비움이 역설적으로 함께 공존하는 그런 곳이 바로 이

유한한 삶이다. 따라서 기독교와 불교가 나약함을 받아들이려 하고, 나아가 스스로를 비우고 포기하라고 가르치는 모습은 결코 단순한 종교의 논의에 머물 수 없다. 왜냐하면 비움이란 근원적으로 보았을 때 이미 충만한 존재의 모습 그 자체이기 때문이다. 비우지 못하는 자는 결코 채울 수도 없다. 그러나 역설적이게도 비우는 자는 넘치게 채울 수 있다. 따라서 유한할 수밖에 없는 인간은, 비움 안에서 스스로를 비워 내고 있다. 인간이 무엇인가를 하기 원한다면, 인간이 모두 존재하기 원한다면, 그는 스스로를 깨어 부수면서 비워야만 한다. 왜냐하면 비움과 나약함이란 비로소 모든 것들이 그것의 희생을 통해 존재할 수 있는 어떤 것이기 때문이다.

종합토론

사회: 이찬수

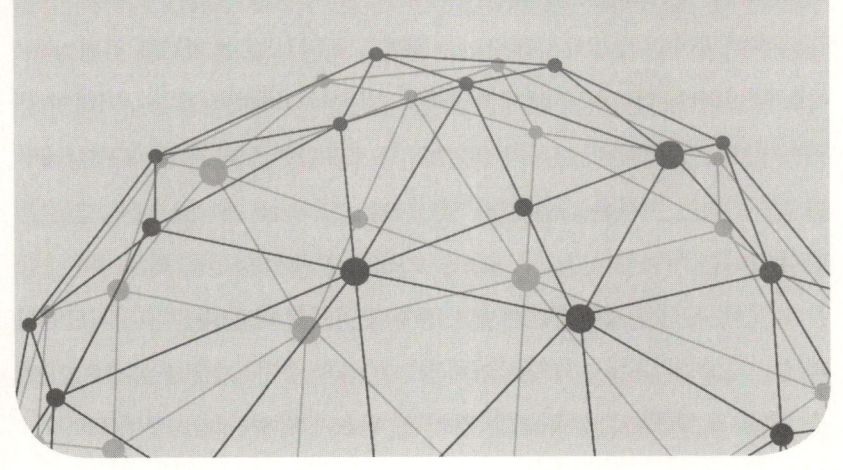

이찬수 다섯 분의 발제를 연속해서 같이 들었습니다. 이제 토론으로 이어 갈 텐데요, 절제된 발제문보다는 생동감 있는 토론에서 불교와 기독교의 관계나 양 종교의 심층이 더 잘 드러날 것으로 기대합니다. 토론의 물꼬를 틀 겸 어느 분이든 좀 가벼운 질문부터 해 주시면 어떨까요?

'눈부처 차이'에 대하여

김승철 이도흠 교수님의 발제문에서 사용하신 용어에 대한 질문이 하나 있는데요, '눈부처'란 무엇입니까?

이도흠 눈부처는 상대방의 눈동자에 비친 내 모습을 뜻하는 것으로 국어사전에도 나오는 낱말입니다. 원래 있는 낱말에 제가 철학적 의미를 부여하여 학술용어로 만든 것입니다.

아주 가까이 다가가서 상대방의 눈동자를 똑바로 보면 거기에 비친 내 모습이 보입니다. 형상이 부처가 좌선하고 있는 것과 비슷해서 눈부처라고 붙였는데, 저는 형상만이 아니라 더 깊은 의미도 담겨 있다고 봅니다. 상대방의 눈동자라는 기관은 타인 몸의 영역이지만, 그 거울에 비친 내 모습은 분명히 나라는 자아입니다. 그 거울을 보며 내 안에서 타인을 해치거나 손해를 끼쳐 내 욕심을 채우려는 마음의 종자를 없애고 나를 희생하더라도 타인과 공존하고 더 나아가 그를 구제하려는 마음의 종자들, 곧 불성(佛性)이 싹을 틔워 그 형상으로 꽃을 피운 것이죠. 원효가 말하는 진속불이(眞俗不二)

의 경지이지요. 그걸 바라보는 순간 타인은 나를 담고 있는 자로 변합니다. 나와 타자, 주와 객이 뒤섞이고 타자 속의 나, 내 안의 타자가 서로 오고 가면서 하나가 되는 경지입니다.

극단적인 비유이지만, 누굴 죽이러 갔는데, 그 사람 눈부처를 보면 그 순간만큼은 죽일 수 없다고 봅니다. 정신분석학적으로 분석할 때, 햄릿이 클로어디스를 죽이지 못하고 갈등한 이유가 무엇이겠어요? 의식의 장에서는 클로어디스가 자신의 아버지를 독살한 원수이지만, 무의식의 장에서는 아버지를 살해하고 어머니와 결합하려는 욕망을 대변한 자신이었기 때문입니다. 그처럼 눈부처는 주와 객의 이분법을 깨는 지점이며, 동일성의 폭력을 해체하는 '차이 그 자체'라고 봅니다.

이해하기 쉽게 허구적인 소설로 풀어 설명하면, 대학교 때 누이가 독일에 간호사로 가서 보내주는 돈으로 대학을 다녔는데, 어느 날 독일 의사한테 성폭행을 당해서 누이가 자살했다고 설정하면, 저는 독일 의사를 원수처럼 생각할 것입니다. 그래서 제가 대학을 중퇴하고 입지전적 인물이 되어서 중소기업을 운영하는 사장이 되어, 고유명사 '독일 의사'뿐만 아니라 보통명사 독일 의사도 되지 않기 위해서 고용인 백 명 가운데 오십 명을 이주노동자로 쓰고, 그들과 저녁도 자주 같이 먹고, 축구도 같이하는 등 가족처럼 대해 주어 그들도 저를 사장님 대신 형님이나 오라버니라고 불렀습니다. 그런데 어느 날 제 아들이 와서 아빠야말로 독일 의사라고 말하고는 집을 나가 버렸어요. 왜 그랬겠어요? 제 아들이 회사 노동자 가운데 흑인여성 이주노동자를 데려와 결혼한다고 했을 때, 제가 그 아이를 딸처럼 대해 주면서도 유학자의 자손으로서 검은 피부를 가진 손자가 조상님의 제사를 지내는 것까지는 받아들이기 어렵다고 말했기 때문입니다. 아들이 집을 나간 후 저는 밤새워 성찰하며, '내 안의 독일인 의사'를 발견했겠죠. 다음 날 아침 전화를 해서 아들과 그 흑인여성 이주노동자와 소풍을 가서 나·내 안의 독일인 의사·흑인여성 이주노동자·이주노동자 안에 있는 내 누이 이 네 자아가 하나가 되는 게 저는 '눈부처 차이'라고 봅니다.

발제문에서 말했듯, 주술의 정원에서 탈출하여 이성과 교양이 획기적으로 증대된 20세기에 인간이 대량 학살을 끊임없이 자행한 것은 근본적으로 동일성의 패러다임하에 '이교도·유색인·이민족·좌파·여성' 등을 타자로 상정하면서 이를 배제하고 폭력을 가하며 동일성을 강화한 때문입니다. 대안은 차이의 패러다임으로 전환하는 것인데, 질 들뢰즈(Gilles Deleuze)가 『차이와 반복』에서 지적한 것처럼, 개념적 차이는 항상 동일성으로 환원하기 때문에 동일성의 폭력을 완전히 해체하기 위해서는 '차이 그 자체'로 전환해야 합니다. 이러한 전환은 감성에 의해서만 도달할 수 있습니다. 저는 타자의 아픔에 대한 공감을 매개로 동일성을 근본적으로 해체하는 경지가 바로 '눈부처 차이'라고 봅니다. 오늘 우리도 예수님 안에서 부처님을 보고 부처님 안에서 예수님을 만나는 눈부처 차이의 대화를 나누기를 기원합니다.

'눈부처 차이'가 제국주의적 동일성이 되는 것은 아닐까

김승철   그런데 타자 안에서 나를 본다는 것은, 어떤 면에서는, 제국주의가 될 수 있거든요. 타자는 나와 전혀 다르기 때문에 내가 범접할 수 없고, 타자로부터 무언가 배워야 한다는 생각에서 이루어지는 자기동일성도 있을 수 있다고 봅니다. 나르시스의 얘기를 하자면, 나르시스가 연못에 빠져 죽지 않습니까? 요정들이 와서 슬퍼하니까 연못이 요정들에게 왜 슬퍼하느냐고 묻는 거예요. 그러자 요정들이, 나르시스가 너한테 빠져서 죽지 않았느냐고 답했어요. 그런데 연못은 말하기를 나르시스가 도대체 누구냐, 라고 했어요. 요정들이 너한테 빠져 죽었는데 그걸 모르냐 하니, 연못이 하는 말이, "그게 나르시스였냐? 나는 나르시스의 눈동자에 비친 내 모습만 보고 있었다."고 답합니다. 제가 이해가 부족한지 모르겠습니다만, 상대방의 눈에서 나를 본다는 것은 다른 각도에서 접근한다면, 그것도 하나의 제국주의적 동일성의 논리라고 볼 수 있지 않을까요?

눈부처는 나와 타자를 오가며 뒤섞인다

이도흠   여기서 중요한 건 의식이 아니라 공감이 매개하고 나와 타자가 끊임없이 역동적 관계를 형성한다는 것입니다. 의식의 입장에서는 김승철 교수님의 지적대로 타자 입장에서 바라보기가 동일성의 연장이거나 환원으로 귀결될 수 있습니다. 하지만, 타자의 아픔에 대한 공감은 그런 의식을 형성하는 편견·이데올로기·아집을 녹여냅니다. 무엇보다도 눈부처는 나와 타자를 역동적으로 오고가며 뒤섞입니다. 나르시스와 연못은 오고 가기를 하지 않은 채 각각 상대방에 비친 내 모습만 바라보았기에 동일성의 연장이었습니다. 반면에 눈부처는 내 입장에서 타인을 바라보고, 타인의 입장에서 나를 바라보는 과정을 반복하면서 동일성을 해체합니다. 타자의 눈동자를 거울삼아 바라보면서 자아가 실은 타자의 반영임을 깨닫고, 마치 임신부처럼 내 몸 안에 타자를 품고 있는 자신을 새롭게 발견합니다. 이렇게 타자 안의 자아와 자아 안의 타자들이 서로 끊임없이 뒤섞입니다. 이 과정은 상대방에게서도 일어납니다. 이 과정을 거치면서 동일성을 형성하는 바탕인 집착·편견·이데올로기·종교·사상·문화·역사·언어들을 해체하고 그 자리에 서로 대대적(待對的)인 타자를 자리하게 하는 것이죠.

눈부처는 세 가지 자유를 구현한다

그러기에 눈부처 주체는 세 가지 자유, 곧 소극적 자유(freedom from)뿐만 아니라 적극적 자유(freedom to)를 쟁취하고 대자적 자유(freedom for)를 구현합니다. '소극적 자유'는 모든 구속과 억압, 어리석음, 탐욕에서 벗어나 외부의 장애나 제약을 받지 않은 채 생명으로서 생의 환희를 몸과 마음이 가는 대로 누리면서 자신의 목적을 구현하고 인간으로서 실존하는 것을 의미합니다. '적극적 자유'는 자기 앞의 세계를 올바로 인식하고 판단하고 해석하면서 모든 장애와 소외를 극복하고 세계를 자신의 의지와 목적대로 개조하면서 진정한 자기를 실현하는 것을 뜻합니다. 노동과 실천을 통해 세계를 변화시키거나 수행을 통해 자기완성을 이룰 때 도달하는 희열감의 상태가 이 경지입니다. '대자적 자유'는 자신이 타자와의 사회관계 속에서 밀접하게 관련이 있음을 깨닫고 타자의 아픔에 공감하고 연대하여 타자를 더 자유롭게 하여 내 자신이 자유로워지는 것을 의미합니다. 노동과 실천을 통한 세계의 변화와 자기 변화가 구체적으로 종합한 경지이자 타인을 더 자유롭게 하여 내 자신이 자유로워질 때 환희심에 이르는 경지입니다. 저는 이 세 가지 자유가 모두 완성되어야만 눈부처 주체 단계로 고양된다고 생각하고, 그런 '눈부처 주체들의 자유로운 연합'으로 이루어진 공동체가 제가 꿈꾸는 사회입니다. 이 세 가지 자유를 완성할 때 지금 말씀하신 문제들이 극복된다고 봅니다. 지금 신자유주의 체제가 '소극적 자유'만을 자유로 한정하고 '적극적 자유'와 '대자적 자유'를 규제 해제란 이름으로 제거한 데서 불평등 심화·노동자 탄압·민주주의의 위기 등의 모순이 야기된 것입니다.

의심의 해석학과 긍정적 인간관

이관표   항상 관찰하게 되는 것이지만 두 종교 혹은 두 사상 사이에는 기본적인 전제의 차이들이 존재하는 것 같습니다. 제가 보기에 김승철 선생님의 말씀이 의심의 해석학을 바탕으로 하는 논의였다면, 이도흠 선생님 경우는 좀 더 긍정적인 이야기로 보입니다. 다시 말해 기독교는 여전히 인간 안의 긍정적인 것을 상정하는 것에 어려움을 느끼는 반면, 불교는 인간 안에 있는 불성을 긍정하면서 대자적 자유까지 갈 수 있다고 보는 것 같으며, 바로 이것이 두 분 말씀의 차이 같습니다.

이도흠   네. 해석과 실천, 소극적 자유와 대자적 자유의 차이일 듯합니다.

이관표   그런데 의심의 해석학적 입장에서 보면 불교가 이야기하는 긍정적인 인간관은 사실 불가능합니다. 그래서 이성적인 소통의 행위가 필요하다는 입장에서 프랑크푸르트학파의 주장들이 나오게 되는 것이죠. 예를 들자면, 신에 대한 담론은 인간 스스로가 인간을 어떻게 평가하느냐에 따라 달라져 왔습니다. 그리고 인간 역시 다시금 그렇게 형성된 신에 대한 담론에 의해 스스로를 규정해 왔습니다. 결국 종교 혹은 사상들 간의 차이는 그들의 상황이 어떻게 인간을 이해하느냐에 따라 달라지게 됩니다. 그러니까 우리가 해소하지 못한 극명한 차이점이라든가 다른 전제들이 있을 수밖에 없는 것 같습니다. 물론 저는 김승철 선생님의 입장과 좀 더 가까울 수밖에 없습니다. 그 이유가 뭐냐면, 인간은 끊임없이 선입관이나 전제를 갖고 살 수밖에 없는데, 과연 이도흠 선생님께서 말씀하신 그런 경지에 인간이 도달할 수 있는가 하는 점에서 저는 그렇게 긍정적이지 않습니다. "그럴 수 있다."고 보고 출발하는 불교적 입장과 "그럴 수 있을까?"라고 물으면서 출발하는 기독교적 전제의 차이를 간과할 수 없을 것 같습니다.

현실적인 자아는 어떻게 작동하는가

류제동 서양철학은 존재론·인식론·가치론 이렇게 이론을 먼저 세우고, 그다음에 그걸 적용한 실천으로 나가는 경향이 있습니다. 그런데 동양, 특히 인도 전통은 다 요가를 바탕으로 하잖아요. 앎 자체를 비판하는 게 아니라, 실천을 통해 깨달음으로 나아간다는 겁니다. 그러니까 인도적 사유를 이관표 박사님 지적처럼 명제적으로 보기에는 좀 곤란한 면이 있습니다. 가령 무아를 서양식의 존재론적 언어로 보면 '아'를 부정하는 명제를 주장하는 게 불교다, 이렇게 되는데, 제가 번역한 『보리수와 가지치기』에서도, 그리고 비교종교학자로 저명한 캔트웰 스미스도 무아를 존재론적 언어로 받아들이지 말고, 실체론적 언어로 받아들이라고 말합니다. 불교에서 무아라고 하는 건 형이상학적 자아를 부정하는 것이지, 현상적이고 현실적인 자아를 부정하는 게 아니다, 이렇게 얘기하는 것이거든요. 그렇다면 이관표 박사님이 말씀하신 의심의 해석학을 불교 측에서도 수용할 수가 있죠.

그런데 불교에서도, 특히 현대 불교학은 서양의 영향을 상당히 많이 받았기 때문에, 한국의 불교학자들 가운데 일부도 서양철학적으로 존재론적으로 무아를 해석하는 사람들이 있습니다. 그것을 무조건 틀렸다고 말할 수도 없을 겁니다.

이도흠 먼저 이관표 교수님의 질문에 답하면, 불교는 팔을 자르고 뜨거운 화로를 머리에 이는 식의 실천 행위를 통해 서양에서는 도저히 없앨 수 없다고 생각하는 전제나 생각의 바탕까지 해체하여 깨달음의 목표에 도달합니다. 다음으로 류제동 선생님의 말씀에 일부 동의하지만, 이의도 좀 있습니다. 아까 발표하실 때 공 개념도 그렇고 무아의 개념에 실체론적 해석이 들어 있었던 것 같습니다. 인간이든 사물이든 독립적으로 개체 자체의 본성은 없습니다. 연기되어 있기 때문에 무아이고 공(空)인 것이지요. 다만, 우리가 어떤 존재의 자성이라 인식하는 것은 그것이 다른 것과의 연관 속에서 순간적으로 드러나는 모습을 보고 착각하는 것입니다. 인간의 본성이 선한가요, 악한가요. 어떤 공무원이 뇌물을 받는 그 순간을 목격했다면 악하다고 할 것이고, 그 뇌물을 가난한 사람에게 기부하는 순간에 만났다면 선하다고 하겠지요. 제가 지하철 계단에서 구걸하는 거지에게 돈을 주면 선하다고 하고 구걸하는 통을 발로 차 버리면 악하다고 하겠지만, 후자의 행위가 거지로 하여금 분심을 일으켜서 자립시키자는 의도로 한 것이고 실제 그런 결과로 나타났다면 선한 것이겠지요. 또, 악한 사람이 착한 사람의 선행에 감동을 하여 개과천선하기도 합니다. 이처럼 상호 연관, 상호작용, 상호인과관계 속에 있을 뿐이지 어떤 것을 실체론적으로 규정할 수 없습니다.

양자물리학에서 바라보는 물질의 기본 구성인자인 원자나 소립자들도 마찬가지입니다. 모든 물질은 소립자로 구성되어 있는데, 소립자는 다른 소립자와 상호관계 속에서 찰나의 순간에도 나고 사라짐을 되풀이하므로 어떤 물질의 본성을 규정할 수 없습니다. 이처럼 모든 것이 연기의 틀 속에서 일어나기에 이를 실체론적으로 규정할 수가 없습니다.

연기적 자아, 관계적이고 발생적이다

류제동 그래도 관계성의 관계를 느끼는 자아는 있는 거죠?
이도흠 그랬을 때 '가유(假有)'로서만 보는 건데, 그 '가유'도 연기적 관계 속에서 쉼 없이 변하기 때문에 무상합니다.

류제동　구분을 한다면, '가' 자가 가짜이거나 무조건 허망하기만 한 자아를 가리키는 것이 아니라는 것이지요. 임시적 시간 속에서 항상 현존하는 자아이기 때문에, 자기가 어떤 고통을 받으면 그 고통을 해소하려고 노력하고, 다른 사람과 자기를 차별하고 격절적인 자아를 구성하려고 하면, 그것을 다시 해체하려고 노력할 수밖에 없는 그런 부담을 갖고 있는 자아라고 할 수 있나요?

이도흠　글쎄요? 비유를 하면, 이 토론을 시작하기 전의 얼굴과 지금 제 얼굴이 똑같다고 생각하지만, 그 사이에 수만 개의 얼굴 세포가 바뀌었고 또 변화 중에 있습니다. 얼굴의 세포가 바뀌는데 여러분이 토해 낸 숨과 주고받은 말과 그 사이에 마신 물 등이 모두 관여했으리라 봅니다. 몸만이 아니라 여러분의 말씀을 들으면서 저의 마음과 의식도 변하고 있습니다. 타자들, 여기에 계신 여러분의 말씀과 호흡이 지금의 저를 새롭게 형성하고 있습니다.

라캉(Jacques Lacan)의 생각과 결합하여 말씀드리면, 갓난아기였을 때 우리는 엄마 몸의 일부라고 생각하다가 거울에 비친 대상인 자기 모습을 바라보고 비로소 엄마로부터 분리된 자신을 깨닫습니다. 아기는 더 나아가 아버지와 타자들이 형성한 기호와 상징과 그것으로 이루어진 이데올로기와 텍스트·담론들·그에 담긴 의미와 해석들을 수용하면서 주체를 형성합니다. 아이가 부모의 욕망대로 공부를 잘하는 자아를 구성할 때 부모의 칭찬을 받듯, 타인의 욕망을 자신의 욕망으로 삼을 때 타인의 인정을 받아 주체의 동일성을 확보합니다. 그렇기 때문에 나를 규정하는 것이 실은 타자, 정확히 말해 타자와의 연기적 관계에서 산출된 것이고, 그러기에 모두 허상입니다.

그런데 내가 허상이지만, 지금 이 순간에 이 공간의 대기와 여러분의 의식에 영향을 끼친 그 작용은 분명히 있습니다. 그러니 근본 원인에 영향을 미쳐서 연기의 작용과 관계에 변화를 주는 주체로서 가유는 존재한다고 볼 수 있습니다. 하지만 이 가유가 서양의 실체론 식으로 정체성을 갖는 존재로 있는 것이 아니라, 연기의 관계망 속에서 서로 생성하는 생성자로서 의미를 가지면서 연기를 형성할 뿐인 것입니다.

명법 이도흠 선생님 말씀에 덧붙여서 말씀드리면, 유식학에서 제7식으로 규정하는 말나식은 '아애식(我愛識)'이라고 하여 '자아의식'의 한 측면이라고 해석합니다. 자아의식의 특징은 그것이 가상적인 존재이면서도 현실적인 작용을 한다는 겁니다. 어떻게 그것이 가능하냐면, 제7식이 스스로 실체라고 믿어서 자아에 대한 의식을 발생시키면 그 오해가 단지 인식론적인 것에 그치지 않고 현실적으로도 영향을 미친다는 겁니다. 그 영향이란 바로 고통의 발생이므로 연기는 일반적으로 해석하는 것처럼 '상의상관'이라는 관계일 뿐만 아니라 발생론이기도 합니다. 한마디로 유식학에서 '자아'는 가유이면서 동시에 잘못된 의식이죠.

류제동 3단계로 구분을 해야지, 안 그러면 문제가 생긴다고 봅니다. 가유나 허상 이런 것을 그냥 힌두교에서 말하는 마야처럼 단순히 현실을 부정하는 식으로 부정해 버리면, 변화하는 나, 그러니까 지금 한 시간 전의 나와 지금 변화하는 나 그런 것도 다 환상으로 규정되어 버리고 말거든요.

이도흠 공하다는 그 자체마저 공하다는 공공(空空)이나 모든 것이 결국 공하다는 필경공(畢竟空)은 허무적인 것도 부정적인 것도 아닙니다. 허공처럼 모든 것이 평등하게 존재할 수 있는 바탕을 이루고, 씨가 스스로는 공하지만 자신을 죽여 열매를 맺듯 철저히 비움으로써 타자를 존재하게 하고, 아무것도 아니기에 초월할 수 있고, 실체는 없지만 연기 안에 차이를 만듭니다.

'에고'와 '셀프'는 같은가

김승철　　공-가-중(空-假-中)이라고 하듯이, 공도 역시 임시적인 가에 불과하기 때문에, 공이 있느냐 없느냐 자체에 관한 논의를 벗어나야 한다고 생각합니다. 신약성서의 「갈라디아서」에서 바울이 "이제는 내가 사는 것이 아니오, 내 안에 그리스도가 산다."고 말하는데, 그때 그 말을 하는 주체는 누구인가 하는 문제가 있습니다. 내 안에 살고 있는 그리스도, 일본의 신학자 야기 세이치(八木誠一)는 그것을 '참자기'라고 표현하는데, '참자기'가 "이제는 내가 사는 것이 아니고 내 안에 그리스도가 산다."고 말하는 나, 그러니까 달리 말하면, 실체론적인 자아죠. 그 에고(ego)를 통해서 참자기가 말을 하는 거죠.

그런데 자기와 에고를 사실은 구별할 수가 없는 거예요. 나라는 에고(ego)가 없다면 그 에고를 통해서 작용하는 셀프(self)는 나타날 수가 없는 것이니까요. 그런 점에서 보자면 아까 선생님이 말씀하신 실체론과 연기론도, 그것도 역시 연기론적인 관점에서 두 관념을 '공-가-중'으로 이해해야 하지 않을까 합니다. 실체라는 것을 허상이라고만 얘기하게 되면, 세계가 연기론적 구조에 의해 성립된다는 깨달음을 말하는 사람은 도대체 누군가, 라는 물음에 대답해야만 하는 것은 아닐까 합니다.

명법　　야기 세이치는 에고의 긍정적인 점을 부각시켰는데, 에고가 그런 긍정적 역할만 하는지 저로서는 의심스럽습니다. 기독교 신학에서도 에고는 악의 원인으로 간주하지 않나요? 앞서 말씀드린 것처럼 불교에서는 에고를 가상이라고 봅니다. 그런데 말씀하신 것처럼 가상도 공이고, 현실적으로 작용하는 제6식과 제8식도 공한 것입니다. 그것들이 공하다는 점에서 어떤 차이도 없지만 그것들이 현상적으로 고통을 야기하느냐 아니냐는 다릅니다. 만약 에고를 '참자기'의 매체로만 설명한다면 양자의 차별성과 문제점을 무시하는 결과를 가져옵니다. 불교에서도 제7식을 전환시키면 자타가 평등하다는 평등성지를 얻게 된다고 합니다. 그런데 그것이 언제나 가능한 것은 아닙니다. 제7식이 모든 집착과 오류의 원인이라는 사실, 다시 말해 그 오류성·가상성을 이해할 때만 비로소 지혜의 원천이 될 수 있습니다. 이런 차이를 말하지 않는다면 그야말로 무차별적 동일화의 폭력과 미망을 키울 수 있다고 생각합니다.

모·순(矛·盾)이 그대로 우리의 모습 아닌가

류제동　제가 한마디 더 하자면, 불교에서 부정하는 실체는 힌두교에서, 극단화한 '아트만', 그러니까 이 현상세계와는 전적으로 격절되어 있는 그런 실체, 어떻게 보면, 초월적이면서 이 세상에 항상 자비를 베풀고 있는 기독교의 하느님하고는 또 다른 면이 있다는 거죠. 그러니까 현상세계는 다 환상이고, 그 환상인 것을 깨달으면서 현상세계에서 완전히 벗어나 버리는 게 구원이라고 생각하는 그런 극단적인 힌두교에 대해서, 만일 그렇게 되면 현실세계에서의 도덕이나 실천이 다 무의미해져 버리니까 그런 식의 삶은 굉장히 소외된 삶이다, 그것을 극복하고 오히려 현실의 삶을 더 적극적으로 살아야 한다는 게 불교의 입장이라고 생각합니다. 극단적으로 현상세계·물질세계·자연세계를 완전히 벗어난 그런 '아트만'은 부정해야 되겠지만, 기독교에서 진리와 실재의 근거이자 구원의 근거로서 존재하는 하느님은 부정할 필요가 없다고 생각합니다.

이관표　자아와 관련해서 혹시 이렇게 이해할 수 있지 않을까 싶습니다. 아까 이도흠 선생님께서 '대대적'이라고 말씀하셨는데, 저는 그것을 교토학파가 이야기하는 '즉비론'이라고 이해하고 있습니다. 예를 들어, 전적으로 대립적인 두 항이 사실은 우리의 삶 안에서 공존하고 있다는 역설적 공존이 '대대적' 혹은 '즉비론'이라고 생각합니다. 이 논의에 비추어 보면, '실체'와 '비어 있음'이라는 이 두 가지가 사실은 대립되지만, 우리가 존재하는 방식은 우리가 보고 싶은 대로 보는 것이지 사실 이 두 가지 모습이 우리 안에 있는 것은 아닌가 생각합니다. 거기서 하나만을 집착하기 때문에 저건 꼭 있어야 하고 저건 이상하기 때문에 없어야 한다고 말하게 되는 것이 문제이지, 사실 우리 안에는 우리가 이해할 수 없고 표현할 수 없는 어떤 있음으로서의 공이 그 안에 담겨 있고, 그것을 따라서 이렇게 저렇게 보는 관점이 달라지는 것이라고 생각합니다. 굳이 거기서 그것이 존재한다 아니다, 실체다 아니다 따지는 것 자체가 우리 인간의 논리적인 한계 안에 놓여 있는 논의에 불과한 것 같습니다. 그 자체의 근원적인 세상의 모습은 사실상 우리의 논리적 법칙에서 벗어난 이야기들이 아닌가 생각합니다.

 이찬수 방금 교토학파 이야기도 하셨는데, 니시다 기타로(西田幾多郎)가 '절대모순적 자기동일(絕對矛盾的 自己同一)'이라 표현하듯이, 창(矛)과 방패(盾)를 대립적인 그대로 동시에 동일적으로 보려는 것이 불교가 아닌가 싶어요. 특히 선불교가 그렇겠지만, 창과 방패는 창과 방패이면서 동시에 모두 '공의 장(場)'에 있기에 창만의 불변의 본질이 있는 것도 아니고, 방패만의 불변의 본질이 있는 것도 아니죠. 창과 방패는 말 그대로 '모'와 '순'의 관계로서 서로 대립적이지만, 모두 공의 장에 있기에 통일적이기도 합니다. 방금 이관표 박사님이 얘기한 즉비(卽非), 즉 대립하는 그대로[非] 동일한[卽] 관계입니다. 그런데 불교와 기독교도 즉비의 관계와 같지 않을까 싶어요. 기독교와 불교는 여러 가지 표현에서 창과 방패처럼 얼핏 대립적인 듯 보이지만, 정말 속으로 들어가 그 실체를 볼 수 있다면 다 거기서 거기 아닐까 싶은 거죠. 깨달은 자의 눈으로, 그러니까 진제(眞諦)의 눈으로 보면 삼라만상은 대립하는 그대로 동일한 관계에 있다고 말하는 것이 불교니까요.

인식론적 수단의 필요성

김용표   지금까지 말씀을 들어 보면 실체가 있느냐 없느냐 하는 존재론적 논의로 나가고 있는데, 사실 불교에서 실체론을 부정하는 것은 존재론적 형이상학 구축의 의도에서가 아니고 실천을 위한 인식론적 의도가 있다고 봐요. 왜냐하면 영원한 실체가 있다고 해야 범부에게 믿음의 심리적인 동기가 형성되기 때문입니다. 실체가 없다고 생각하면 자기의 근원이 불안해지고, 자기가 돌아가야 할, 의지해야 할 대상이 상실되는 불안감 때문에 인간은 실체론을 만든다고 중관학(中觀學)에서 설하고 있습니다. 즉, 자기를 지지해 줄 어떤 영원한 존재가 없을 때 생기는 불안감을 해소하기 위해 신이나 영원한 자아와 같은 것을 만들었다고 보는 것입니다. 따라서 이러한 실체론은 그 자체가 바로 하나의 환상이고, 이기적인 자기애에서 나온 것이다, 그런 말씀이거든요.

이찬수   깨달음으로 나아가기 위한 인식론적 수단이 필요하다, 그 말씀이신 거죠?

김용표   네, 그렇습니다.

기독교에는 연기론이 없는가

김근수   이도흠 선생님의 강의를 듣고 저는 많이 배웠습니다. 먼저 실체론과 연기론은 불교와 그리스도교를 비교한 것인지, 서양철학과 불교를 비교한 것인지 제가 잘 이해하지 못했습니다. 두 번째 주제도 그렇습니다. 이원론과 대대론은 그리스도교와 불교를 비교한 것인지 서양철학과 불교를 비교한 것인지 역시 이해가 잘 되지 않았습니다. 여기서 이원론의 경우에도, 예를 들면, 몸과 마음을 언어로는 나누지만 존재로는 못 나누지 않습니까? 몸이 어디 있고, 마음이 어디 있습니까? 인간을, 몸과 마음은 언어로는 나누지만 현실로는 나누지 못하는 부분이 있습니다. 그것을 이도흠 교수님께서 계속 혼동해서 이분법을 비판하는 것 같아요. 그 부분에 대해 교수님의 설명을 좀 듣고 싶어요.

이도흠 저는 심층 종교로서 기독교와 불교는 큰 차이가 없다고 봅니다. 다만 사유와 해석, 재현의 방식 및 논리가 달라지면서 점점 차이를 보이게 되었다고 봅니다. 지금 우리가 해석하는 불교와 기독교의 근본적인 차이가 실체론과 연기론, 이원론과 대대론의 패러다임에서 비롯된 차이라고 생각했어요. 그렇기에 패러다임을 바꾸면 서로 다시 만난다고 봅니다. 예를 들어서, 초월적 타자론으로 신을 해석할 때는 실체론에서 벗어나지 못하지만, 폴 틸리히(Paul Tillich)처럼 '관계성의 원천과 힘'으로서 신을 해석하면 연기론의 신과 실체론의 신이 만납니다.

김근수 그렇다면 불교를 전공하신 선생님들께 질문하고 싶습니다. 두 가지입니다. 연기론이 그리스도교에 있다고 생각하시는지 아니면 없다고 생각하시는지요? 또 하나는 연기론이 불교만의 등록상표인가 아닌가 그걸 묻고 싶어요.(웃음)

이찬수 제가 잠깐 끼어들면, 아마 김용표·이도흠 두 분 교수님이 연기론 중심적 사유를 하시면서 그것 아닌 것은 배척까지는 아니더라도 주변화시키는 경향이 있는 것 같아서 이런 질문이 나오게 된 것 같은데요, 기독교적 세계관도 실은 연기론과 통할 만한 일종의 관계론을 심층적으로 논의해 온 역사가 있거든요. 신 없는 인간, 인간 없는 신은 불가능하다는 논의랄까, 사람과 사람·사람과 자연의 관계 등을 중심으로 한 논의는 지속되어 왔어요. 다만 그 관계가 서로 해치는 관계가 아니라 서로를 살리는 관계여야 한다는, 일종의 가치가 개입된 관계를 이야기하는 경향이 크지요. 그 가치와 당위의 정점이나 근저에서 신을 보는 것이기도 하고요. 궁극적으로는 신과 연결지으려 한다는 점에서 분명히 외적 차이가 있는 것 같지만, 그 신이 또 무엇이냐 따지고 들어가면 불교와 기독교의 경계가 모호해지는 지점도 있습니다. 어떻든 김근수 선생님 지적처럼, 기독교에 연기론적 사유가 없다는 식으로만 생각해서는 안 되지 않을까 싶어요.

이도흠 저는 세계 그 자체는 가유(假有)로서 실체들이 대대적으로 연기를 이루고 있다고 봅니다. 처음에는 동양이든 서양이든 불자들이나 기독교도나 구분 없이 신과 세계를 바라보았겠지요. 하지만 불자들은 세계를 의식을 넘어 그 자체로 직시하는 것을 더 우선하면서 연기에 초점을 맞추어 바라보았고, 기독교도들은 그리스의 영향을 받아 이 세계를 로고스(logos)를 통하여 명료하게 인식하는 것을 우선하면서 실체에 초점을 맞추어 바라보았다고 봅니다. 그 후 불교에도 실체론적 해석이 있는데 연기론이 압도하고, 기독교에도 연기론적 해석이 있는데 실체론적 해석이 헤게모니를 형성하였습니다. 그런데 폴 틸리히처럼 상당히 연기론적인 신학이 나타나면서 불교와 기독교가 접점을 다시 발견하면서 활발하게 대화할 수 있는 길이 열린 것이라 봅니다.

이찬수 지금 하신 말씀에 동의하면서도, 신학적 배경을 가지고 이 자리에 참석하신 분들이 기독교의 연기론적 사유를 좀 더 얘기해 주시면, 두 종교 전통에 교감하고 공감할 수 있는 세계가 좀 더 도출되지 않을까 싶어서 드린 말씀입니다.

손원영　제가 거기 덧붙여 질문하는 게 좋을 것 같은데요, 사실은 기독교든 불교든 모두 역사적 종교이기 때문에 딱 하나로 말하기는 어려운 것 같습니다. 다시 말하면, 아까 김승철 교수님이 진화론 얘기도 하셨지만, 생물학적 진화뿐만 아니라 종교 자체도 진화의 한 산물이라고 이해할 수 있거든요. 예를 들면 과연 기독교에서 믿는 신을 실체론적으로 혹은 유일신론적으로 단순화할 수가 있느냐, 사실 많은 사람들이 그렇게 생각해 왔지만, 근원적으로 성서학자들의 얘기에 의하면, 천지를 창조한 하느님에 대한 신앙 이전에 출애굽으로부터 경험된 하느님, 그게 더 원초적인 하느님 이해거든요. 그러다가 나중에 바벨론과의 만남을 통해서 창조의 신이 덧붙여지고, 희랍과의 만남을 통해 소위 말하는 삼위일체 신학까지, 상당히 형이상학적으로 체계화되는 신관의 발전이 있었단 말이죠. 그런 맥락에서 기독교 신학도 이해해야 할 것 같아요.

제가 불교를 잘 모르긴 해도, 불교도 분명히 그런 진화적인 측면이 있을 것 같애요. 예컨대 소승불교와 대승불교가 같은 것이냐 하는 건데, 제가 아는 바로는 다르다고 주장하는 분들이 생각보다 많더라고요. 공(空)의 문제든 아니면 신학에서 말하는 신의 문제든, 제 생각에는 철학적인 접근에 선행해서 원초적인 면을 짚어 본 다음에 이후 전개 과정에서 서로 배우는 과정이 있지 않았을까, 혹은 서로 배우는 과정에서 접점도 마련해 볼 수 있지 않을까 생각하게 되었습니다. 김용표 교수님의 발제에서 밀교적 기독교에 대해 말씀을 하셨는데, 저는 그게 하나의 가능성이라고 생각합니다. 예를 들면 기독교 내에서는 영지주의적 맥락에서 고백된 신 이해를 이단시해 왔는데, 최근에 나그함마디 문서 등이 발견되면서 밀교적 기독교 이해의 가능성이 새롭게 나오고, 기독교와 불교의 대화 가능성을 거기에서 찾는 경우가 있더라고요. 그런 관점에서 불교의 발전 과정을 짚어 주시면, 기독교 신학의 입장에서도 도움이 되지 않을까 하는 생각을 해 봤습니다.

연기론의 가치 문제

김근수　저도 손 교수님 말씀에 동의합니다. 연기 문제와 밀교 문제가 불교와 그리스도교의 접점 발견에 중요한 계기를 마련해 줄 것 같습니다. 그리스도교의 연기론적 세계관에 대한 불교의 입장을 듣고 싶습니다. 예를 들면, 불교 학자들끼리 논의할 때 '연기는 불교 상품이야', '그리스도교에는 이런 거 없을 거야'라고 전제하고 이야기를 하는 것 같아요. 그런데 저는 불교에서 연기가 관계의 긍정적인 면을 강조하는 이론이라면, 그리스도교에서 원죄론은 관계의 부정적인 면을 말하는 이론이라고 봐요. 즉 사실 불교의 연기나 그리스도교의 원죄나 같은 이야기를 하고 있다는 말이죠. 이처럼 존재가 얽혀 있고 관계가 얽혀 있는데, 단지 연기는 그 긍정적인 면을 부각한 거고, 원죄는 부정적인 면을 부각하는 것이라고 저는 이해하고 있어요. 이점을 한 번 이야기해 보고 싶어요.

이관표　바로 그 부분 때문에 불교 측에서는 기독교가 연기를 말하지 않는다고 생각하는 것 같습니다. 그러나 정확히 그렇지만은 않습니다. 예를 들어, 관계성을 강조하지 않는 종교나 사상은 없기 때문입니다. 이와 다르게, 제 이해가 제한적이겠지만, 저는 불교의 연기론이 다소 맹목적이라고 느낍니다. 불교의 연기는 어쩔 수 없이 윤회를 말하고 또한 자연법칙에 친화적일 수밖에 없습니다. 원인과 결과가 끊임없이 순환 관계 안에 있는 그런 시간관을 갖게 되구요. 그래서 그 안에 들어가면 끊임없이 자연도태 · 먹이사슬 등이 긍정될 수밖에 없습니다.

그러나 문제는 이러한 자연도태 · 먹이사슬이 인간의 삶 안에서도 당연한 듯이 발현된다는 것입니다. 위에 있는 자들이 아래 있는 자들을 끊임없이 핍박하는 것이 그런 현상이지요. 그러나 자연 질서 안에서는 가장 아래에 있는 것들이 박테리아고 풀이니까 아무런 저항을 하지 않겠지만, 그런 관계가 인간 사회 안에서 적용될 때는 상황이 달라집니다. 즉, 맨 아래 있는 가난하고 불쌍한 자들이 계속 핍박을 당하고 희생양이 될 수밖에 없는데, 이것은 결국 핍박당하는 자들의 저항을 불러옵니다. 그러한 저항이 신관과 관련하여 이루어진 것이 '유일신론'이고, 그게 유대교적 전통이라고 저는 종교사학적 논의를 참조하면서 주장하고 있습니다. 하느님이 한 분 계시고 나머지는 전부 평등하다, 우리는 원인과 결과 따위로 연결되어 있지 않고 오직 절대적인 하느님의 초월적인 힘이 우리를 지배하고 모든 원인과 결과를 때려 부순다. 이런 정신으로부터 출발한 게 유대교적이고 기독교적인 전통이라 생각할 수 있으며, 바로 이런 배경 때문에 기독교인들도 관계를 중시하지만, 그 반면 연기설의 그 순환적인 원인-결과의 관계성은 부정하는 입장을 취한다고 느껴집니다. 지금 김근수 선생님이 말씀하신 것처럼 관계에 초점을 맞춘 연기설이라면, 기독교는 분명히 갖고 있습니다. 그런데 그게 아니고 맹목적이고 순환론적이고 자연질서적인 연기설이라면, 기독교는 절대로 받아들일 수 없을 것입니다.

이도흠 거기에 대해 말씀드리자면, 지금 이관표 선생님 말씀에는 연기설 안에 업설 같은 게 들어와 있어요. 연기설 자체는 맹목적일 수도 없고 목적도 없습니다. 불교에서는 생명을 몸에 식(識, viññāṇa)이 들어온 것으로 정의하고, 모든 생명은 평등하다고 봅니다. 한 예로, 스님들은 물속의 미생물마저 죽이지 않기 위하여 여수낭(濾水囊)이라는 여과 장치를 가지고 다니면서 물을 걸러서 마셨습니다. 눈에 보이지 않는 미생물조차 중시한 이유는 크게 세 가지입니다. 모든 생명이 평등하게 존엄하기에, 모든 생명이 서로 연기 관계에 있기에, 그 생명들이 윤회한다고 인식하였기에 미생물조차 존중한 것입니다. 그럼 왜 생명은 고등 생명에서 하급 생명에 이르는 편차, 크고 작은 외형, 오래 살거나 짧게 사는 것에 이르기까지 차이가 있을까요? 이는 업(業)이 깃들기 때문입니다. 모든 생명과 우주 만물이 서로 연기와 업에 따라 차이를 빚을 뿐, 위와 아래 그리고 더 나은 자와 못한 자는 없습니다. 눈에 보이지 않는 미생물들이 지구 전체의 대기의 균형에 관여하며, 가장 아래에 있는 박테리아들이 거대한 동물이나 인간과 같은 고등동물을 파멸로 몰아갈 수도 있습니다. 38억 년에 걸친 지구상의 모든 생명들의 진화의 역사를 보더라도 모든 것이 연기의 산물이기에 아무런 목적이 없이 이루어졌습니다. 모든 생명들이 평등하게 연기되어 있는데, 인간이 이 연기에 권력을 작용시켜서 다른 생명을 지배하고 이 균형을 파괴하고 있습니다. 사물 그 자체가 연기와 공이기에 목적은 없습니다. 이는 기독교에도 마찬가지죠. 다만 불교에서도 유식학의 종자론이나 여래장으로 가면 실체론적 해석이 나타나는 것처럼, 기독교에서 초월적 절대자를 설정하면서 연기마저 하느님이 주재하는 것으로 파악하였을 뿐입니다.

김근수   그러면 이도흠 선생님은 연기론을 불교가 발견한 것이지 발명한 것은 아니다, 그렇게 보시는 것인가요?

이도흠   그렇습니다.

류제동   그런데 덧붙여서 말하자면, 이관표 선생님이 말씀한 내용을 받아들여서 말하는 건데, 비판불교에서는 인과를 봐서, 잘못된 인과는 끊어내고 극복해야 하는 문제로 보고, 그래서 자연 자체를 극복하는 것이 불교다, 초기불교는 순류문(順流門)이 아니라 역류문(逆流門)이다, 흐름을 거슬러 가는 게 불교다, 그러니까 잘못된 인과의 흐름을 끊어내고, 극복해 나가는 게 불교지 자연의 흐름을 그냥 따라가는 게 불교가 아니다, 라고 말합니다. 그래서 비판불교에서 제일 비판하는 게 '자연 그대로(just as it is)'라는 선불교적 사고예요. 대승불교의 굉장히 순응주의적이고 대세 지향적이고 기득권 지향적인 주장을 비판불교가 비판하는 거죠. 그래서 불교가 연기나 인과를 무조건 긍정한다, 이것도 불교 전체를 보면 상당히 단순화시키는 발언이다, 이렇게 봐야 될 것 같아요.

극복해야 하는 일들은 어디서 오는가

이찬수   연기 법칙 자체는 탈가치적이지 않습니까! 연기는 세계가 돌아가는 현상에 대한 직관의 결과로서 탈가치적이고, 거기에 서열이나 우열도 본래 없잖아요. 연기는 박테리아와 풀과 인간 간에 서로가 서로를 조건으로 해서 살아갈 수밖에 없는 세계의 실상에 대한 표현입니다. 그런데 인간이 경험하는 현실에는 언제나 우열이 있고, 서열이 있고, 억압과 파괴가 있어요. 한 번도 안 그래 본 적이 없는 게 현실이잖아요. 그러면 원칙적으로 우열이 없는 탈가치적 연기 법칙에 따라 돌아가는 세계에서 왜 우열이 생기는가, 왜 극복해야 하는 어떤 일들이 생기는가 하는 질문을 던져 볼 필요가 있다고 봐요. 그러다 보니까 부정적 현실을 다시 부정할 수 있다고 여겨지는 어떤 근원에 대해서 묻게 되는 것이 아니겠어요. 아까 이관표 교수님이 '저항'이라는 얘기를 하셨는데, 기독교는 저항 자체만이 아니라 저항의 원천까지 생각하면서 그 원천을 하느님이라 말하고 싶은 겁니다. 그러니까 연기적이기도 하지만, 언제나 연기의 근원에 있는 더 상위에 있다고 해도 상관없을 우산 같은 어떤 세계를 끝없이 상상하게 되는 것이라고 봅니다. 내재적이면서도 초월적이고 지금 보이는 그대로이면서도 언제나 그보다 근원 또는 상위에 있는 어떤 세계 혹은 원리 같은 것을 요청하게 되는 겁니다. 이 점을 좀 더 얘기해 봤으면 좋겠어요. 보편적이고 탈가치적인 연기의 세계에서 왜 극복해야 할 어둠과 부정의 세계가 나오는지, 정말 이것들을 극복할 수 있는지, 있다면 그 논리는 무엇인지, 묻고 답하는 과정이 필요하다고 봐요.

류제동   그러니까 탈가치적 연기 같은 것 때문에, 다시 말하지만 비판불교에서 그런 식의 연기를 비판하는 것이죠. 선불교에서의 탈가치적인, 모든 것에 대한 '있는 그대로'의 긍정, 이런 것이 오히려 비불교적인 것이다, 라고 비판하는 거죠. 종교라고 하려면 가치를 주장해야 하고 지향적 실천을 얘기해야 하는데, 모든 걸 탈가치적인 것으로 바라보면, 내가 할 수 있는 건 아무것도 없어요. 그렇게 되면 불교가 힌두교의 아트만 사상 비슷하게 되는 거죠.

이찬수   그렇다면 비판불교에서는 이런 문제에 대해 어떻게 말하나요? 가치를 부여하고 부정적 세계를 극복하는 논리를 비판불교에서 어떻게 찾아볼 수 있는지 좀 더 구체적으로 얘기해 주세요.

류제동   그러니까 연기는 시간적 인과만을 긍정해야 되고, 선과 악을 분명히 나눠야 한다는 거예요. 그래서 불교에서 '중선봉행 제악막작(衆善奉行 諸惡莫作)'이라고 해서 "뭇 선을 받들어 실천하고 어떤 악이든지 저지르지 말라."라고 가르친 게 모든 부처의 가르침이다, 이런 얘기를 굉장히 강조하고, 그래서 선과 악의 무분별성을 말하는 것이 오히려 비불교적인 것이라고 얘기하는 거죠. 그래서 연기를 관찰할 때 이 연기의 과정에서 선과 악을 제대로 관찰하는 것인가, 아니면 악이 더 증장되는 것인가, 이것을 잘 관찰해서, 선을 발전시키는 방향으로 실천을 해야 되는 것이지, 연기가 그냥 무가치적이고, 객관적인 것이다, 내가 연기를 관찰하고 나는 그냥 안심입명(安心立命)하면 된다, 이렇게 생각하는 거는 굉장히 비불교적인 것이라는 겁니다. 그건 어떻게 보면 힌두교가 백도어(뒷문)로 들어온 것이라고 보죠.

부정을 극복하는 힘의 출처는

이찬수　　그런 입장은 기독교 신학자 누구도 부정하지 않을 거예요. 그러면 두 종교의 교학 체계도 거의 비슷해져 가는 느낌이구요. 다만 이때 부정의 세계를 극복하도록 추동하는 힘은 어디서 오는 건지의 문제도 계속 논의해 보아야 할 것 같습니다. 극복하는 주체와 극복되는 대상 간의 관계의 문제랄까….

이도흠　　기독교에서 연기론을 수용하여 하느님이 연기의 주재자요 모든 존재자들이 서로 작용하고 영향을 미치며 인과를 낳는 연기의 근본 원인이라고 해석할 수 있습니다. 하지만 불교에서 보면 연기와 공 바깥에는 아무것도 없습니다. 연기 자체에는 아무런 가치도 선도 악도 없습니다. 그런 것은 인간이 연기에 개입하면서 생기는 것이지요. 나와 학생은 연기 관계에 있고 원래 평등하며, 자연스럽게 서로 만나고 대화하고 행위할 때 선악은 존재하지 않습니다. 그런데 인간 사회가 선생에게 권력을 부여하면서 제가 갑의 위치에 서고 을의 위치에 있는 학생이 제게 욕을 하며 덤비면 악이라 규정합니다. 이처럼 인간이 연기에 권력을 불어넣고 연기가 빚어낸 관계의 해석을 독점하고 종교와 윤리를 만들면서 선과 악이 생기는 것이지요. 연기를 아는 것이 사실의 판단이라면, 거기에서 한 걸음 나아가 그 연기된 대상과 사이좋게 지내자고 생각하는 것은 가치 판단입니다. 예를 들어 두 사람이 싸우는데, 어떤 아주머니가 다가와서 "네놈들 둘 다 내 배 속에서 나온 형제다."라고 하면 싸움을 멈출 것입니다. 내가 강에 폐수를 버렸는데, 그 폐수를 먹은 물고기를 내 손자가 먹고 기형아를 낳을 수 있다고 생각하면 더 이상 버리지 못할 것입니다. 그렇기 때문에 저는 연기를 진정으로 깨우친다면, 자연히 가치 판단은 생성된다고 봅니다.

류제동   그런데 제 생각에는 자꾸 '불교는…'이라고 말씀하시는 데서 문제가 생긴다고 보거든요. 불교의 일부에서 그렇게 주장하는 것이고, 연기를 다시 구분하면, 그러니까 특히 비판불교에서 이야기하는 게 '초목도 성불한다'는 식의 말을 굉장히 비판하거든요. 그 이유가 분명히 가치의 토대가 있어야 선악이 생기기 때문이거든요. 그러니까 초목도 부처다, 이렇게 얘기하면 안 되는 것이죠. 그렇게 되면, 예를 들면, 에이즈 바이러스도 살려 줘야 되는 거 아니에요?

이도흠   비판불교라는 것이 불교의 주류가 아니라 비주류이고, 초목이 성불한다는 자체가 연기설에 어긋나는 논리입니다. 불교에는 경전도 많고 위경도 많고, 논서와 이론도 많습니다. 제가 불설과 비불설을 판별하는 최고의 기준은 연기론에 부합하느냐 아니냐입니다. 선과 악의 판단은 연기론과는 범주나 차원, 층위가 다른 것인데 그걸 끌어와서 해석하면 범주의 오류를 범하게 됩니다. 에이즈 바이러스를 살리는 게 아니라, 에이즈 바이러스도 에이즈 바이러스와 다른 존재자 사이의 연기적 법칙 안에 놔둬야죠.

류제동   그렇게 되면 '녹조라떼'도 그냥 다 놔둬야 되는 거 아니에요?

이도흠   녹조라떼의 경우는 또 달라요.(웃음)

악은 어떻게 발생하는가

이찬수   누군가 연기적 법칙을 깨닫는 순간에도, 그전부터 구조적 악이나 폭력 같은 것은 지속되어 오고 있었어요. 그것을 어떻게 설명하느냐의 문제 아닐까요. 구조적 악과 폭력이 한 번도 없었던 적이 없는 곳에서 어떻게 폭력을 넘어선 평등한 실상과 우주적 보편적 법칙을 깨달을 수 있었는지의 문제요.

류제동   부처님이 깨달은 건 평등한 실상이 아니라는 거죠.

이찬수   세상이 평등하다는 말을 하려는 것이 아니라, 누군가 그렇게 깨달았다고 하는 순간에도 불평등은 지속되어 온 현실, 그 근원을 설명해야 한다는 겁니다.

류제동   구조적 악을 발견하고, 구조적 악을 잘못된 악의 순환이라고 보고, 그 악순환을 깨는 게 부처님의 관찰이었다는 거예요.

이도흠   제 입장에서는 류제동 선생님 말씀이 비불교적이라고 봐요. 에이즈 바이러스는 원래 있었고 인간한테 해를 끼치지 않았습니다. 에이즈 바이러스를 보균한 녹색원숭이가 사는 숲까지 파괴하니까 그 바이러스가 인간에게 병을 옮긴 것입니다. 제 몸에는 암세포부터 해서 수많은 병균이 있습니다. 하지만 그 병균들이 연기적 균형을 이루고 있으면 병이 생기지 않습니다. 그것이 무너지면 병이 생기는 것입니다. 녹조라떼도 인간이 연기를 깼기 때문에 생긴 것입니다. 강과 그 안의 생명과 강 주변의 생명들은 수억 년에 걸친 연기적 상호작용 관계의 결과입니다. 강은 강물이 흐르는 한 물의 이온작용·미생물의 물질대사·식물의 흡수 등 자연정화가 일어나 맑음을 유지합니다. 그런데 인위적으로 이 연기적 균형을 깼습니다. 보를 만들어 흐름을 막아 자연정화가 이루어지지 않으니 녹조가 과잉 번식하여 녹조라떼가 된 것입니다. 그러니 에이즈와 녹조는 악이 아닙니다. 에코시스템(eco-system)의 일부일 따름이고 이 속의 모든 존재자들은 연기적 관계에 있습니다. 그런데 인간이 불교에서 가장 배격하는 구분의 사유 혹은 망상을 만들어 악으로 규정한 것이지요. 에이즈와 녹조라떼를 해결하는 방법 또한 죽이는 것이 아닙니다. 에이즈가 내 몸 안의 좋은 미생물·건강한 세포·면역 체계와 균형을 이루게 하면 됩니다. 보를 폭파하여 강이 다시 흐르면서 스스로 자연정화가 일어나게 하면 저절로 녹조는 사라지고 1급수 물고기가 돌아올 것입니다.

연기론에도 역사가 있다

류제동   역사적으로 보면, 초기불교는 자연 상태를 긍정하는 것이 아니에요. 자연 상태에 분명히 악이 있어요. 그 악을 극복하려고 부처님이 인과를 관찰하고, 이 자연 상태를 역류문으로 해서 새로운 세상을 열려고 한 것이지, 자연 상태를 관찰하고 우리 자연으로 돌아가자, 라고 얘기한 게 아니라는 거죠.

이도흠   아, 악이 아니죠. 부처님께서 가장 먼저 깨달은 진리가 연기법입니다. 또 부처님께서는 식이 깃들지 않아 중생의 범주에 들어가지 않은 식물도 존중하라고 일렀습니다. 율장에 의하면 식물을 해치는 것도 계를 범하는 행위인데 그 이유 중 하나는 식물이 생명들과 연기 관계에 있는 거주처였기 때문이고, 또 하나는 스님들이 식물을 해치면 자비심이 없다는 비난을 받을 수 있기 때문입니다.

류제동   그러니까 그 12연기도, 12연기 순관역관을 해서 인간이 어떻게 악순환을 계속하게 되는가 그걸 관찰해서 12연기를 끊어 내는 게 부처님의 관찰이에요.

김승철   연기관의 변천이라는 주제인데요, 그 연기라고 하는 생각 역시 역사적인 산물인데, 사회가 변하면 개념도 당연히 바뀌잖아요. 예를 들어, 신관(神觀)의 변천이라고 말하는 것은 신을 이해하는 방식이 끊임없이 많이 변해 왔다고 보는 건데, 그리스도에 대한 이해가 변해 왔다고 하는 것은 말할 것도 없겠지요. 그렇다면 연기관의 변천이라는 맥락에서 생각해 보았을 때, 이도흠 교수님이 말씀하신 것과 다른 연기관은 없습니까?

이도흠　　있죠. 초기불교와 대승불교가 다르고, 대승에서도 화엄연기론이 다릅니다.

김승철　　그 입장 차가 중요하지 않을까요?

이도흠　　네, 중요하죠. 그 차이들을 말해 주어야죠. 짧게 말씀드리면, 초기불교에서는 인과 관계에 중점을 두고 연기를 바라본다면, 대승불교는 상관관계의 법칙에 서서 연기를 바라봅니다. 초기불교는 인간의 괴로움이 어떻게 발생하고 어떻게 사라지는지 그 인과 관계의 과정, 고를 근본적으로 멸할 길에 주목합니다. 반면 대승불교는 모든 법이 다른 법에 의존하여 일어난다는 관계의 법칙성에 주목합니다. 예를 들어, 화엄의 법계연기론으로 보면, 자연과 나는 찰나의 순간에도 상즉상입(相卽相入)하고 있습니다.

김용표　　그러니까 불교 교리 발달사에서 보면 연기론이 그리 단순하지 않습니다. 초기불교의 제행무상(諸行無常)·제법무아(諸法無我) 교설과 같은 맥락으로 성립된 단순한 연기설이 후에 부파불교(部派佛敎)의 설일체유부(說一切有部)에서 삼세실유론(三世實有論)과 법체항유론(法體恒有論) 등으로 시간과 법의 상존성을 주장하였고, 이러한 불법의 실체론화 경향이 대승불교에 와서는 아뢰야식연기론·진여연기론·여래장연기론 등으로 발전했습니다. 특히 여래장연기론은 거의 브라만교의 아트만설과 유사한 구조와 논리로 형성되었습니다. 이러한 불교의 실체론적 해석 전통은 불교 내에서도 비불교적이라는 비판을 받습니다.

또한 불교의 교설 체계를 실상론과 연기론으로 나누는 경우도 생겼습니다. 후기 대승은 여래장을 불성이나 진아와 동일시해요. 그건 실체론에 상당히 접근된 사상으로, 연기설의 왜곡으로는 보는 학자들이 많습니다. 그러니까 대승불교는 초기불교의 무아연기설이 힌두교 스타일의 실체론적 연기설로 환원되는 과정을 거치고 있다는 비판을 하는 것입니다. 현대 비판불교 학자들은 "여래장 사상은 불교가 아니다."라고까지 주장하는 거죠.

그렇지만 이러한 실체론화된 연기설은 실체론적 종교와의 대화에서는 하나의 통로와 접점이 될 수도 있습니다. 여래장 사상이 기독교와 불교의 접점이 될 수 있는 것입니다. 실체론과 연기론이 조금씩 양보한 것이죠. 불교와 기독교의 '아슬아슬한 접점'을 찾아야 된다고 하면, 이러한 두 패러다임을 회통할 수 있는 해석학적 탐색이 필요할 것입니다.

유신론과 연기론을 대비해서 보면, 기독교의 신 관념은 실체론에서 나왔고, 불교는 신 관념이 전혀 없는 종교는 아니지만, 창조신이나 주재신으로서의 신을 부정합니다. 연기설은 처음부터 발생론적인 신관이나 원초적인 무엇이 최초부터 있어야 한다는 그런 개념과 사유 구조에서 벗어난 교설이거든요. 그러니까 최초의 원인이 있어야 된다는 생각에서 보통 사람들이 벗어나지 못하고 있는 점을 완전히 깨뜨린 거예요. 그런 최초의 원인, 발생 원인이 있어야 한다고 하는 생각 자체가 결국은 무지로 인해 불안해진 인간의 마음의 표현이라고 보는 것입니다. 대승의 공관(空觀)은 그런—최초의 원인이 있어야 한다는—생각을 벗어나야 해탈할 수 있다고 보는 것입니다. 이러한 실체론에서 벗어나는 게 바로 공의 체득이며 해탈이라는 구제론적인 문제와 바로 연결되는 거예요.

그렇다고 해서 부처님이 신을 다 부정했느냐 하면 그렇지 않습니다. 템플대학의 레너드 스위들러 교수의 말씀에 의하면, 불교는 무신론이나 반신론이 아니라 비신론(non-theism)이라고 합니다. 부처님은 "신이 있든 없든 그게 중요하지 않다. 나는 그런 신의 개념에서 벗어났다."고 설했습니다. 이렇게 신관도 구제론적 문제로 접근해야지, 이를 실체론적이고 형이상학적인 논쟁으로 몰고 나가면 불교가 지향하고자 했던 목표와 어긋나게 됩니다. 불교는 형이상학적 논쟁에서 벗어나 생사를 해탈하려는 목적에서 생겼거든요.

붓다는 현실의 생사의 고통을 어떻게 하면 없앨 것이냐 하는 실천적 문제에만 관심이 있었습니다. 그렇기 때문에 신의 실체성 문제 등 이론적인 문제로 되돌아오는 건 불교와 기독교의 대화에 도움이 되지 않습니다.

또 한 가지는, 기독교 신학에서도 실체론에서 벗어나고 있는 신학, 즉 기독교의 신의 개념을 연기론적으로 해석하는 과정신학을 주목할 필요가 있습니다. 신은 정체적 존재가 아니라 역동적인 과정에 있는 것이다, 라고 해석하면 기독교가 불교와 '아슬아슬한 접점'으로 다가오는 거예요. 종교 간 대화에서는 극단적인 주장을 하기보다는 그런 접점이 되는 교집합을 찾아서 거기에 대해 집중적으로 토론해야 대화의 성과가 있지, 그렇지 않고 자꾸 형이상학적 논점을 찾아봐야 별 공덕이 없지 않겠는가 하는 생각이 듭니다.

이찬수   교집합을 찾는 것이 중요하다는 말씀에 누구보다도 동의하지만, 말씀하신 형이상학적 논점도 포함해 토론할 수 있는 건 계속 토론해 봐야 하지 않을까요? 사실 시간만 많으면 정말 끝장토론을 하고 싶기는 합니다만….(웃음)

기독교가 연기론을 수용할 수 있는가

손원영   역사적 발전 과정에서 보면 연기론에도 여러 가지 유형이 있을 것 아닙니까. 김용표 교수님께서 생각하시기에 기독교의 연기론적인 면에 어울리는 불교의 연기론은 어떤 것인지 듣고 싶군요.

김용표   아까 말씀드린 여래장 사상이나 과정신학은 두 전통을 연결할 수 있는 사상이라고 봅니다. 또한 신비주의 전통에서 기독교적 연기론을 발견할 수 있다고 생각합니다. 신이 발생론적으로 모든 존재의 근원이고 창조주이며 주재자라고 하는 사유에 머물로 있으면, 사실은 근본적으로 연기론적인 생각이 성립이 안 되는 것이거든요. 그런데 유대교 카발라 신비주의의 경우에 '세피로트'라 하여, 신의 힘과 속성이 10가지로 유출되어 기능적으로 분산되어 나타난다고 말합니다. 이렇게 신의 성격을 기능적으로 볼 때 신의 한 작용으로 연기적인 법칙이 나타날 수도 있지 않을까요? 그런데 기독교에서 불교를 공부한 신학자들을 보면 불교의 많은 것을 수용하면서도, 결국은 신의 영원성과 초월성을 바탕으로 불교의 다르마를 이해하면서, 이러한 실체론적 사유에서는 벗어나지 않습니다. 그런 입장에 있는 한 불자가 될 수는 없습니다. 기독교 신앙을 보완하는 요소로 불교를 수용하지만 결국은 영원주의와 실체주의를 항상 붙잡고 있다는 것이죠. 그러므로 그 접근에 한계가 생기는 것입니다. 바로 완전한 연기론적 사고로 전환이 안 되는 거에요. 연기론의 일부만 기능적으로 수용할 뿐입니다.

연기론은 발생론도 결정론도 아니다

명법　　김용표 선생님께서 좋은 지적을 해 주셨는데요, 연기론은 원인과 결과에 대한 설명이 아닙니다. 흔히 12연기를 발생론적으로 이해하면서 원인-결과의 연쇄로 이해하는 경향이 있는데 그렇지는 않습니다. 또한 연기를 '상의성(相依性)'이라고 보아 관계의 상호성으로 해석하는 주장도 부분적인 설명이라고 생각합니다. 이처럼 연기가 발생론이다, 관계론이다, 또는 여러 가지 연기론이 있다 등등 연기론에 대한 서로 다른 해석이 존재하는 것은 연기에 대한 이해가 불충분한 탓이 아닌가 여겨져요.
　　먼저 연기를 상호작용이나 상호 인과로 해석하는 주장을 살펴보면, 관계의 상호성이 이루어지려면 먼저 존재하는 두 개의 존재자가 있어야 합니다. 그렇게 보면 '상의성'은 존재와 발생에 대한 논리라는 주장도 맞죠. 그런데

『중론』에서 연기를 '불생불멸'이라고 설명하는 대목에 오면 상호 관계로 해석할 수 없게 됩니다. 왜냐하면 '불생불멸'은 상호 관계를 형성할 수 있는 존재자들이 없다는 말이거든요. 초기 문헌에서도 "이것이 있으므로 저것이 있고, 이것이 없으므로 저것이 없다."라고 말하는데, "이것이 없으므로 저것이 없다."라는 말은 존재와 발생이 일어나지 않는다는 이야기입니다. 『중론』에서 말하는 '불생불멸'과 같은 내용인데, 이 자리에서 『중론』이야기는 너무 어려우니 12연기로 설명해 보겠습니다.

흔히 12연기를 A가 있으면 B가 발생하고, B가 발생하면 C가 발생하고, D, E… 이렇게 무한히 연쇄되는 발생 구조라고 생각하는데, 만약 그렇다면 김용표 선생님이 지적하신 것처럼 최초의 원인을 찾는 철학적 탐구가 되어 버립니다. 물론 12연기의 첫 번째 지절(支節)인 '무명'이 일반적으로 말하는 최초 원인이 아니기 때문에 그런 철학적 탐구와는 다르지만요. 아무튼 12연기를 발생 구조로 이해하면 아까 이관표 선생님이 지적한 것처럼 자연법칙에 가까운 것처럼 보입니다. 불교 학자 중에도 연기법을 자연과학적 인과론이라고 생각하는 분도 있습니다.

그런데 부처님께서 정각을 이루신 후에 12연기를 순관과 역관으로 반복했다고 하는데, 무명이 사라지면 행이 사라지고, 행이 사라지면 식이 사라지고, 이렇게 하여 생로병사가 사라지고 윤회에서 벗어나게 된다는 것입니다. 순관과 역관을 생멸문과 환멸문 또는 진여문이라고 부르는데, 저는 두 측면을 다 봐야 연기론을 이해할 수 있다고 생각해요. 이렇게 12연기에 연기의 발생만이 아니라 연기의 소멸이라는 방향이 있기 때문에 12연기를 발생론으로만 봐서는 안 된다고 생각해요. 반면에 자연과학적 인과론은 원인-결과의 연쇄가 불가역적이기 때문에 연쇄의 발생만 존재하고 연쇄의 소멸은 존재하지 않습니다.

연기의 소멸 측면에서 보면 연기론은 발생론이 아니라 당위론이 됩니다. 다시 말해 생멸문은 생성의 원리이고 그런 점에서 자연법칙이 적용되는 영역이지만, 환멸문은 당위론이기 때문에 윤리적 원리가 적용되는 영역입니다. 더 중요한 건 그것이 명령이나 의무에 따른는 것이 아니라 하나의 지절이 사라지면 후속하는 지절이 저절로 사라지는 연쇄적이고 점증적인 과정이라는 점입니다. 그래서 그것을 '법칙' 또는 '이법'이라고 부를 수도 있어요.

그런데 한 지절에서 볼 때 그것이 '생멸문'으로 가느냐 '환멸문'으로 가느냐는 결정되어 있지 않습니다. 상의성을 상호 발생이나 상호작용으로 이해하면, 한 지절의 존재는 반드시 다른 지절의 존재를 요구하기 때문에 '생멸'로 나아갈 수밖에 없지만, 상의성을 '불생불멸', 즉 '진여문'의 입장에서 보면 한 지절의 존재가 반드시 다른 지절의 존재를 요구하지 않습니다. 그러므로 어느 지절이든 환멸 과정의 출발점이 될 수 있습니다.

그건 달리 말하면 연기의 한 지절이 그 자체가 불확정적이며 그 존재마저 없는 것, 다시 말해서 가유(假有)라는 이야긴데, 저는 연기론의 지절들을 실체화하는 유부(有部)의 주장을 논파하기 위해 용수(龍樹)가 '공'이라는 새로운 개념을 사용했다고 생각합니다.

그리고 그때 어떤 선택을 하느냐는 완전히 우리 인간들에게 달려 있어요. 불교에서는 '가치'라는 말을 잘 쓰지는 않지만, 어느 쪽이 좋으냐고 물으면 당연히 환멸문이 좋다고 말할 겁니다. 물론 생멸문이 자연법칙과 같은 힘을 발휘하니까 자연 상태에서 사람들이 그 방향으로 나갈 확률이 높지요. 반대 방향으로 가려면 엄청난 노력이 필요하니까요. 아무튼 그것은 우리 선택이니까 연기론은 결정론이 아니고 그런 점에서 불교도 인간의 자유의지를 인정한다고 볼 수 있습니다.

신이 먼저 다가온다

이관표   변화가 반드시 신을 거치지 않아도 된다는 점이 바로 불교와 기독교의 정체성의 차이 아닌가요. 기독교는 히브리적 전통에서 비롯된 노예들의 종교였기 때문에, 인간은 아무것도 할 수 없다고 인간을 규정하였습니다. 하느님의 형상으로 인간을 창조했다고 하지만, 인간이 얼마 지나지 않아 바로 타락하거든요. 그 타락이 절대적이냐 부분적이냐에 관한 논쟁은 있지만, 최소한 인간이 신에게 스스로의 공적이나 업적만으로 올라갈 수 없다는 주장은 분명합니다. 그리고 이도흠 선생님께서 뒷부분에서 말씀하신 아가페적인 사랑도 사실은 하느님의 무조건적 사랑에 초점을 맞춘 개념이 아니고, 오히려 인간 스스로가 아니라 오직 그분께서 직접 찾아와서 만나주신다는 개념입니다. 인간이 아니라 하느님이 모든 것을 하신다는 전제가 기독교에서는 핵심입니다.

거기에 비해 불교는 철저하게 인간은 불성과 불법이 있기 때문에 인간은 그걸 따라 궁극적인 차원으로 올라갈 수 있다고 이야기하는 것이라 봅니다. 그러니까 우리가 종교적인 논의를 하고는 있지만, 우리가 인간을 어떻게 봐왔느냐의 역사가 종교의 역사였습니다. 각각의 종교 사이에 절대 신과 절대 체계가 다 차이가 나는 이유는 인간의 자기 규정의 차이 때문이라고 여겨집니다.

물론 그렇다고 기독교가 유대교의 전통만을 답습하지는 않습니다. 왜냐하면 기독교는 유대교 전통과 더불어 분명히 당시의 상식이었던 헬라적 전통을 같이 가지고 있기 때문입니다. 헬라적 전통 안에는 플라톤이 있었고, 플라톤은 당시 상황 안에서 분명한 인간 긍정의 개념을 가지고 있었습니다. 그는 우리가 스스로 (상기(想起) 혹은 죽음을 통해) 신의 자리로 갈 수 있는 전통 위에 있다고 주장했습니다. 그리고 바로 이러한 헬라적인 전통은 앞서 말씀하신 기독교의 밀교적 성격 혹은 신비주의적 전통 안에 남아 있다고 생각됩니다. 이런 면에서 김용표 선생님께서 말씀하신 아슬아슬한 경계를 지금까지 표면적으로 드러나지 않았던 사상들에서 찾아보는 것도 재미있는 작업일 것 같습니다.

김승철 기독교에서는 신을 발생론적인 창조주로 생각한다는 이해 방식이 있어 왔습니다. 예를 들어서 토마스 아퀴나스는 신을 '제일의 원인(prima causa)', '부동의 동자'라는 식으로 생각했었죠. 그것은 토마스 아퀴나스가 아리스토텔레스의 형이상학을 가지고 신을 이해했을 때 나온 결론이었지요.

그러나 그것은 이른바 철학적이고 이성적인 세계에서의 논의이고, 신앙의 세계로 가면 역설이 성립되는 겁니다. "그럼에도 불구하고 신이 인간을 위해서 자기 자신을 내어주셨다."라고 말이지요, 그렇기 때문에 기독교의 발생론적인 창조신 개념은 형이상학적인 틀로 설명하면서 나온 역사적 산물이지, 그것이 곧 기독교가 이해하는 신이라고 보기에는 다소 문제가 있다는 생각이 들어요.

또 한 가지, 아까 인간 이해에 대해서 이관표 박사님께서 말씀하셨는데, 기독교에서는 인간이 신이 될 수 없는 반면, 불교에서는 불성을 가지고 있기 때문에 인간이 초월자가 될 수 있다고 흔히 이야기합니다. 그렇지만 불교 내에도 서로 같지 않은 측면이 많이 있지 않습니까? 예를 들어서 정토불교의 경우 인간은 도저히 스스로 구원받을 수 없는 존재이기 때문에 염불을 하는 것이 아니겠습니까? 그런데 염불은 사실 여래가 나를 부르는 것이지 내가 여래를 부르는 것이 아니거든요. 염불은 누군가 나를 불러주는 것입니다. 사실 부처를 부르는 소리를 내가 듣는데, 그것이 곧 나를 부른 소리이기도 한 것이지요.

그 점에서 볼 때는 기독교와 불교 내에서도 시대 상황과 개인이 처한 삶의 상황에 따라서 어떻게 신을 이해하고 고백하느냐에 광범위한 다양성이 있기 때문에, 특정 교리를 가지고 불교는 이렇고 기독교는 이렇다고 단정하는 것은 무리가 있지 않을까, 더 많은 상호 교차가 필요하지 않을까 하는 생각이 듭니다.(웃음)

두 종교 다 우상파괴적이다

이관표   정토불교만이 아니라 불교와 기독교가 또 다른 연결성을 갖고 있는 것은 우상파괴의 전통입니다. 우상파괴란 신이라든가 인간이 무언가를 섬기고 집착하는 것에 대한 거절을 의미합니다. 우상파괴와 관련해서는 불교가 기독교보다 한 단계 더 나아갔다고도 볼 수 있습니다. 그런데 그 우상파괴가 가능한 유대교나 기독교적 전통이 지속될 수 있는 것은 끊임없이 우리 자신이 가지고 있는 것보다 과도하게 무엇인가를 행하는, 인간의 욕망과 열정 때문입니다. 사실 불교는 그런 의미에서, 공-가-중(空-假-中)·살불살조(殺佛殺祖)를 말씀하시는 것으로 보이며, 이것은 여전히 우리가 할 수 있고, 알 수 있는 것 이상의 것을 당연스럽게 상정하고 집착하는 것을 때려 부수려고 하는 것이 아닌가 하는 생각이 듭니다.

여기에도 문제점은 보입니다. 굳이 우리 안에 불성이 있다고 이야기하는 바로 그것에 대한 것입니다. 아무리 실체가 아니라고 변명해 보아도 결국 불성 역시 종교적 일점을 지향하는 것은 아닌지 궁금합니다. 그리고 그것 역시 불교의 살불살조의 정신에서 본다면 때려 부숴야 하는 것은 아닌지요? 다시 말해, 내가 무언가를 만들어 내는데 바로 그것을 절대화하지 않고 때려 부수려고 한다는 점에서 불성도 파괴의 대상이 아닐까 생각해 봅니다.

김용표 우상파괴를 종교 간 대화의 한 주제로 삼으면 공통점이 많이 나올 것 같다는 생각입니다. 틸리히에 따르면, '상대적인 것을 절대화하는 것'이 우상이라고 하잖아요. 그렇게 보면, 인간의 희론적 언어유희도 우상이 될 수 있습니다. 불교에서도 가장 철저하게 우상을 배격하는 게 선불교나 중관학파라고 할 수 있습니다. 서구 종교에서는 오히려 이슬람이 우상파괴의 선두주자가 아닌가 합니다. 신의 형상을 전혀 안 만든다는 사실에 저는 상당히 놀랐어요. 모스크에 신의 상징을 두지 않는다, 대단히 철저한 사람들이구나, 정말 우상이 없는 종교라고 생각했어요. 어떤 경우든 사람은 우상을 만들려는 유혹을 느끼거든요. 그게 인간의 약점이고 무지입니다. 불교도 기독교도 계속 우상화 작업을 해 왔고, 그래서 결국 나중에 성직자가 우상화되거나 아니면 불상이 우상화되거나 그랬거든요.

그런 점에서 저는 야기 세이치의 글 중에 "전통적 기독교는 거의 우상숭배적이고, 반예수적인 종교였다."는 주장에 상당히 신선한 감동을 느꼈습니다. 참된 기독교 선지식을 만난 것입니다. 기독교의 우상을 파괴하는 게 참다운 예수의 뜻이다, 그게 바로 밀교적 기독교의 길이라고 생각합니다.

불교를 우상숭배의 종교라고 하는 기독교인이 많다는 얘기를 들었어요. 저는 사실 그 말을 부정할 수 없는 요소가 있다고 생각합니다. 불상숭배에 대해 말하자면 원래 부처님은 불상을 만들지 말라고 하셨거든요. 사리 숭배나 불탑 숭배도 사실은 그 대안으로 나왔고, 대승불교 시대에 와서야 그리스나 힌두교 신상의 영향으로 불상을 조성하게 되었습니다. 그러나 불상은 불자들의 호응도가 매우 높아 대승의 중심 신앙으로 발전하게 되었습니다. 절에 가 보면 많은 불사들이 행해지는데, 불상을 조성하는 불사 때 신도들이 시주를 제일 많이 한다고 들었습니다. 그래서 불상과 탑을 조성하면 공덕이 매우 크다는 경전도 나오게 된 것입니다.

그럼 과연 불교에서 불상숭배와 우상숭배가 뭐가 다르냐고 신도들에게 물으면, 정확히 답을 하는 이가 많지 않습니다. 신앙 의례의 형태로 볼 때 우상적 불교를 벗어나려면 불상숭배와 우상숭배를 명확하게 구분하는 기준이 필요한 것입니다. 원불교에서는 이러한 문제를 분명히 하여 법당에 불상이 없잖아요!

원영상   뭐 거의 선불교죠.

김용표   불교에서 원불교, 일본의 선종 사찰, 그리고 밀교의 진각종에서도 불상을 모시지 않습니다. 불상은 상징이며 형상에 지나지 않는다고 얘기를 하지만, 사실은 그 이상인 거죠. 실제로 이 문제는 상징 이론과 연결시켜 해석해야 합니다. 칼 융이 말했듯이, 상징이 실제에 동참하게 하는 잠재적 효능이 있다는 점에서 상징으로서의 불상의 가치는 충분하다고 생각합니다. 불상 예배는 사람에 따라 우상이 될 수도 있고 좋은 종교적 상징이 될 수도 있습니다. 우상숭배로서 불상을 얘기하는 사람과, 상징적 의미에서 참여하는 사람으로 구분되는 것입니다.

폴 틸리히는 "상징이 지시하는 곳에 동참하면서도 동시에 그 상징을 초월하는 것이 중요하다."라고 말합니다. 이렇게 될 때 종교 상징은 우상에서 벗어날 수 있고, 참된 종교 상징의 의미를 아는 것이라고 했습니다. 이러한 마음으로 불상을 예배한다면 그 불상은 매우 큰 종교적 의미를 가지게 됩니다. 또한 그 종교적 상징의 가치도 지대한 것입니다. 기독교도 마찬가지죠. 그런 걸 보면 불교와 기독교의 우상숭배 문제가 상당히 가깝게 접근된다는 걸 알 수 있습니다.

불상이나 불화뿐만 아니라 경전 언어도 사실 따지고 보면 하나의 우상일 수 있고 아닐 수도 있다고 보는 거죠. 종교 교리도 마찬가지입니다. 그게 도

그마적인 교리든 아니든 간에 어떤 이에게는 어마어마한 힘을 주기도 하고, 어떤 사람에게는 그게 하나의 테두리가 되어서 잘못된 길로 가게 하는 힘과 기능이 있습니다. 경전 언어는 해석하는 사람에 따라서 굉장히 달라져요. 중요한 점은 경전 언어나 상징 자체가 중요한 게 아니라, 이를 어떻게 받아들이는가 하는 마음의 문제·유심의 문제입니다.

원영상 　마칠 때가 되었으니, 다음 대화를 위해서 '종교'의 개념 정도는 간단히 말씀드려야 할 것 같아요. 애초에 religion이라는 게 '종교'로 번역된 것 자체가 기독교를 불교로 번역한 것과 같은 차원이거든요. 종교적 세계관이 다르다는 거예요. 우리말 속에도 뉘앙스가 다른 게 있고, 종교학적으로 계시종교와 개오종교의 차이도 있지만, 종교의 발달 과정이나 문화적인 양태가 다 다르거든요. 그런데 이걸 지금 전부 여기에 끌어다 놓고 얘기하는 게 사실 힘든 일이지요.

이도흠 교수님이 말씀에 이어, 제가 제안하고 싶은 것은 과연 무엇을 신앙하는가 하는 문제들, 예를 들어, 기독교가 신앙을 중시한다면, 불교는 수행을 중시한다고 하는 차이점을 놓고, 그것의 전제가 되는 질문을 통해 대화를 해 나가는 게 좋지 않을까 싶습니다. 불상의 발생 문제만 해도 문화론적으로 놓고 보면 유럽 문화와의 접점이 있다고 생각됩니다. 그러한 접점을 놓고, 그 전제가 되는 이론을 가지고 오되, 자기가 얘기하고자 하는 지점이 어디라는 걸 밝히고 좀 더 깊게 나가는 게 좋지 않을까 생각합니다.

이찬수 　이런 문제도 얘기해보면 좋겠어요. 아까 김승철 교수님이 창조론을 발생론적으로 이해하는 측면도 있지만, 그렇지 않은 측면도 있다는 말씀을 하셨잖아요? 그 전에 김용표 교수님도 주재자적 창조신에 대한 불교적 거부 이런 얘기를 하셨고요. 관건은 '창조'를 어떻게 이해하는가의 문제인 것 같습니다. 제2부에서 그 얘기가 나올 수 있으면 좋겠습니다. 창조를 좀은 의미에서, 그러니까 인격적·발생론적으로만 사유하는 데서 서로에 대한 몰이해가 생길 수도 있고, 신과 세계의 관계에 모순이 생기는 것 아닐까 해서요. 창조는 현실 혹은 존재의 근원에 대한 상상에서 나온 고백적인 언어이고, 지금 내가 이런 식으로 살게 되는 것에는 어떤 근원적인 이유와 까닭이 있지 않겠는가 하는 성찰적 언어이지, 할아버지같이 생긴 어떤 거대한 인격체가 특정 공간을 점유하고서 밀가루 반죽으로 수제비 뜨듯이 세상을 제조해 낸 것처럼 상상해서는 안 됩니다. 그런 사유가 기독교에 대한 이해를 가리는 원천이라고 생각됩니다. 기회가 되면 이런 이야기도 나눠 봤으면 좋겠습니다만….

그럭저럭 마무리할 시간이 되었습니다. 이번 심포지움을 준비하고 세션 사회자로 참석하면서, 토론 중에 여러 의견들이 중구난방으로 나오면 어쩌나 하는 약간의 우려도 있었는데요, 어느 틈에 그런 우려가 싹 사라졌어요. 허심탄회하고 수준높은 토론이라서 대화 속으로 점점 더 몰입되는 느낌이거든요. 앞으로의 토론도 기대가 많이 됩니다. 벌써 저녁 식사 시간이 되었습니다. 식사도 맛있게 하시고 궁금하신 내용은 식사하시면서 더 얘기를 나누시면 좋겠습니다. 식사 후에 다시 모이겠습니다.

제2부

불교와 기독교의 만남

Ⅵ. 불교와 기독교, 같은 실재를 달리 표현한다 _이찬수

Ⅶ. 불교와 기독교의 만남 _명법

VI.
불교와 기독교, 같은 실재를 달리 표현한다

이찬수 (서울대학교 통일평화연구원 HK연구교수)

1. 붓다와 예수

붓다와 예수, 인류의 정신문명에 지대한 영향을 끼친 위대한 스승들이다. 서로 다른 시대와 공간에서 살았던 만큼 외견상 이들의 생애와 사상은 얼핏 달라 보인다. 하지만 좀 더 깊이 들어가보면 그렇지 않다. 이들의 삶은 상통하는 측면이 더 크다.

외견상 상이해보이는 부분 몇 가지는 다음과 같다. 가령 붓다는 출가 사문이었고, 예수는 예언자였다. 붓다는 35세에 깨달음을 얻은 후 45년간 제자단을 이끈 데 비해, 예수는 비교적 이른 나이인 33세경 일종의 정치범으로 십자가에서 처형당했다. 붓다에게서는 삶의 연륜과 깊이가 느껴지는 데 비해 예수에게서는 치열함이나 긴장감이 더 와 닿는다.

그런데 이런 것들과 상관없이, 이들의 삶의 방식을 보면 공통점이 많다. 둘 다 가정을 포기했고, 제자 공동체를 이끌었으며, 독신으로 무욕의 삶을 살았다. 제자를 키운 스승이었고, 사랑과 자비 혹은 정의의 실천가였다. 무엇보다 궁극적 실재를 체험한 뒤 그에 어울리는 삶을 살았다. 이들의 삶과 사상에서 제자들은 새로운 차원의 권위를 느꼈고, 그것들이 인류 역사를 바꾸는 근간이 되었다.

둘 다 종교개혁자이기도 했다. 붓다는 인도의 힌두교 문화에서 '열반'이라는 현실 너머의 비전을 제시했고, 예수는 율법 중심의 유대교 문화권에서 '하느님 나라'라는 비전을 제시했다. 열반과 하느님 나라는 그 표현이 어떻든 세상 중심적 삶의 방식에 대한 근본적 부정을 통해 도달하는 세계이다. 불교에서는 '초세간적'이라 말하고, 기독교는 '종말론적'이라 표현하곤 하지만, 둘 다 각각의 맥락에서 이상세계를 의미한다. 이 세상에 있지만 이 세상에 속하지 않고, 감추어져 있으면서 지금 여기 실재하는 세계다.

이들은 세상을 바꾸기 전에 자신을 바꾸어야 한다는 것을, 그렇게 하지 않고서는 세상을 바꿀 수 없다는 것을 몸소 보여주었다. 세상에 무관심했던 것은 물론 아니다. 그러나 그들이 세상을 바꾸기 전에 했던 것은 자기 자신의 근본적인 변혁이었다. 그런 뒤 제자들에게 자기중심적 삶에서 초월적 실재 중심의 삶으로의 전환을 요청했다. 예수는 하느님 '아빠'에 대한 무조건적인 신뢰를 바탕으로 세상의 근심에서 벗어나 자유의 삶을 살 것을 촉구했고, 붓다는 사물의 무아성과 상관성의 깨달음을 통해 대자유의 세계를 열어 보여주었다.

2. 열반과 하느님 나라

붓다가 보여준 열반(nirvana)은 불교적 수행의 목표이자 불교의 존재 이유다. 열반은 '(타오르던 번뇌의 불꽃이) 꺼진 상태', '번뇌와 망상이 사라진 상태'를 의미한다. 살아서 경험하는 '유여열반(有餘涅槃)'과 사후 열반으로서의 '무여열반(無餘涅槃)'으로 구분되지만, 둘 다 자기부정·자기 포기·자기 초월 없이는 도달할 수 없는 상태다. 심리적으로 말하면, 이기적 에고(ego)가 극복되고 집착으로부터 자유로워진 참자아(Self)의 상태이자, 그런 참자아에 기초한 무집착적 대자유의 삶이기도 하다. 동시에 열반은 대체로 정치적

함의 같은 것은 별로 없는 지극히 순수한 상태이기도 하다. 이 상태는 세속적 차별보다는 초월적 무차별이 훨씬 강하다. 옳고 그름을 가리는 정의보다는 일체를 포용하는 자비를 중시한다.

이에 비해 하느님 나라는 사회성이 강하고, 정의와 평화의 실현이라는 사회적 혹은 정치적 함의도 있다. 초역사적이면서도 역사 내적이기도 하다. "뜻이 하늘에서 이루어진 것처럼 땅에서도 이루어지이다." 하는 〈주기도문〉의 기도처럼, 하느님 나라는 현세와의 연계성이 강하다. 그럼에도 불구하고 인간이 창작하는 세상이 아니라 하느님으로부터 오는 세상이라는 점에서 하느님 나라의 주체는 하느님이다. 살아생전 하느님 나라의 구현을 위해 투신하기도 하지만, 궁극적으로 보면 하느님 나라는 인간이 생각하는 차별의 세계와는 다르다는 뜻이다.

이런 맥락에서 보면, 열반의 진정한 주체도 인간이라기보다는 불성·진여, 즉 진리의 세계다. 진리가 먼저 이루어져 있기에 인간이 그 진리에 맞게 변화될 수 있는 것이다. 그럼에도 불구하고 불교에서 말하는 열반은 사회정치적 이상 세계이기보다는 그런 세계로부터 자유로운 순수한 세계에 가깝다. 특히 죽음 이후의 열반, 즉 사후 열반은 '나'라는 존재가 완전히 사라진 순수 세계이며, 절대 평화와 희열의 상태로 묘사되기도 한다. 순수의식, 본각(本覺), 참나[眞我]로 불리기도 한다.

열반의 순수성에 비해, 하느님 나라는 지상적 '나'의 정체성이 어떤 식으로든 보존되는 경향이 있다. '나'라는 정체성이 유지되는 듯한 이런 분위기를 불교적 관점에서는 불완전한 것으로 볼 수도 있다. 그럼에도 불구하고 궁극적 차원에서는 하느님 나라도 나와 너의 구별이 사라지고, 심지어 나와 하느님의 거리마저 사라진 세계라 할 수 있다. 지상에서의 '나'라는 의식마저 사라져 하느님과 완전히 하나가 되어 '하느님이 모든 것 안의 모든 것이 되는(고린도전서 15:28)' 세계다. 그런 점에서는 열반과 다르지만은 않다고 할 수 있다. 불교에서 진제(眞諦)와 속제(俗諦)로 구분하듯이, 하느님 나라도 궁극적 차원과 세속적 차원으로 구분된다고 할 수 있다.

3. 부활과 윤회

기독교의 근간인 부활 신앙은, 예수가 죽었다가 사흘 만에 다시 살아났듯이 우리 몸도 어떻든 다시 살게 되리라는 '희망'의 표현이다. 이때의 몸은 지상에서의 육체와 같은 것이 아니라, 굳이 이름 붙이자면 '영적인 몸(spiritual body)'이다. 영적인 몸을 입고 하느님의 세계에서 영원히 살게 되리라는 희망이 기독교적 종말론의 근간이다. 부활은 단순히 이승의 삶을 반복하는 소생과는 달리, 영원한 하느님과 함께하기 위한 몸의 근본 변화다. 부활은 인생의 궁극적인 목적이다.

윤회(samsara)는 살면서 행한 업(karma)에 따라 생사의 과정을 여러 형태로 되풀이한다는 인과 원리의 다른 표현이다. 물론 윤회 자체는 인생의 목적이 아니다. 무수한 윤회의 연결 고리를 끊고 열반으로 들어가는 것이 인류 최대의 과제다. 앞에서 얘기한 열반이 인생의 궁극 목적인 것이다.

기독교에서의 부활이 일회적 인생이 영원한 생명으로 이어지는 다리와 같다면, 불교에서의 윤회는 이미 셀 수 없이 반복되어 온 인생 자체에 대한 현상 보고다. 부활 신앙이 '나' 개인의 문제라면, 윤회적 사고방식은 나와 다른 사물 간의 상통성을 전제한다는 점도 다르다. 나의 믿음과 행위에 따라 내가 나의 모습으로, 즉 인간이 인간의 모습으로 다시 사는 것이지, 내가 다른 사물의 모습을 입는 것이 아니라는 말이다.

하지만 윤회적 사고방식은 내가 뿌린 씨에 따라 여러 형태의 삶을 결과로

얻을 수 있다는, 사물과의 근원적 관계성을 전제한다. 일회적 인생이냐 반복적 인생이냐, 개체적이냐 관계적이냐에서 부활 세계관과 윤회 세계관은 일단 갈라진다.

그러나 심층적으로 생각해 보면, 일회적 인생이라는 것에도 논의의 여지가 있고, 반복적 인생이라는 것도 그다지 이해 못 할 일도 아니다. 특히 자연의 순환 법칙을 중시하며 사는 이들에게는 나의 삶과 다른 사물의 연결이 당연한 일일 수도 있다. 가령 '나'는 어디에서 왔으며, 죽으면 어떻게 될까 곰곰이 생각해 보면, '나'라는 존재는 어머니 배 속에서부터 시작된 것만도 아니고, 내 육체의 죽음으로 끝나는 것만도 아니라는 사실을 알 수 있다. 단순히 시대적으로만 거슬러 올라가 나의 기원은 조부모·증조부모를 거쳐 인류의 첫 조상과 연결된다고 하겠지만, 수평적으로 놓고 보면 나의 기원은 햇빛·빗물·땅속의 양분과도 연결된다. 그런 것이 없다면 오늘 밥상에 놓인 쌀이 없었을 테고, 나도 그런 것을 먹고 사니 나는 전 우주와의 합작품이 되는 셈이다.

나의 어머니가 나를 낳기 전에 습득했던 지식과 취했던 양분도 나와 무관할 수 없다. 이런 식으로 따져 보면 나를 나 되게 해 준 원인은 셀 수 없을 만치 많다. 그 모든 것들이 나를 나 되게 해 준 주요 원인들이다. 이런 것들이 없었다면 오늘의 내가 될 수 없었기 때문이다. 이러한 사실을 두고 그리스도인은 나를 나 되게 해 준 것들의 근원을 '하느님'이라고 표현하며 고백한다.

나아가 내 몸이 죽으면 나의 일부인 육체가 썩고 그것을 양분으로 받아들풀은 싹을 틔운다. 그 들풀을 먹고 송아지가 자라나니, 들풀과 송아지도 나와 무관하지 않다. 이렇게 분명히 나의 몸은 사후에 다른 개체의 몸 속으로 들어간다. 이 점만 놓고 보면 인간과 짐승 간에도 장벽과 차별이 있을 수 없다. 한 줌 흙이 되었다가 다른 몸으로 태어나 다른 삶을 살 수 있을 가능성은 누구에게나 어디서나 얼마든지 있을 수 있는 일이기 때문이다.

이런 사실을 염두에 두고서 불자들·고대 인도인들은 나는 죽어서 송아지가 될 수 있다는 식의 윤회적 사고방식을 키워 왔다. 설령 기독교인이라고 할지라도 솔직한 눈으로 보면 얼마든지 이해할 수 있는 세계 해석이다. 이렇게 깊숙한 부분까지 성찰하고 보면, 부활과 윤회는 그렇게 단순하게 분리될 수 있는 별개의 현상만은 아님을 알 수 있다.

그러나 이것은 인간이나 다른 생명체의 '몸'만을 놓고 볼 때의 이야기이다. 그런데 어찌 몸만 가지고 인간이라 할 수 있겠는가. 인간을 인간 되게 하는 가장 결정적인 근거는 내가 어떤 정신으로 어떻게 살아왔는가 하는 점일 것이다. 하느님께서 내가 어떤 몸을 지니고 있느냐가 아닌, 어떻게 살아왔느냐를 기준으로 당신의 영원한 안식처에 받아들여 주시리라는 기독교적 희망의 정점이 부활이다. 그런데 윤회 역시 내가 어떻게 살아왔느냐와 관계된다. 더 나아가 열반에 드느냐 못 드느냐와도 연관된다. 이렇게 현재적 삶이 죽음 이후를 결정한다는 도식에서 부활과 윤회는 닮아 있다.

그럼에도 불구하고 차이가 있다면, 만물의 궁극적 원인이자 창조자로 간주되는 인격적 절대자를 전제하느냐, 비인격적 원리를 있는 그대로 따르느냐 하는 점이다. 인간 이전에 선재하면서 세상의 원리를 주관하는 그 어떤 분을 인격적 차원에서 긍정하느냐, 아니면 인간 이전에 선재하는 세상의 원리 자체를 중시하느냐가 부활과 윤회의 결정적인 갈림길인 셈이다. 세상의 기원과 목적을 묻느냐, 무시이래(無始以來) 그래 온 원리를 그 자체로 인정하느냐의 차이라고도 할 수 있다.

기독교인이라면 하느님은 그 원리마저도 창조하시고 당신 섭리하에 두신다고 강조할 테지만, 불자라면 인간으로서 따르게 되어 있는 원리 자체를 더 중시할 것이다. 그럼에도 불구하고 이들을 '정오(正誤)'나 '우열(優劣)' 차원에서 판단하기는 힘든 노릇이다. 모든 우열 판단은 특정 기준하에서만 일어나는 일이기 때문이다. 하느님이 무엇이고, 열반이 어떤 것인지에 대한 해석은 폐쇄적일 수 없다. 이들에 대한 최종적 개념이라고 생각되는 것에서 다시 한 걸음 더 들어가 보면, 차별과 우열은 희미해지거나 사라진다. 묻고 또 물을수록 이들은 인간존재의 근원이나 궁극적 목적과 관련한 물음에 대한 저마다의 답이자 해석 체계들이라는 사실만 분명해진다. 불교와 기독교는 유구한 세월 동안 무수한 사람들에 의해 받아들여져 온 일종의 세계 해석들인 것이다. 이런 관점은 불교와 기독교의 교의 체계로 들어가도 마찬가지로 적용된다.

4. 공(空)과 하느님

초기불교는 사람을 관통하는 불변의 본질은 없다는 이른바 인무아(人無我)를 강조했다. 이때의 '아'는 실체성을 의미한다. '나'라는 것에 불변의 실체라는 것은 없다는 말이다. 후에 나온 대승불교는 인무아 외에 모든 법의 무아, 즉 법무아(法無我)도 강조했다. 사람만이 아니라 세상만사가 연기(緣起)적 존재이며, 일체 사물에는 자성(自性, svabhava)이 없다는 것이다. 즉, 무자성(nihsvabhava)이다.

사물에 자성이 없다면 사물과 사물 사이에 거리라는 것도 있을 수 없다. 나중에 화엄불교에서는 이것을 사사무애(事事無碍), 일즉다 다즉일(一卽多 多卽一)이라는 식으로 표현했다. 자성이 없으니 사물이 상호 융통, 융통 무애하는 것은 당연하다. 이러한 무자성이 제법의 법성(dharmata)이고 진여이며 실상이다.

그런데 사람은 언어와 개념의 마술에 휘둘려 실상을 보지 못한다. 세상만사는 사실상 가명(假名)으로 존재하는데, 언어는 가명을 실명으로 착각하게 만든다. 하지만 실상은 언어를 넘어선다. 언어도단의 세계다. 이 세계를 대승불교에서는 공(空)이라고 표현했다.

공(空)은 단순히 무(無)가 아니다. 만물은 일체의 자성이 없기에, 특정 언어로 규정되지 않는다. 언어로 규정되지 않는 이 세계를 표현하는 방법 중의 하나가 부정적 접근 방식이다. '공(空)은 비유비무(非有非無)'라는 식이다. 공은 유도 아니고, 무도 아닌, 즉 중도(中道)적 실재의 다른 이름이다. 아무것도 아니라거나 아무것도 없다는 뜻은 아니다. 지금 이런 방식으로 그렇게 있을 뿐이다. 공은 유 아닌 유, 즉 묘유(妙有)의 세계다. 이것을 『반야심경』에서는 '색즉시공 공즉시색(色卽是空 空卽是色)'이라고 표현했다.

공은 언어로 표현되는 세계가 아니다. 그럼에도 불구하고 위대한 사상가 용수(나가르주나)가 그랬듯이, 수단 및 방편으로서의 언어는 인정한다. 용수에 의하면, 언어라는 수단을 통해 표현되는 진리가 속제(俗諦)라면, 언어를 넘어선 궁극적 진리를 진제(眞諦)라 한다. 언어는 공 혹은 궁극적 진리의 세계를 표현할 수 없지만, 그렇다고 해서 언어가 아예 없다면 공을 알 수도 없다. 배가 있어야 강을 건너듯이, 속제를 통해 진제에 도달한다. 언어가 언어를 넘어서게 하는 수단으로서 의미가 있다는 말이다.

사물의 관계성에 기초한 이러한 공사상은 기독교 신학적으로도 의미가 크다. 공사상은 신학의 영역을 심화시켜 준다. 공의 관점에서 모든 존재가 의타적 가유(假有)이듯이, 모든 존재는 하느님께 의존하고 하느님에 근거를 두고, 하느님에게서 일시적으로 존재를 부여받았다는 사실을 공사상이 강화시켜 준다.

공사상은 인간이 하느님을 함부로 재단하고 평가하는 오류를 바로잡아

준다. 공이 그렇듯이, 하느님은 인간의 언어 안에 온전히 담기지 않는다. "만물 안에 계시고 만물을 꿰뚫어 계시며 만물을 위해 계시는" 하느님(에베소서 4:6)은 그런 점에서 공과 같다. '색즉시공 공즉시색'처럼, 하느님은 만물의 모습으로 있으면서 만물 안에 갇히지 않는다. 이것이 하느님의 초월성이다.

이 초월성이 인간을 겸손하게 만든다. 제한된 현실 너머로 나아가도록 요청하는 근간이기도 하다. 이것이 기독교의 독특성이라면 독특성이다. 이러한 실천은 불교의 윤리관에도 적절한 자극이 된다. 색즉시공의 세계는 자칫 악에 대한 저항 자체를 무력화할 가능성이 있다. 좀 더 거시적이고 심층적 차원에서 불교와 기독교를 상호보완적으로 보려는 자세를 갖추어야 한다. 상호 이해와 상보적 이해를 하다 보면, 불교와 기독교는 같은 실재를 달리 표현하는 위대한 가르침들이라는 사실이 더 분명하게 다가오겠기 때문이다.

VII. 불교와 기독교의 만남

명 법 (은유와마음연구소 대표)

1. 불편한 기억들을 너머

2,500여 년 전 아시아와 유럽의 중간 지역인 인도와 근동 지역에서 태어난 두 성자의 가르침은 동서양 문명을 형성한 가장 중요한 원천으로서 지금까지 그 영향력을 유지하고 있다. 17세기 이래 미미하게나마 서로의 존재를 인식했던 위대한 두 종교 전통의 만남은, 19세기 서양 제국주의와 식민주의의 압박 아래서 강압적이고 일방적인 형태로 이루어졌다. 그 불행한 만남으로 불교를 비롯한 아시아 전통 종교는 왜곡되고 폄하되고 또 공격을 받았지만, 깊은 상실과 함께 불교와 기독교 양 진영에서 모두 일방적인 찬양과 무시, 오해와 억측, 편견과 불만이 광범위하게 번져 가고 있다.

불교와 기독교는 그것이 성장해 온 지역의 문명 못지않게 서로에게 이질적이다. 신앙의 체계와 교리, 그리고 의례와 문화적 영향력에서 많은 차이가 있다. 내가 의식적으로 하나를 버리고 다른 하나를 선택했을 때, 그 차이들은 너무나 선명했다. 또한 승려가 된 이후, 자신도 모르는 사이에 지하철이나 대학 강의실에서 저주와 기피의 대상이 되어 있었다. 그렇게 차별당하고 공격받은 경험은 역으로 내 선택이 옳았음을 증명하는 강력한 증거가 되었다.

그러나 가해자가 아닌 피해자라는 사실이 곧 폭력에 대한 책임을 벗어나게 해 주는 것은 아니다. 스스로에게 무지와 오해, 편견을 허용한 만큼 그 폭력을 용인하고 부추겼을 것이기 때문이다. 하나에 또 다른 하나를 서로 다른 진영으로 대립시킨 만큼 그 책임에서 벗어날 수 없기 때문이다.

2. 공동의 지평을 찾아서

우리는 오늘 이처럼 지구의 반대편에서 비교적 서로 독립적으로 존재했던 두 원천의 만남에 대해 이야기하기 위해 모였다. 생각해 보면, 어린 시절 동네에서 만났던 탁발승의 모습과 해마다 소풍 가던 장소였던 산사의 기억은, 내가 다녔던 기독교 선교사가 세운 유치원과 잠시 기웃거린 성당과 교회의 십자가와 함께 혼재된 어린 시절의 기억을 만들고 있다. 그것은 저마다 조금씩 다르지만 대부분의 사람들이 공유하는 유년의 기억이다.

먼 조상들의 종교였던 불교는 역사적 존재인 나에게 유년의 저편 또는 집단무의식의 원형으로 내 존재의 한 부분을 차지하고 있으며, 철저하게 서구화된 한국 사회에서 우리의 물적·정신적 생존 조건이 되어 버린 근대 문명에 내재하는 기독교적 세계관 역시 동시대를 살아가는 우리에게 실질적인 영향력을 행사하고 있다.

우리는 종교인이기 이전에 한 사람의 인간이며 한 지역의 거주자이다. 우리는 서로 공유하는 것이 그렇지 않은 것보다 더 많다. 우리에게 주어진 삶의 기반은 더 많은 것을 나누고 더 많은 것을 공유하게 만든다. 우리가 시간과 공간을 두고 떨어져 있는 그들과 공감하고 공유할 수 있다면 한반도라는 공간에서 동시대를 사는 우리가 공감하고 공유하지 못할 이유는 없다.

근본적인 것을 지향하는 종교의 속성상 작은 차이가 큰 차이를 만들고 작은 오해가 큰 오해를 만든다. 그 차이들이 무시되거나 무화되어서는 안 된다. 그럼에도 불구하고 인간의 내적 경험은 많은 부분 동질적이다. 우리를 가르는 차이에도 불구하고 나는 그 동질성을 확인한 적이 몇 차례 있다.

　길상사의 관세음보살상을 조각한 조각가 최종태 선생님의 회고전 비평을 쓸 때 그 보살상이 전하는 모던한 감수성과 조각가가 들려준 자신의 종교적 경험은 그 경험의 보편성을 생각할 기회를 제공해 주었다. 조각가가 경험한 내밀하고 비의적인 순간은 많은 종교인들이 경험한 내면성의 경험과 일치했다. 모든 내면성의 경험을 동일하게 취급할 수도 없고 각각의 종교의 특수성을 무시해서도 안 될 일이지만 분명코 인간의 조건이 허용하는 내면성에 공통점이 있는 것은 사실이다. 나는 불교적 해석을 통해 그 경험을 이해했고 조각가에게 내 방식의 이해를 말씀드렸다.

　이른바 '심층 종교 경험'이 우리 시대에 좀 더 용이해지고 확산되고 있다. 기독교뿐 아니라 불교에서도 비슷한 현상이 나타나고 있다. 그러한 심층 경험이 더 많은 사람들에게 열려지는 원인을 정확히 파악할 수 없으나 우리 시대의 특징으로 기록될 정도로 대중화, 보편화된 것은 분명하다. 내가 그랬듯이 이 공통 경험으로부터 기독교와 불교의 만남이 가능하다고 생각한다. 이 내재성의 경험은 실제로 더 멀고 깊은 내면성을 향한 여정의 시작에 불과하지만, 각각의 종교가 서로 차이를 만드는 외피를 걷어내고 속살처럼 부드럽고 열려 있는 공동의 지평을 보여줄 것으로 기대한다. 또한 사회로부터 오는 압력에 대응하거나 또는 부응하여 모든 종교는 인간의 생존 본능보다 내면적 덕성 또는 선함을 이끌어 내고자 한다는 사실을 상기함으로써 서로에 대한 존중과 협력을 이끌어 낼 수도 있을 것이다. 내가 만난 많은 기독교인에게서 나는 그들의 선의와 그들의 고통, 그리고 여리고 여린 속내를 볼 수 있었다.

3. 차이를 통한 공존의 모색

그러나 불행히도 지금까지 종교는 인간의 삶에 대한 전면적인 영향력으로 인하여 정치적 권력과 개인적인 힘을 강화시키는 일에 더 능숙했을 뿐, 그 힘을 규제하는 역할은 소홀히 한 것 같다. 다시 말해, 종교의 규제적인 기능은 내적인 규제, 즉 도덕적 힘으로서 발휘되기보다 외적인 관계를 제약하고 그럼으로써 외적인 위계질서를 형성하는 데 주로 적용되었기 때문에 그 스스로 권력적인 것이 되었던 것이다. 따라서 시대의 변화와 함께 종교의 영향력을 새로이 변화시키는 일은 모든 종교의 과제라고 여겨진다.

이를 위해 우리는 자신의 종교 밖으로 나와야 한다. 그렇다고 다른 종교 속으로 걸어 들어가기보다 우리의 공동 지평, 즉 인간과 역사를 형성하는 현실로 걸어 들어가야 한다. 그때 서로의 차이를 무화시키거나 자신의 고유성을 저버리지 않으면서도 우리는 자신의 종교에 매몰되지 않고, 내면성의 공간에 유폐되지 않고, 인간의 보편으로 서로를 보살피고 서로를 책임지는 존재가 될 것이다.

종합토론

사회: 김근수

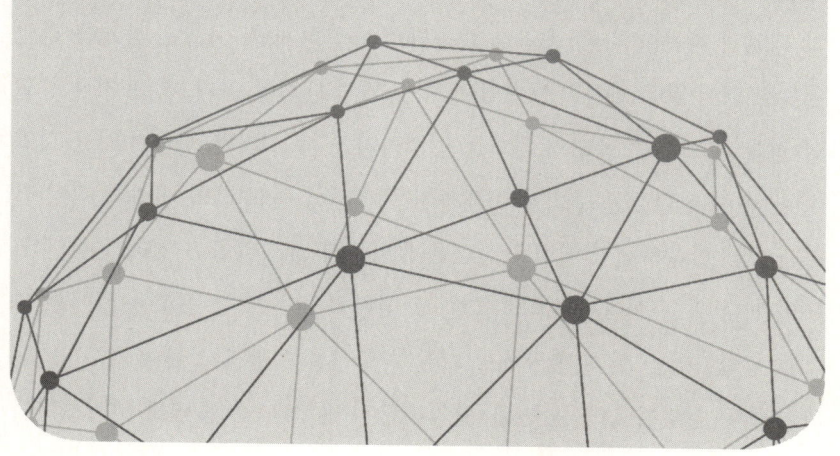

김근수　　제2부 마지막 발제까지 잘 들었습니다. 이제 남은 시간은 토론을 계속하겠습니다. 서슴없이 말씀해 주세요.

중보자 신앙

이관표　　먼저 말씀드리고 싶은 것이 있습니다. 조금은 변명 같은데요, 우리가 종교를 처음에 받아들이는 순간이 언제인가를 생각해 보면, 저만 하더라도 불안하고 죽음의 경험들을 나름대로 하고, 삶의 쪼그라짐을 경험할 때, 한마디로 말해 대개 부정적인 상황에서 종교를 만나게 됩니다. 여기 모이신 분들도 그렇고 저도 그렇고 어느 정도는 그것을 관조할 수 있는 상황이 되었기 때문에 다른 종교를 관용하며 대화하지만, 사실은 종교를 정말 필요로 해서 방금 입문하신 분들에게 종교 간 대화를 하자, 혹은 지금 종교의 경험 말고 다른 종교의 경험을 인정하자는 얘기는 결코 쉽지 않을 것입니다. 이런 상황들을 우리가 이해하지 못하면서 종교 간의 대화를 이어 간다면 앞서 말씀하신 것처럼 탁상공론에 머물게 되지 않을까 염려가 됩니다. 우리가 다 같은 이야기를 하고 있다고 생각하지만, 막상 종교를 선택한 사람들이 살아가는 삶의 현장에서 그들의 불안을 어떻게 보듬어 줄 것인가, 과연 좋은 설법과 설교를 통해, 불안해하지 말고, 다른 측면도 지켜보면서 자신의 문제를 해결해 보라는 이야기를 현장에서 할 수 있는지에 대해 의문을 가질 수밖에 없는 것으로 보입니다. 그런 것들도 한 번 생각해 봐 주시는 것은 어떨지, 발언을 기대하면서 제안합니다.

김근수   어른이 된 이후 종교를 택한 사람은 여러 가지 현실적 선택지가 있겠지요. 저처럼 본의 아니게 부모들이 강제로 데려가 세례를 받게 한 사람은 그런 생각도 없어요. 제가 성당에 가서 강의할 때 아주 잘 쓰는 말이 하나 있습니다. 종교는 죽기 3년 전에 택해라.(웃음) 종교는 너무 일찍 택하면 돈도 많이 들고, 고민도 많이 되고, 괜히 마음도 왔다갔다 힘드니까, 죽기 3년 전까지는 멋지게 살자고요.(웃음) 사실, 우리 몸을 치료하는 데 의료비의 90%는 죽기 전 3년에 집중된다고 해요. 그러면 똑같이, 우리도 죽기 전 3년에 종교에 내는 돈의 90%를 내고, 쌈박하게 하고 가는 게 제일로 효과적인 거예요.(웃음)

이관표   그래서 계속 말씀드리고 싶은 게 뭐냐면, '중보자 예수'에 대해서 불편하게 생각하시는 분들이 있는데, 앞서 언급한 가장 밑바닥 상황에서 종교를 신앙하기 시작했던 분들이 잡을 수 있는 유일한 개념은 중보자 개념일 수밖에 없었다는 점입니다. 불교 역시 보살도라는 것은 어떤 의미에서 중보자의 성격이 있습니다. 그리고 어려움을 당하고 해탈에 들어가지 못한 보통사람들에게 이 보살도는 큰 위로가 될 수도 있을 것이라 생각합니다. 나 홀로만 해탈하지는 않고 세속에 남아서 끝까지 다른 이들을 돕겠다는 각오로 자신을 희생하면서 일반 신앙인들을 다른 차원으로 연결해 주는 중보자로 보입니다.

기독교의 예수 역시 바로 이러한 의미를 지닌 중요한 중보자입니다. 다만 보살도와 다르게 신이 직접 육화하셨다는 의미에서 유일회적이라고 기독교는 말합니다. 물론 중보자 예수에 대한 논의에서 타 종교 사람들이 불편해 하는 이유는 그분의 십자가 구원 사건에 우리의 욕심과 욕망이 너무 많이 투영되어 있기 때문일 것입니다. 우리가 너무 불안하니까 '위하여' '때문에'가 지나치게 투영되었다는 것이지요. '내가 예수를 믿으면, 나를 구원시켜 주겠거니' 하는 인과율이 억지로 들어왔기 때문에 이것(중보자 개념)이 좀 더럽혀져 있는 것일 뿐입니다.

어제도 말씀드린 것처럼, 기독교는 인간이 아니라 신이 직접 고백을 합니다. 믿음으로 구원을 얻는다고 하지만, 그 믿음 역시 우리가 마음대로 할 수 있는 그런 원인이나 조건이 아닙니다. 신이 주는 것이고 예수 그리스도는 아무런 이유와 조건 없이 자신을 중보자로 내어줍니다. 따라서 인과율적 중보 개념을 끌어내고, 예수께서 그렇게 가셨던 것, 그런 길을 중보자 개념이 얘기하고 있다는 걸 좀 말씀드리고 싶었습니다.

김근수   예수가 죽기 전에 "나를 믿으라."는 말은 한마디도 하지 않았습니다. "나를 따르라."고는 말했습니다. 예수처럼 살라고 했지, 예수를 믿으라고 한 적은 없거든요. "예수 믿으면 천국 간다."고 말들 하는데, 요새는 '예수 천국, 교회 지옥'이라고 하잖아요.(웃음) 예수를 믿으려면 교회 가지 말고, 성당도 가지 마라, 예수를 따르려면 목사 신분은 멀리해라, 이런 말도 있잖아요.(웃음)

예수는 보살이다

김용표   저는 기독교를 교회를 통해서 공부한 게 아니고, 종교학의 일환으로 신학을 텍스트로만 공부했기 때문에 상당히 관념적일 수 있는데요, 제가 이해가 잘 안 되었던 것은 기독교인들이 "예수님이 십자가에 못 박혀서 당신을 구원했습니다."라고 이야기하는 대목이었습니다. 예수님의 죽음을 역사적으로 보면 당시의 종교적·정치적 기득권자와의 충돌로 인해 모함을 받아 사형을 받게 된 건데, 그게 왜 모든 인류를 구했다고 하는지 전연 이해가 안 가는 거예요. 그래서 미국에서 같은 학과에서 공부하던 어느 목사님에게 물었어요. 그분이 지금은 대형 교회의 중요 직분이 맡고 있는데, 그때는 저와 같은 클래스메이트였거든요. 예수님이 역사적으로는 정치적인 문제로 돌아가셨는데 어떻게 모든 인간과 세상을 구했다고 하는지 좀 설명해 달라고 했더니, 그분 하시는 말씀이, 보통 사람이 죽은 게 아니라 신이 죽었기 때문이라는 거예요. 그 말을 듣고, 무언가 새로운 신앙의 지평이 있다는 것을 어렴풋이 예감하였어요. 예수님은 자신이 신이며 신의 아들이라는 확신이 있었다는 그런 생각이 들었고요, 그다음에 예수님이 신의 아들이라고 확신하며 설한 그의 모든 성서 언어의 깊이를 이해하기 시작했습니다. 예수님의 설교는 불경에 비해 매우 간단명료하게 결론을 말하는 스타일이라는 데 주목하게 되었습니다. 그래서 예수님은 상당히 카리스마적이고 시적인 인간이었다는 생각이 들기 시작했어요.

예수님의 설교는 명료한 표현이라서 따로 설명할 필요 없이 직접적으로 다가오는 그런 선포식의 설교잖아요. 부처님의 설법하고는 상당히 스타일이 달랐습니다. 부처님은 원인과 결과의 논리를 중심으로 설명을 많이 하는데, 예수님은 설명보다도 결론만 선언적으로 말합니다. 삶에 지친 아픈 사람들이 골치 아프지 않게 쉽게 답을 해 주시니까 상당히 사람들한테 매력을 끄나 보다, 이런 생각을 했습니다. 아무튼 저는 예수님이 스스로 신의 아들이라는 확신을 가졌다는 점, 본인이 신과 늘 연결된 존재로서 신의 아들이라는 확신이 예수님으로 하여금 그렇게 권위 있는 설교를 하게 만든 게 아니었나 하는 생각을 합니다.

예수님이 신이며 신의 아들이라는 것은 '로고스'와 같은 개념으로 설명하면 불교인들이 쉽게 이해할 수 있을 것입니다. 또 예수님이 로고스와 하나가 된 체험과 신과의 깊은 교류의 경지에서 천국의 복음을 설한 분이라는 것을 이해하게 되었습니다. 예수님이 신의 아들이라는 확신적 체험을 기반으로 가르친 것이 '예수의 종교'의 핵심이며, 그 내용인즉 바로 사랑이라고 생각합니다. "원수를 사랑하라."는 설교는 상당히 감동적이거든요. 어떤 불교인이 들어도 보살마하살의 설법 이상으로 다가오는 말씀이죠.

그런데 '예수에 관한 종교'는 예수 사후에 여러 교파나 신학자들이 해석한 종교인데, 상당히 왜곡된, 말하자면 예수의 의도를 특정한 관점으로 환원한 점이 많아 보였습니다. 예수를 권력화하거나 상업화하였습니다. 마치 예수만이 진리의 전매특허를 낸 사람인 것처럼, 예수가 아니면 안 된다 하는 예수 중심 배타주의가 나오게 된 것입니다. 또한 교회의 성직자를 중심으로 한 세속적 권력화로 이어졌습니다. 성직자의 권력을 공고히 하기 위한 예수 절대화 작업에 몰두하여, 참된 천국의 길과 사랑의 실천보다는 예수에 관한 신앙을 먼저 강조하는 도그마적 종교, 즉 예수에 관한 종교를 만든 것이 아닌가 생각됩니다. 이렇게 발전한 예수에 관한 종교는 결국 예수의 종교를 계승하는 점도 있지만, 대부분의 경우에는 예수를 왜곡한 종교일 수밖에 없다고 생각하는 것입니다.

길희성 교수님이 어느 책에서 "기독교 역사는 예수를 배신한 역사"라고 하신 적이 있습니다. 절대화할 수는 없겠지만, 상당한 타당성이 있지 않은가 생각합니다. 그래서 결론은 예수의 종교로 돌아가야 한다는 겁니다. 예수의 종교의 밀교적인 요소의 핵심은 "하느님 나라는 너희 안에 있다.", "믿는 것보다는 신을 깨닫는 것이 더 중요하다.", "이웃을 네 몸과 같이 사랑하라." 등의 가르침이라고 생각합니다. 예수님은 한 성인으로서, 일체 유정을 구제하려는 보살님으로서의 위상을 지닌 분입니다. 이러한 의미에서 예수의 종교라고 불리는 밀교적 기독교는 불교와 매우 가까운 종교라고 봅니다. 그러므로 밀교적 기독교와 신비주의 전통은 기독교의 한 일파이지만, 불교의 한 종파라고 해도 좋을 것입니다.

이도흠 말씀대로 불교와 기독교가 자기 안의 타자를 바라볼 때, 곧 기독교에서 '토마스복음'의 가르침대로 신은 네 안에 있으니 믿음보다 깨닫는 것이 더 중요함을 인식하고, 불교에서 깨달음 너머의 초월과 신비에 대해 인지할 때 불교와 기독교는 언제든 대화할 수 있다고 봅니다. 제가 볼 때 (1) 지혜, (2) 자비와 사랑, (3) 믿음 또는 영성, 이렇게 세 차원이 있다고 봅니다. (1) 지혜, (2) 자비와 사랑 차원에서는 불교와 기독교가 그렇게 마주치지 않는 것 같아요. 학자들끼리, 신부님이나 목사님, 스님끼리는 대화가 잘 됩니다. 공통점에 고개를 끄덕이고 차이가 드러나면 외려 배우면서 수용하게 되지요. 쌍용자동차·희망버스·이주노동자 등 가난한 이들에 대한 자비와 사랑의 차원에서도 스님과 신부님, 목사님은 의기투합이 잘 됩니다.

하지만 (3) 믿음과 영성으로 가면 갈등이 많이 빚어지는 것 같습니다. 이 차원으로 가면 거기에 편견이나 이데올로기도 끼고 권력이 작용하고 이해관계도 생겨나면서 충돌합니다. 또 실질적으로 믿음이 맹목적이 될 때는 지혜를 상실해 버려 서로를 타자화합니다. 사실 기독교와 불교의 대립이라기보다는 맹목적으로 오독한 세력, 이른바 근본주의 기독교와 사이비 불교의 대립이라 할 수 있습니다. 양자가 부딪힐 때는 대화가 안 됩니다. 그런데 지금 말씀하신 것처럼 근본주의로 가는 사람들 중에는 불안감이나 공포에 의해 종교를 선택하거나 믿음을 유지하는 경우가 아주 많이 있죠.

예수의 종교와 예수에 관한 종교

김승철　'예수의 종교'와 '예수에 관한 종교'를 말씀하시면서, 우리가 '예수에 관한 종교'를 넘어서 '예수의 종교'로 가야 한다는 말씀을 하시는 것 같습니다. 역사적 예를 들자면, 하르낙 같은 사람이 예수의 종교로 가야 한다고 말한 경우입니다.『기독교의 본질』이라는 책에서 기독교는 헬라화된 왜곡의 역사이기 때문에 기독교의 본질인 예수 종교로 돌아가야 한다고 그랬지요. 그런데 하르낙이 말한 '예수의 종교'란 사실은 칸트적인 윤리의 종교이지요. 그것도 결국 '예수에 관한 종교'인 것입니다. 많은 사람들이 본질적인 원래의 예수의 가르침으로 돌아가야 한다고 얘기는 하는데, 그러나 그것은 많은 경우에 또 그 시대의 제약을 받기 때문에, 우리가 일종의 진공상태에서의 예수의 종교・예수의 가르침을 과연 어디까지로 봐야 할 것인가에 대해, 신약성서에서도 굉장히 큰 문제가 되고 있다고 생각합니다. 해석학적으로도 그것이 또 하나의 이데올로기 역할을 하는 것이 아닌가 하는 생각이 들어요. 사람이란 주어진 역사적 우연성이라는 것을 벗어날 수 없지만, 그러나 반대로 역사적 우연성을 거치지 않으면 또 보편이라는 것도 감지할 수가 없지요. 그러므로 중요한 것은 역사적 우연성에 대한 자기비판을 하면서 어떻게 타자를 이해할 것인가 하는 것이지, 역사적 우연성 자체가 문제가 된다고는 생각하지 않습니다. 그것은 그 누구도 부정할 수 없는 운명론적인 것이기 때문입니다.

　그런 점에서 '대속성'이라든지 '중보자 예수'를 말씀하셨는데, 사실 기독교 철학 내에서도 르네 지라르 등은 희생양 모티브를 굉장히 비판합니다. 그것은 어떤 공동체가 자기 합리화를 위해서 한 존재에게 모든 죄를 다 뒤집어씌우고, 그 존재를 죽임으로써 공동체가 다시 화해를 한다고 하는 논리입니다. 그런데 사실 예수의 죽음은 그런 희생양 모티브에 종지부를 찍기 위한 죽음이었는데, 그것이 신약성서 시대에 특히 히브리서에서 다시 부활해서 마치 예수의 죽음이 모든 인류에게 구원을 가져다준 것으로 오염되었다는 겁니다. 지라르가 얘기한 것도 결국은 우리가 예수의 가르침으로 가야 된다는 얘기였어요. 그런데 그 책을 쓰고 나서 나중에 지라르가 많이 바뀝니다만….

근본적인 물음은 이런 거예요. 불교에는, 인간이 도저히 자기 한계를 넘어갈 수 없기 때문에, 깨달음에 이를 수 없다는 절망감이랄까 하는 것, 혹은 그렇기 때문에 누군가의 도움으로 깨달음이라고 할지, 속죄라고 할지, 용서라고 할지, 회복이라고 할지 모르지만 궁극의 경지에, 누군가의 도움으로 내가 거기에 도달한다는 그런 인식이 불교에는 과연 없는지 한 번 여쭤보고 싶습니다. 자등명(自燈明)이라고 하지만, 도저히 나는 스스로를 밝힐 수 없고, 누군가의 은혜를 입어서 내가 깨달음을 얻었다고 하는 그런 차원은 불교에는 없는가 하는 것을 여쭤어 보고 싶습니다.

불교도 타력적이기도 하다

김용표　자력과 타력에 관한 문제 제기이신데, 종교에서 자력과 타력의 구분은 크게 문제될 수 없다고 봐요. 정토교가 아니라 할지라도 보통 불교 신자들이 불보살님의 자비와 가피를 바라며 기도하고 축원을 하거든요. 그럴 경우에 그 불보살님의 개념이 석가모니 부처님일 수도 있고, 법신이나 보신 같은 우주적인 부처님일 수 있습니다. 법신·보신·화신 등 삼신불은 항상 중생에게 가피(加被)를 내리는 존재입니다. 그런 면에서 대승불교는 거의 타력신앙이라고 봐야 하고요. 불교가 자력주의 신앙이다, 인본주의 종교다 하는 특징은 초기불교에 주로 해당되는 것입니다.

불교에서의 타력적 요소는 대승불교의 밑바탕에 깔려 있는 것이나 마찬가지예요. 타력의 요소가 법신불이나 보신불 사상으로 가면서, 법신은 편만하여 일체처와 일체시처에 항상 있다는 신앙으로 발전했어요. 이는 신의 상주성이나 편만성 같은 개념과 거의 같은 것이죠. 더군다나 정토신앙·관음신앙·약사신앙 등 대승불교는 거의 다 타력적입니다. 그런 유형의 불자들은 항상 부처님의 가피를 원하는 기도를 합니다. 절에 다니는 이유도 사실은 거의 이러한 타력신앙과 기복에 있습니다. 80퍼센트 이상의 불자들은 자력으로 성불하려는 목적보다는 타력신앙에 의지해 가피를 입어서 공부도 잘하고, 깨달음도 얻고, 그러면서 현세적인 이익도 얻으려고 합니다. 그러므로 자력과 타력을 구분해서 불교가 자력신앙이라고만 말하는 건 거의 맞지 않아요.

심지어 초기불교에도 타력신앙의 요소가 있거든요. 불제자들이 혼자 산에 가서 공부하려면 무섭거든요. 부처님은 제자들의 그런 무서워하는 마음이 일어날 때는 부처의 형상을 생각하거나 만트라를 외우라고 설한 경우가 발견됩니다. 일종의 타력신앙적 방편을 가르친 것이거든요. 그러니까 그 타력이라는 건 하나의 방편으로서 초기부터 있었고, 대승 정토종에 와서는 말세에 중생이 할 수 있는 게 아무것도 없기 때문에 오직 부처님의 가피로만 구제받을 수 있다고까지 설하고 있습니다. 특히 일본에서 발전한 정토진종의 교설은 그 구조가 절대 타력의 기독교와 거의 같다고 볼 수 있는 것입니다. 그러므로 가피나 타력의 기능이 인간을 얼마나 행복하게 해 주고, 위안을 주고, 힘을 주는가 하는 종교의 기능 문제로 보아야지, 가피만을 강조하는 불교를 비불교적이라고 보는 것은 옳지 않다고 생각합니다. 불교는 모든 가르침을 하나의 길과 방편으로 보기 때문입니다.

흔히 기독교는 타력종교이고 불교는 자력종교라고 구분하는 경우가 있습니다. 이러한 구분은 종교의 비교를 위한 방법론으로는 대단히 유용하긴 하지만, 사실은 하나의 유형을 절대화하는 과단순화의 논리에 빠질 수도 있습니다. 폴 틸리히의 이른바 역동적 유형론은 이러한 오류의 위험을 경계하기 위함이었습니다. 붓다의 설법 정신은 진리 자체를 가르친 게 아니라, 진리로 가는 길을 가르쳤다는 것입니다. 그렇게 보아야 불교를 바르게 알 수 있다는 뜻입니다. 진리로 가는 길을 가르친 것이니까, 그 길 자체를 절대화하기 시작하면, 그게 법집 즉 진리에의 집착을 일으켜 부처님의 가르침도 왜곡하는 오류가 생긴다는 것입니다. 원효는 이러한 차원에서 여러 대립적인 의견이나 진리에 관한 주장들을 하나의 방편으로 보아 수용하였고 어느 한쪽을 절대화하지 않는 진리 인식의 방법으로서 화쟁·회통의 해석학을 가르친 것입니다.

내가 한다는 생각을 내려놓아야 한다

명법   자력·타력 문제를 저는 좀 다르게 봅니다. 선불교 전통에서도 '줄탁동시(啐啄同時)'라고 하여, 새끼가 알 안에서 쪼는 힘과 어미가 외부에서 쪼는 힘이 합쳐져서 깨어난다는 말도 있고, 인연이 만나야 깨닫는다는 말도 있어요. 이 말을 실제 수행의 경험에서 이해해 보면, 깨달음은 자기가 원한다고 되는 것이 아니에요. 원해서 얻는 것은 깨달음이 아닌 거죠. 다시 말하면 깨달음이란 그 자체가 개체성이나 자아가 없는 것, 즉 나의 능동적인 활동의 결과가 아니지요. 그러니까 능동적이라는 말 자체가 아무 의미가 없는 단계인 것이죠. 그래서 실제 수행을 할 때 깨달음을 얻기 위해 내가 수행한다는 생각으로 수행하면 절대로 깨달음을 얻지 못해요. 그런 생각마저 내려놓았을 때 뭔가가 일어나는 거예요. 그렇게 본다면 그건 타력이라고 말해도 좋고, 자력이라고 말해도 아무 상관이 없습니다.

선불교는 자력적인 종교이고 정토는 타력종교라고 하지만, 정토도 사실은 온전히 타력이기만 한 것은 아닙니다. 그 역시 자기의식의 전환이 없으면 안 되지요. 그릇이 안 되면 누가 갖다 준다고 받을 수가 없습니다. 그래서 저는 정토나 선이나 근본적인 의식에서의 변화는 비슷하다고 생각합니다. 그 단계는 자력도 아니고 타력도 아닙니다.

그런 점에서는 어떻게 보면 기독교적 해석도 가능하다고 생각합니다. 이찬수 선생님께서 처음에 말씀하신 것처럼, 해석의 차이로 이해할 부분이 상당히 있다고 생각합니다. 물론 해석의 차이로 환원될 수 없는 것들도 많습니다. 비슷한 경험이라도 서로 다른 지점들이 있습니다. 예를 들어 도교의 수행 경험과 불교의 수행 경험이 비슷하면서도 서로 다른 지점이 분명히 있거든요. 기독교에서의 신과의 합일 경험과 불교에서의 깨달음이 다른 점이 있을 겁니다. 불교에서도 소위 사마타적인 명상 상태와 위빠사나적 명상 상태의 차이가 있습니다. 의식의 내면성 안에도 그 차원이 굉장히 다양하고 다르기 때문에 일괄적으로 말할 수는 없다고 봅니다. 불교가 강조했던 부분은 분명히 있지만, 어쨌든 깨달음의 상태가 개체성을 벗어난 것은 분명합니다. 그렇다면, 그것을 하느님이라는 이름으로 표현한다고 해서 특별히 문제가 될 것 같지는 않습니다.

또 한 가지는 기독교의 예수 그리스도도 이 문제로 설명할 수 있다고 봅니다. 왜 기독교에서 예수라는 중간자를 두었느냐는 거잖아요. 하나님의 뜻이 직접 실현되면 될 것이고, 처음부터 그렇게 창조하면 되는데 왜 굳이 그렇게 하지 않았냐 하는 문제잖아요. 그것은 불교에서 왜 번뇌가 있느냐 하는 질문과 같은 이야기 같습니다. 불교에서 번뇌는 우연히 일어난다고 합니다. 기독교에서 말하는 원죄도 우연히 일어난 것이라고 볼 수 있습니다. 물론 기독교에서는 인간의 잘못이라고 보지만, 인간이 창조주 하나님의 창조물이라면 그 몫은 창조주인 하나님에게로 돌려져야겠죠. 그런데 신을 그런 불완전한 존재로 설명할 수 없으니까 죄를 우연적인 것으로 설명을 하게 된 것으로 보입니다. 그래야 죄에서 벗어날 수 있다는 논리가 가능해지거든요. 물론 그것이 논리인지 진실인지 문제가 남아 있지만, 아무튼 논리적으로는 충분히 설명 가능합니다. 그래서 하느님의 뜻이 구현되는 과정, 즉 역사의 과정이 나온 게 아닌가 생각합니다.

저는 그것이 기독교의 훌륭한 특징이라고 생각합니다. 역사가 되려면, 하나의 구체적인 실재를 드러내고, 그것을 통해서 구현됨을 보여주어야 하는 거죠. 불교의 법신과 보신 개념으로 비추어 보면 이해가 됩니다. 불교에서도 법신이 법계에 편재한다고 하지만, 그 편재성이 드러나기 위해서는 결국은 구현되는 과정을 동반할 수밖에 없거든요. 그것은 형이상학 자체의 구조들이에요. 그 구조는 불교도 비슷하고, 기독교도 비슷하고, 심지어 신유학에서도 그렇습니다. 다만 차이는 불교에서는 법신의 편재함, 다시 말해 개개인을—개인이라고 하면 말이 좀 맞지 않지만—불성을 지닌 존재로 이해하는 점이 다르지 않나 생각합니다.

김승철 그것이 바로 신앙 아닌가요? 개개인이 자체 내에 불성을 간직하고 있다고 믿고 확신하는 것, 그것을 우리는 신앙이고 믿음이라고 부르는 거라고 봅니다. 『화엄경』에서 '믿음은 모든 공덕의 어머니'라고 한 것도 그런 의미가 아닐까요?

명법 그렇죠. 그런데 근본적으로 보면 그것은 하나의 이념이죠. 이념이지, 그것이 구체화하였다고는 볼 수 없어요. 하지만 그 이념을 구체화한 존재를 우리가 상정했고, 그 존재가 불교는 부처님이고 기독교는 예수님이거든요. 그렇기 때문에 신앙이 발생하는 거죠. 만약에 그게 없으면 신앙이 생기지 않죠. 그럴 때 불교가 기독교와 조금 다른 점은 개개인들이 그것을 자기 속에서 구현해 낼 수 있다고 본다는 겁니다.

기독교는 좀 더 당위론적으로 보여요. 제가 보기에 기독교는 당위론적으로 말하는데, 그래서 그것을 실현하려고 하는 굉장한 의지를 불러일으키는 것 같습니다. 그래서 사목이라고 하는 당위성이, 그리고 모든 존재를 사랑해야 한다는 당위적인 명제가 기독교 신도들에게 굉장히 큰 힘을 주는 것 같아요. 그런데 불교는 그 자체로 완성되어 있다는 개념이 강하기 때문에 당위성보다는 구현되어 있음을 자각함을 중시하죠. 그래서 그 이념을 현실 속에서 실현함, 그러니까 역사 현실 또는 사회 현실에서의 실천은 그다지 중요한 관심사가 안 되는 것 같습니다.

자력과 타력은 하나다

이도흠　　저는 자력과 타력을 이분법적으로 볼 문제는 아니라고 생각합니다. 이것도 연기적 내지는 대대적, 화쟁적으로 보아야 한다고 생각해요. 이분법으로 하면 초기불교와 선은 자력이고 대승과 정토는 타력이라고 보지만, 초기불교와 선도 타력이 없이는 안 됩니다. 스스로 발심하고 수행정진하여 깨달음에 이르려 하지만 어느 순간에 부처님의 가피를 받지 않으면 진정한 경지에 이르지 못합니다. 또 정토신앙에서 이름만 불러도 아미타불의 원력으로 정토왕생을 할 수 있다고 하지만, 『삼국유사』에서 노비 출신으로 부처가 된 욱면(郁面)처럼 지극한 정성을 내지 않으면 안 됩니다. 이찬수 교수님께서 "무한한 초월자가 제한된 인간 안에 들어올 수 있으려면 인간이야말로 애당초 무한한 초월자와 교감할 수 있는, 무한한 가능성을 지닌 존재여야 한다."라고 말씀하신 것처럼, 인간 자신의 자력적인 노력과 하느님의 은총/부처님의 가피가 하나 될 때 구원/깨달음은 이루어지는 것이라 생각합니다.

이찬수　자력과 타력이 만나고, 기독교와 불교가 만날 수 있다는 말씀에 동의합니다. 다만 자력이니 타력이니 하는 말의 의미를 좀더 분명히 해서 둘이 만나는 지점을 명확하게 하고 싶은데요. 자와 타는 단순히 개체적 나와 너·공간적 안과 밖의 문제라기보다는, 능동과 수동·경험과 선험·시간과 영원과 같은 차원의 문제라고도 생각돼요. 아까 나온 얘기입니다만, 가령 연기는 발명된 것이 아니라 발견된 것 아닙니까. 연기를 깨달을 수 있다는 말은 세상이 본래 연기적이기 때문입니다. 『대승기신론』에서 말하는 본각(本覺)과 시각(始覺)의 논리가 이와 통하죠. 본래 그렇게 되어 있으니까 비로소 그렇게 될 수 있는 거죠. 본래 깨달아 있으니까 비로소 깨달을 수 있는 거예요. 깨달을 수 있도록 되어 있으니까 언젠가 깨닫게 되는 거죠. 깨달을 수 있도록 되어 있는 측면을 '타력'이라 하고, 비로소 깨닫는 측면을 '자력'이라 그러는 것으로 봐야 하지 않을까요.

믿음도 그렇습니다. 믿음을 내가 자력으로 하는 것처럼 상상하지만, 믿어져야 믿는 거지, 믿어지지 않는데 어떻게 믿나요? 어느 정도 수동적으로 믿어지는 측면을 중심으로 타력이라고 명명했을 뿐입니다. 기독교에서 믿음조차 은총이라는 말을 하는 것은 이런 맥락입니다. 그렇게 믿어진 상태를 자기중심적으로 해석해서 내가 능동적으로 믿는다는 식으로 말하지만, 근원적으로 상상해 보면, 어느 시점에 믿어지게 되었다는 사실에 대한 좀더 주체적인 표현에 지나지 않을 겁니다. 신께서 나를 영원부터 구원으로 선택했다는 식의 말은 그런 의미라고 봅니다. 기독교가 타력을 강조하는 것처럼 보이는 것은 이런 세계관 때문입니다.

제 눈에는 불교도 마찬가지로 보입니다. 본래 깨달을 수 있도록 되어 있는 측면을 긍정한다면 불교도 타력적일 수밖에 없는 거죠. 새삼스럽게 깨달을 수 있는 '나'라는 것도 없다고 하지 않습니까. 그런 의미에서 '내'가 한 게 아니죠. 원천적인 차원에서 보면 그냥 그렇게 되어 있는 겁니다. '타'라는 말은 다소 어색하지만, '나'라는 별도의 주체가 그렇게 하는 것은 아니라고 본다는 점에서는 '자'력도 아닙니다. 기독교가 타력종교라고 말할 때, 마치 인간 밖에 있는 어떤 신적 존재가 인간에게 무슨 전파 같은 것을 보내서 조종한다는 식의 타력을 상상해서는 안 될 것 같습니다. 종교들에서 시간 내 깨달음이 시간을 넘어 보편과 영원으로 연결된다고 말하는 것은 이미 보편과 영원 안에 있는 인간의 원천적인 현실을 전제하지 않고서는 성립할 수 없는 말일 것입니다. 불교와 기독교의 구원론은 비슷한 양태를 보여주는 것 같아요.

큰 구원과 작은 구원들

손원영 저는 좀 다른 맥락에서 생각해 보고 싶은데요, 기독교에서의 구원의 의미는 어느 하나로 단순화하기 어려운 게 있단 말이죠. 예를 들면, 히브리 신앙에서 구원이라고 할 때, 그것은 이스라엘 백성들의 근원적인 경험을 의미했어요. 억압받던 애굽에서 탈출한 민족적 해방의 경험으로 구원을 이해했단 말이죠. 종의 신분에서 해방된 생존적 경험이 구원이었다는 겁니다.

그런데 기독교가 로마의 국가 종교가 되고, 희랍의 영향을 받으면서 구원의 개념이 상당히 내세 지향적으로 바뀐 것을 알 수 있습니다. 해방 지향적인 개념보다는 우리의 육신이 죽어도 영혼이 내세에 가서 영원히 산다는 식의, 우리의 영혼이 지옥이 아니라 소위 천국으로 이동하는 것으로 구원을 이해했죠. 저는 종교개혁이 전통적으로 가지고 있었던 가톨릭교회의 구원 개념을 소위 모던화시킨 것이라고, 좀 더 현재적인 언어로 표현하자면, 심리학적으로 변화시킨 것이라고 생각해요. 예컨대 우리 각자가 죄의식을 갖고 있는데, 그 죄의식으로부터 벗어나는 것이 구원이다, 루터는 그렇게 해석해요. 물론 제도적인 개신교에서는 여전히 가톨릭교회와 같은 내세적인 구원 개념을 많이 얘기하지만, 최근에 기독교 신학에서도 해방신학에서는 구원의 의미를 정치경제적 차원에서의 해방으로 본다든지, 또 불교와 심층적으로 통한다고 보는 밀교적 기독교의 맥락에서는 깨달음으로서의 구원을 얘기한단 말이죠.

기독교에 이렇게 구원 개념이 많았는데, 이런 개념들을 균형감 있게 사람들에게 소개하기보다는 특정한 하나의 개념을 강요해 온 측면이 있다는 거예요. 예를 들어 가톨릭교회의 경우는 지난 이천 년 가까이 국가 종교화하고, 법으로 구원의 개념을 제약시켜 버리니까, 그걸 안 믿으면 마치 큰일 나는 것처럼 생각하게 되잖아요. 심지어 많은 사람들이 죽기도 하고 박해 받기도 하고 그렇게 되는 거잖아요. 지금 현대에 와서는 이런 다양한 형태의 구원 개념을 기독교 교회 내에서 덤덤하게 소개하는 그런 단계에 있지 않은가 하는 생각이 좀 듭니다.

그런데도 여전히 과거의 특정한 구원의 개념을 너무나 절대화하면서 부작용이나 갈등 같은 것들이 생긴 것 아닌가 하는 생각이 듭니다. 기독교의 경우에 구원의 개념이 이렇게 많다면, 불교 내에서도 그 밖에 강조되어야 할 다른 부분들과 서로 만날 수 있는 여지들이 더 많지 않겠는가 생각을 합니다.

원영상 제가 설명을 좀 드리자면, 이 문제는 종교 발생적 차원에서 볼 필요도 있다고 봐요. 주지하다시피 인간에게는 생로병사라는 한계상황이 있습니다. 예를 들어 암에 걸려 병원에 입원해 있는 어떤 사람이 "내가 왜 병에 걸렸느냐?" 하는 물음에 대해 의사는 "하루에 담배를 두 갑씩 피우니까 암에 걸릴 수밖에 없지 않느냐." 하고 대답했다고 칩시다. 그때 그 환자는 "제 친구는 세 갑씩 피우는데도 멀쩡하다, 나는 그 친구보다 적게 피웠는데 왜 그가 아닌 내가 암에 걸렸는가?"라고 반문한다면 의사는 대답하기 어려울 것입니다. 이 경우 환자는 삶의 한계상황을 느끼게 됩니다. '왜 하필 나인가?'라는 질문은 그를 한없는 고독 속으로 밀어 넣습니다.

이러한 한계상황 중에 가장 큰 것은 역시 죽음의 문제입니다. 엘리자베스 퀴블러 로스(Elizabeth Kubler-Ross)가 1968년에 출판한 『죽음과 죽어감에 대하여(On Death and Dying)』에서 언급한 죽음의 5단계인 부정→분노→타협→우울→수용 가운데 맨 첫 번째가 부정인 이유는 이러한 한계상황을 인간이 받아들이지 못하기 때문입니다. 불타(佛陀)는 이 문제를 냉철한 이성으로 간파했다고 봅니다. 우리 인간의 육체와 정신을 둘러싼 색수상행식(色受想行識)의 오온(五蘊)을 위빠사나(vipaśyanā)라는 수행으로 관찰함으로써 자연적인 무상(無常)의 흐름을 파악한 것입니다.

그렇지만 보통의 인간은 이 무상을 무시하고 순간의 존재에 집착하는 어리석음을 범하면서 고통에 빠지고 있다고 봅니다. 그것이 바로 무명(無明)입니다. 그런데 기독교적인 입장에서는 인간의 고통이나 괴로움의 근원을 제1원인에게 돌린 것이 아닌가, 이런 생각이 들어요. 따라서 신앙을 통해 인간고(人間苦)의 원뿌리 자체를 잘라 버리고자 하는 구원의 희망이 개입되는 것 같습니다. 이렇게 보면, 불교나 기독교나 양쪽이 다 인간의 한계상황을 어떻게 처리할 것인가에 대한 고민으로부터 발생한 것이 아닌가 하는 생각이 듭니다. 즉, 기독교는 신앙적인 관점으로 발전했고, 불교는 지혜의 관점으로 흘렀다고 봅니다. 이렇게 해서 역사적으로 양쪽 종교의 성격이 형성되었다고 생각합니다.

　그런데 불타 열반 후 300~400년 후부터 대승 경전들이 인도에서 발생하거든요. 기독교도 그 무렵 팔레스타인에서 성립되고 있습니다. 이러한 역사를 살펴보면, 앞에서 명법 스님이 말씀한 것처럼, 인간이 느끼는 불안이나 고뇌의 해소를 위해 당시의 기독교에서는 불교와는 다른 신적인 개념을 확산시키고 있습니다. 불교는 초기불교로부터 멀어지는 한편으로 대승불교가 발전하면서 정토사상과 같은 구원 중심의 종교적 현상도 나타나기 시작합니다. 대승불교의 시기상응(時機相應)이라는 말은 시대적 상황과 인간의 근기에 따라 구제를 위한 불법의 방편이 다양해야 한다는 사유의 발전이라고도 할 수 있습니다.

　그런데 이찬수 교수님이나 길희성 교수님이나 또는 서구의 학자들을 보면, 기독교의 비교 대상을 초기불교보다는 후대에 발전한 대승불교로 삼고 있습니다. 결국 대승불교의 실체론적인 측면이 기독교와 부합하기 때문이 아닌가 생각합니다. 예를 들어 불교의 신화적인 개념들 가운데에는 예수와 같은 역할을 하는 아미타불이 존재합니다. 여기에는 뭔가 오버랩이 되는 부분이 있습니다. 발생 시기가 겹치고, 역사가 흐르면서 서로 비교 가능한 그런 사상들이 자연스레 축적되었다고 봅니다.

　일본 불교 최대 교단인 정토진종(淨土眞宗)의 조사 신란(親鸞, 1173-1263)이 정토신앙을 끝까지 밀고 나가는 중에 내린 결론은 악인정기설(惡人正機說)입니다. 악한 사람일수록 구원에 이르는 길이 더 빠르다는 의미이기도 합니다. 자칫 죄를 더욱 짓게 만드는 위험성이 있는 언설입니다. 또 실제 이 말을 자기 식대로 해석해서 사람들을 혼란에 빠뜨리기도 했습니다. 그러나 그 진정한 의미는 말법 혹은 말세의 시대에 모든 중생들이 번뇌로 오염되어 구원받을 길이 없게 된 상황에서 오히려 믿음을 통해 구원되는 길이 더욱 크게 열렸다는 것을 강조하는 언설입니다. 악인정기는 만인정기(萬人正機)인 것입니다.

이러한 논리는 기독교와 거의 닮아 있다고 봅니다. 거기에 또 하나 중요한 것은 신란은 믿음 자체가 깨달음의 기반이 되는 불성(佛性)이라고까지 보았다는 것입니다. 믿음을 통해 왕생극락의 티켓을 확보하고, 불퇴전의 위를 얻어 마침내 부처가 되는 길을 확보한다는 의미입니다. 신학자 폴 니터(Paul F. Knitter)가 이웃 종교와의 대화를 위해 그리스도 중심주의에서 신 중심주의로 이동하고, 다시 신중심주의에서 구원 중심주의로 나아간 것은 이러한 측면에서 큰 의미가 있다고 봅니다. 신란도 기독교적 입장에서 보면 기독교적 맥락을 공유하고 있지만, 결국 불교를 떠나지 않은 것입니다. 따라서 어떤 관점에 서서 종교를 바라볼 것인가, 어떻게 우리 인간의 문제를 해결하고자 하는가, 라는 시선을 갖추면, 양자의 대화는 충분히 가능하고, 이해되는 차원으로 넘어갈 수 있지 않을까 하는 생각이 듭니다.

이찬수　영어식으로 대문자 '구원(Salvation)'과 소문자 '구원들(salvations)'로 구분해 보면 어떨까요. 기독교와 대단히 비슷한 정토진종의 구원도 불교의 근본적인 구원 혹은 해탈관 안에서 이루어지는 일이고, 기독교의 구원 개념이 다양하다는 손 교수님의 말씀도 다양한 구원 개념들이 다 기독교적 구원이라는 틀 안에 있다는 의미일 테니까요.

어떤 구원을 강조하느냐의 문제

이도흠　종교를 발생이나 구원의 측면에서 보면, 대략 여섯 단계가 있다고 봐요. 첫째 단계는 인간이 자연의 공포, 또는 (선한 자가 자연의 재해·사고·권력에 의해 죽는 것과 같은) 세계의 부조리와 횡포에 맞서기에는 두렵고 불안하기에 절대자에 귀의하거나 의존해서 이걸 벗어나려 하는 것입니다. 둘째 단계는 언제인가 죽는다는 것에 대한 두려움 즉 인간의 유한(성)에서 기인한 실존적 불안에서 천국과 극락 등 내세에서 영생을 누리며 영원과 무한을 추구하고자 하는 것입니다. 셋째 단계는 인간의 죄와 악·분노·탐욕·어리석음을 없애고 몸과 마음 모두 인격적으로나 도덕적으로나 완성된 인간으로 거듭나거나, 비천한 세속적 삶을 벗어나 지극히 거룩한 세계로 초월하려는 것입니다. 넷째 단계는 미물의 움직임에서 우주의 작용에 이르기까지 삼라만상의 작용과 조화·아름다운 자연·인간의 모든 사유와 행위에 관여하거나 임재하는 절대자의 경이와 신비에 대한 믿음입니다. 다섯째 단계는 인간이 무지함에서 벗어나 이 우주 모든 생성과 작용의 근본·존재/자의 근원·궁극적 진리를 깨닫는 것입니다. 여섯째 단계는 타인이나 중생에 대한 자비와 사랑을 통한 구제/구원입니다.

이 여섯 단계가 비율이나 방점만 다를 뿐, 고등 종교에는 모두 있다고 봅니다. 이 여섯 단계 사이에 순서는 있을지라도 우열은 없지요. 다만 어느 단계에 더 초점을 맞추느냐에 따라 혹은 어느 것을 더 우선하느냐에 따라 교리와 해석이 달라집니다. 또 시대에 따라서 권력자들이 자신들에게 유리하게 강조한 것이 있습니다.

원영상 선생님께서 불교가 지혜의 종교라고 말씀하셨는데, 저는 이런 관점이 한국 불교 지도층과 권력층이 만든 이데올로기라고 생각합니다. 불교는 지혜와 자비를 쌍으로 합니다. 한마디로 지혜 없는 자비는 맹목이고 자비 없는 지혜는 공허합니다. 한국 불교는 간화선(看話禪)에 집중하면서 자비를 축소하거나 주변화하여 스스로 암자불교로 전락하였습니다. 대승의 요체가 중생구제인데 중생구제가 없는 대승이 된 것이죠. 중생구제를 하자고 하면 좌파인 것처럼 해석합니다.

한 예로 제가 희망버스나 쌍용자동차 해고 노동자 복직투쟁 현장에 연대의 형식으로 참여하면 왜 불자가 분노하느냐고 지적하는 분들이 적지 않았습니다. 백기완 선생님께서 "김진숙이 죽으면 나도 죽는다."는 심정으로 연대한 것은 해고되어 거리를 떠도는 노동자들의 아픔에 공감한 자비심에서 참여한 것이지만, 정권이나 자본에 대한 분노도 분명히 있었지요. 물론, 『법구경』을 비롯하여 대다수의 경전에서는 '분노가 분노에 의해 사라지지 않으며 오로지 자비에 의해서만 사라진다는 것이 영원한 진리'라는 요지의 말을 합니다. 『화엄경』에서는 분노가 악행 중의 악행이라고 지적합니다. 제가 찾아본 학술논문의 범위 내에서 보면 분노를 긍정한 불교 논문은 단 한 편도 없었습니다.

하지만 계속 경전과 관련 글을 뒤져보니, 『대방편경』에는 선장이 499명의 선원을 죽이려던 한 명의 선원을 죽여 499명을 살린 이야기가 있습니다. 여기서 세 차례나 설득을 시도했는데도 실패하자 499명을 살해하려던 선원을 죽인 선장이 바로 전생의 부처입니다. 이처럼 설득과 협상 등 평화적 방법이 무망한 상황에서 파사현정(破邪顯正)하는 지혜에 기초해 생명을 살리기 위하여, 모든 죽어 가는 중생의 고통에 연민하고 공감하는 마음에서 비롯된, 증오가 없이 최종 수단으로서만 폭력을 용인하는 분노는 더 큰 자비입니다. 한마디로 '정의로운 분노'는 이를 행사하는 개인이나 집단의 이데올로기의 소산일 수 있어, 경우와 맥락에 따라 다르지만, '자비로운 분노'는 정당합니다. 상대가 정권이든 높은 스님이든 부당한 권력에 대해서도 분노하지 못하게 하기 위하여, 혹은 이에 대해 의심하지 않고 관습적으로 수용하고 해석하는 바람에 저처럼 '자비로운 분노'를 긍정하는 해석이 이루어지지 못했다고 봅니다. 결론적으로, 두려움으로부터 벗어나려는 것부터 타인의 구제에 이르기까지 여섯 단계가 모두 다 구원입니다. 어느 것을 더 강조하느냐에 따라 차이가 생길 뿐이고 이는 그대로 소중합니다. 그런데 자신과 집단의 입장과 이해관계에서 어느 하나만 구원이라 할 때 교리가 충돌하고, 그 순간 교리는 편견 혹은 권력을 강화하기 위한 이데올로기로 전락합니다.

원영상   불교의 믿음 문제를 저도 고민하면서 바라보고 있습니다. 최근에 불교의 역사를 현대까지 어떻게 분석할 것인가 하는 틀을 만들다가 자연히 정리된 것이 있습니다. 그 내용을 간략하게 언급하자면, 불법승 삼보(三寶)를 시대와 지역에 따라 재해석하고 재구성했다는 것입니다. 이 삼보는 불보·법보·승보인데 초기불교에서 남방·북방·티베트 불교에 이르기까지 다양하게 해석하여 발전시켜 온 것입니다. 예를 들어 대승불교에서는 역사상의 부처인 석가모니불을 다양한 신화적인 부처로, 이 신화적인 부처가 여래장 사상을 통해 인간 개개인에게 구현 가능한 부처로까지 발전한 것입니다. 비록 비판불교에서는 철저하게 부정적으로 보기도 합니다만, 일단 역사적으로는 더 나아가 초목국토까지 부처로 보는 본각 사상으로까지 발전하게 됩니다. 삼보의 가르침을 당연한 것으로 생각하다가 논을 정립하기 위해 삼보의 근원을 찾아보니, 이미 불타의 교설인 『아함경』에서 삼보에 귀의할 것을 가르치고 있었습니다. 남방이든 북방이든 불교권에서는 지금까지 이 삼귀의 의례를 실천하고 있습니다. 이 귀의(歸依)는 믿음을 말합니다. 한때 부처님의 제자들이 불타 열반 후 경전을 결집하면서 삼귀의를 넣은 게 아닌가 의심하기도 했지만 그런 오해는 없어졌습니다. 진리를 발견한 자를 부처로 보는 관점이 이미 초기불교에서 확립되었고, 동시에 지혜의 종교이자 믿음의 종교라는 점도 이미 초기불교, 그것도 불타가 생존하던 시기에 확립되었다는 점도 인정된다고 생각합니다.

이도흠   부처님께서 가장 먼저 깨달으신 것은 연기법과 사성제입니다. 부처님께서 말씀하신 그대로 적은 경(經)·수트라(Sutra)에는 초기 때부터 지혜도 자비도 믿음도 다 있습니다. 이 세 가지가 종합되어 있는 것인데, 한국 불교가 근대 이후에 지혜의 종교로만 국한하는 바람에 대중 구제를 잘하지 못했고, 믿음도 소홀히 다루면서 결국 대중으로부터 외면을 받게 되었습니다.

김근수 대화가 다 재미있지만, 제가 사회자 겸 심판관으로서 말하겠습니다. 축구 시합이 다 끝났는데, 선수들이 30초만 더 뛰게 해 달라고 하면 안 될 것 같고, 정규 시합은 일단 여기서 끝을 내야 할 것 같습니다.(웃음) 이쯤에서 마무리하겠습니다. 제1부에서는 불교와 그리스도교의 접점을 연기·밀교·우상화 반대 이 정도에서 찾았는데, 제2부에서는 자력 및 타력 종교에 관한 새로운 논의·깨달음으로서의 구원에 대한 논의·자비로운 분노라는 개념에 대한 논의를 했습니다. 지금까지의 토론에서 불교와 기독교가 만나는 좋은 지점 5~6개를 찾았습니다. 이 정도면 놀라운 성과 아닙니까? 감사합니다. 그러면 이것으로 공식적인 제2부를 마치겠습니다.

제3부

불교와 기독교의 실천

VIII. 그리스도교 세계관과 불교
- 세상을 올바로 바꾸려는 투쟁과 올바로 보는 눈 _김근수

IX. 불교와 그리스도교에서 종교적 삶
- 윌프레드 캔트웰 스미스의 연구를 중심으로 _류제동

X. 붓다의 길과 예수의 길 _정경일

XI. 불교와 기독교, 아픔을 공유하다
- 개운사 훼불사건 및 불당회복을 위한 모금운동 일지 _손원영

VIII. 그리스도교 세계관과 불교
- 세상을 올바로 바꾸려는 투쟁과 올바로 보는 눈

김근수 (해방신학연구소 소장)

불교와 그리스도교를 어떻게 비교할까? 비교가 되는 관계이긴 할까? 아름다운 두 종류 꽃이 내 눈앞에 있다. 두 꽃의 차이를 알아내기 전에 두 꽃의 아름다움을 깊이 느끼고 싶다. 아름다운 불교 꽃과 아름다운 그리스도교 꽃이다. 시를 분석하기 전에 시를 실컷 감상하고 싶은 것이다. 종교는 진리 이전에 기쁨으로 우리에게 다가왔다. 그런데 학자들은 종교의 기쁨보다 진리를 우선하는 경향이 있다. 세상을 바로 보는 눈을 말하는 불교, 세상을 올바로 바꾸는 투쟁을 하는 그리스도교. 이렇게 외람되게 말을 만들어 보았다.

1. 그리스도교는 무엇인가?

1) 사상이 아니라 한 인간을 만나는 것

세상의 온갖 종교와 사상은 어떤 주장을 내세운다. 그리스도교 역시 그렇다. 그런데 그리스도교는 사상보다 한 역사 인물을 내세운다. 예수라는 사람이다. 그리스도교는 철학보다 역사에 가깝다. 그리스도교는 시보다 시인에게, 철학보다 철학자에게 더 관심 있다.

그리스도교는 어느 역사적 시점에 나타난 예수의 삶·말·행동을 철저히 연구하고 따르려 한다. 예수 믿기보다 예수 따르기가 더 우선이고 중요하다. 따르려면 알아야 하겠다. 예수 알기가 우선이다. 알아야 따르고, 따르면서 믿게 된다. 아인슈타인을 알지만 굳이 따르지 않아도 된다. 예수를 알고도 예수를 따르지 않을 수 있다. 그것은 아직 예수를 아는 것이 아니다. 예수를 따르는 그만큼만 예수를 아는 것이기 때문이다.

예수를 아는 방법은 많지 않다. 우선 성서를 보아야 하겠다. 성서 연구 없는 예수 알기와 예수 따르기는 없다. 성서를 모르면 예수를 모르는 것이다. 여기서 그리스도교의 특징 하나가 드러난다. 성서 없이 예수 없다. 책이 어떤 인물의 삶을 다 담을 수는 없다. 언어가 삶을 다 나타낼 수도 없다. 책과 언어의 한계를 알지만, 책과 언어에서 예수 알기를 시작하는 것이다. 예수에 대해 책에 담기지 않은 많은 전승과 이야기도 있다. 그것은 어떻게 할 도리가 없다.

성서의 예수는 곧 역사의 예수다. 더 자세히 말하면, 성서의 예수는 역사의 예수 일부만 발췌하여 소개한 것이다. 성서 저자들은 예수를 직접 본 사람들이 아니다. 전해진 이야기를 모으고, 지어 내고, 편집하였다. 성서의 예수는 가공된 예수이기도 하다. 좋은 메시지를 전하기 위해 없던 이야기를 지어내기도 한 것이다. 다른 방법이 있겠는가. 성서 저자들은 이스라엘과 주변 지역의 문화에 이미 있던 설화와 전승을 많이 끌어다 썼다. 시대 상황을 고려하고 자기 지식과 판단으로 해석하였다. 객관적 소개가 아니라 해석된 예수를 담았다. 성서의 예수는 역사 다큐가 아니라 신학 다큐다.

그리스도교는 인류 역사에 전혀 없던 독창적 사상은 아니다. 이미 여러 문화에 있던 내용을 수입하여 각색하고 편집하고 강조한 것이다. 그 판단 기준은 예수의 삶이었다. '역사의 예수'는 믿음의 그리스도와 대비되는 전문 용어로 성서학계에서 자주 쓰인다. 그 쓰임 말고도 '역사의 예수'라는 단어는 그리스도교의 핵심 특징을 나타내고 있다. 불교에서 '역사의 붓다'라는 용어가 있는지 모르겠다. 역사의 붓다가 역사의 예수처럼 비중이 있는지 모르겠다.

2) 해석이 아니라 변혁이 먼저

그리스도교는 세상을 해석하기보다 세상을 바꾸려 한다. 마르크스가 발표한 포이에르바하에 대한 11개 테제에서 "사회생활은 본질적으로 '실천적'이며, 이론 문제의 합리적 해결은 오로지 실천 속에서 발견될 수 있다."고 하였다. 그리고 "이제까지 철학자는 세계를 여러 가지로 해석했을 뿐이다. 그러나 중요한 것은 그것을 변혁시키는 것이다."라고 말한다. 사실 이 말은 철학보다 신학에, 그리스도교에 먼저 해당한다. 그리스도교는 세계를 해석하기보다 변혁하려 한다. 그 모범을 예수가 보여주었다고 믿는다. 해석이 아니라 변혁이 먼저임을 예수가 증거했다는 말이다. 그다음, 어떤 해석이 옳으냐의 문제는 어떻게 할 것인가? 세상을 바꾸려는 투쟁을 제대로 하려면 세상을 바로 보는 눈이 필요하지 않은가? 마땅하고 옳은 질문이다. 독재자도 세상을 바꾸려 한다. 세상을 바로 보는 눈을 이미 예수가 보여주었다고 그리스도교는 믿는다. 세상을 바로 보는 눈을 지니려고 우리가 새삼스럽게 애쓸 필요가 없다. 예수가 후대의 모든 문제를 미리 예측하고 해답을 제시했다는 뜻은 물론 아니다. 그 해답은 예수를 믿고 따르는 사람들 손에 달려 있다.

3) 가난한 사람을 우선 편들기

예수가 보여주었다는 '세상을 바로 보는 눈'은 무엇인가? '가난한 사람은 행복하다.' 이 한마디다. 그리스도교의 성서 전부를 한마디로 한다면 바로 이것 아닐까. 예수는 자본주의를 몰랐지만 돈의 매력과 마력은 잘 알았다. 예수는 자영업자 출신이었다. "하느님과 돈을 같이 섬길 수 없다."는 예수의 말은 자본주의 비판이다.

4) 예수와 그리스도교의 차이

가톨릭이 전제정치를 그리스도교에 소개한 원죄를 지었다면, 개신교는 자본주의를 그리스도교에 소개한 원죄를 지었다. 예수는 가난한 자는 복이 있다고 말했지만, 자본주의는 부자는 행복하다고 선언한다. 하느님과 돈을 함께 섬길 수 없다고 예수는 말했다. 예수와 자본주의는 상극이다. 전제정치는 권력자가 행복하다고 주장하지만, 예수는 힘없는 어린이들이 행복하다고 선언한다. 예수와 전제정치는 상극이다. 하느님과 권력을 함께 섬길 수 없다는 게 예수의 뜻이다.

개신교와 가톨릭이 누구에게 저항해야 하는지 명백하지 않은가. 그런데 개신교와 가톨릭은 그리스도교 역사상 단 한 번도 부자와 권력자에게 저항해 본 적이 없다. 아씨시의 프란치스코는 가난이라는 해답을 그리스도교에 제시했었다. 토마스 아퀴나스는 인간 이성을 그리스도교에 제시했다. 그러나 가난과 인간 이성이라는 제안은 권력에 도취된 가톨릭교회에서 짓눌리고 말았다.

예수와 그리스도교는 하늘과 땅처럼 서로 연결되지만, 하늘과 땅처럼 거리가 멀다. 예수를 믿으려면 교회에 나오라고 한다. 예수를 믿으려면 교회에 가면 안 된다는 말이 나오는 시대다. 어떻게 해야 하나? 사람들은 그리스도교에 무엇을 기대하는가? 예수를 알고 싶으니, 예수의 삶·말씀·행동을 설명해 달라고 요청하는가? 그보다 먼저 예수를 믿는다는 사람들이 어떻게 살아가고 있는지 먼저 지켜보고 있다. '예수는 누구인가'를 묻기 전에 '예수를 믿는다는 사람들의 삶은 어떠한가'를 먼저 보고 있다. '예수를 믿는다는 사람들의 삶은 어떠한가'를 보면서 또한 '예수를 믿는다는 사람들의 공동체, 즉 교회'는 어떠한가를 보고 있다. 예수 이전에 그리스도교 신자들과 교회를 먼저 눈여겨본다는 말이다.

2. 내가 보는 불교

1) 모든 것은 상대적이다

불교는 '절대'라는 단어를 꺼리는 것 같다. '모든 것은 상대적이다'는 말은 불교가 양보할 수 없는 제1 원리 같다. 그래서 우상화 위험이 적은 것 같다. 부럽다. 그런데 '모든 것은 상대적이다'는 말 자체도 절대적으로 주장할 수 있는가?

2) 모든 것은 연결된다

모든 생명과 인연과 운명은 서로 연결되어 있다. 연기 사상은 그리스도교의 원죄라는 말과 비슷한 것 같다. 연기가 인연의 긍정적 면을 강조한다면, 원죄는 인연의 부정적 면을 좀 더 강조한다.

3) 삶을 보는 키워드는 고통이다

불교는 삶을 주로 고통의 눈으로 본다면, 그리스도교는 삶을 주로 은총의 눈으로 본다. 불교는 고통을 보는 사람들의 시각을 먼저 바꾸려 한다면, 그리스도교는 고통스런 현실 자체를 먼저 바꾸려 하는 것 같다.

붓다는 걸인 종교를 창시했고, 예수는 노숙자 종교를 창시했다. 붓다와 예수에게 추종자들이 있었다. 그러나 예수는 붓다의 승가에 해당하는 특별한 모임을 따로 만들지는 않았다. 붓다가 승가를 중시하는 엘리트 노선을 취했다면, 예수는 가난한 사람들을 중시하는 민중 노선을 걸었다. 붓다는 위에서 아래로 향하는 전달 방식을 택하고, 예수는 아래에서 위로 향하는 방향을 택하였다. 불교는 유심론에 가깝고 그리스도교는 실재론에 가까운 것 같다. 방 안이 추우면 불교는 춥다는 생각을 버리라고 조언할 것 같고, 그리스도교는 군불을 때러 부엌으로 달려갈 것 같다. 둘 다 매력 있다. 세상을 올바로 보는 눈을 강조하는 불교와 세상을 올바로 바꾸려는 투쟁을 강조하는 그리스도교. 둘 다 인류에게 아낌없이 사랑받는 종교다.

4) 붓다와 불교의 차이

예수와 그리스도교의 차이처럼 붓다와 불교의 차이는 있는 것 같다. 붓다의 가르침과 붓다와 위대한 스승들을 아무리 자랑한다고 해도, 그것이 불교의 어두운 면을 해명하는 데 별다른 도움이 되지 못할 것 같다. 일부 성직자와 신자들의 선행을 아무리 소개한다고 해도, 그것이 그리스도교의 어두운 면을 해명하는 데 별다른 도움이 되지 못하는 것과 같은 이치다.

IX.
불교와 그리스도교에서 종교적 삶
- 윌프레드 캔트웰 스미스의 연구를 중심으로

류제동 (성균관대학교 한국철학과 초빙교수)

1. 종교적 삶의 초월성

필자에게 불교와 그리스도교의 매력을 깊이 느끼게 한 독보적인 학자가 윌프레드 캔트웰 스미스(Wilfred Cantwell Smith, 1916-2000)이다. 그는 종교적 삶이란 다음과 같은 네 가지 차원의 복합적인 상호작용이라고 주장한다.

(1) 각자가 전수받은, 제한된 형태의 축적적인 종교적 전통.

(2) 각자가 그 전통을 대면할 때, 그 자체의 잠재력 및 특수성을 포함하는 구체적인 인격.

(3) 각자가 삶을 살아가는, 매일 아침 새로워지는 구체적인 환경. 이것과 첫 번째 것에는 각자가 참여하는 공동체가 포함된다.

(4) 전통이 가리키는 초월적 실재(the transcendent reality). 이 실재와의 관계에서 우리는 종교적 삶을 살아간다.

간단히 말하면, 우리가 전수받은 종교적 전통의 빛을 우리의 구체적 인격으로 소화하여 매일 아침 새로워지는 환경에 대처하면서 그 안에서 초월적 실재와 만나는 삶이 종교적 삶이다. 우리의 구체적 인격과 초월적 실재의 만남이 종교적 삶을 이루는 것이다.

여기에서 필자가 최근에 특히 주목하는 것은 (3)의 '공동체'에 대한 언급이다. 우리가 종교적 전통을 전수받는 것도 공동체를 통해서이고, 매일 마주하는 가장 중요한 환경도 가족 및 동료와 이웃으로 구성되는 공동체이다. 스미스는 (1)과 (3)에서만 명시적으로 언급했지만 공동체를 통하여 이해되고 소화되는 종교적 전통에 의하여 우리의 인격이 형성된다는 점에서 (2)도 마땅히 공동체적인 것이며, 초월적 실재 또한 우리 이웃을 통하여 가장 뚜렷하게 의식하게 된다는 점에서 (4) 또한 마땅히 공동체적인 것이라고 하겠다.

그런데 이 넷 중에서 특히 네 번째 요소 없이는, 인류의 역사를 지성적으로 이해할 수 없다고 스미스는 단언한다. 그 위의 셋이 종교적 차원으로 고양되는 것은 그 안에서 초월적 실재를 만나기 때문이라는 것이다. 이 요소를 생략하고자 하는 사람들은 실제로 진행되어 온 사실에 대한 실증적 관찰자들이라기보다는 독단적 실증주의자들이라고 스미스는 비판한다.

2. 그리스도교 전통에서 종교적 삶 · 인간의 초월성에 대한 통찰

스미스에 따르면, 그리스도인들은 그리스도와의 만남을 통하여 자신과 이웃과 자신이 사는 우주에 대한 신뢰를 얻으며 그 초월성을 인식해 왔다. 그리스도인이 인격적(personal) 하느님을 섬긴다는 것은 외부인들이 쉽게 말하듯이 유치한 하느님을 섬기는 것이 아니라, 적어도 인간의 초월성에 대한 그리스도인들의 통찰을 이해해야만 비로소 제대로 이해될 수 있는 것이다. 이러한 맥락에서 스미스는 신약성서에서 우선적으로 신앙의 초점이자 그 새로운 개념화에서 중심이 되는 인격적 존재는 당연히 그리스도라고 하면서 그 의의를 다음과 같이 이야기한다.

그리스도인들의 운동은 예수가 그리스도라는 믿음을 가진 사람들의 집단으로서 흥기한 것이 아니라, 인류 역사상 새로운 인식이 솟구쳐 오르면서 흥기한 것이다. 즉 인류가 무엇일 수 있으며 도대체 어떠한 것인가에 대한 돌연히 새로운 인식, 이전에 신성하다고 불려 왔던 것이 무엇을 의미하는 것이고 무엇으로 이해되어야 하는가에 대한 새로운 통찰의 새벽이 동터 오면서 그 운동은 흥기한 것이다. 하느님이 그저 지성소에 높이 고양되어 계시는 것이 아니라, 한 작은 마을의 목수로 오셨다는 인식, 자기 자신과 자신의 이웃들과 프롤레타리아들과 술주정뱅이를 포함해서 인간의 가능성에 대한 새로운 인식에서 그리스도인들의 운동은 흥기한 것이다.

스미스의 이러한 주장은 일견 배타적일 수도 있는, 그리스도교가 '예수가 그리스도라는 믿음'에 갇히는 것을 넘어서 인간의 초월성에 대한 혁명적 통찰의 차원에서 그리스도교 전통을 새롭게 바라보게 해 준다. 지난 2000여 년 동안 그리스도교 전통을 통하여 사람들은 '한 작은 마을의 목수'에게서 하느님을 보고, '자기 자신과 자신의 이웃들과 프롤레타리아들과 술주정뱅이'에게서 하느님을 볼 수 있는 안목을 키워 온 것이다. 오늘날 한국의 어두운 상황에서 이러한 통찰을 받아들이는 것이 쉽지는 않다고 할 수도 있겠지만, 그 어둠이 어둠임을 드러낸 촛불의 밝음은 역설적으로 우리에게 인간에 대한 희망을 밝게 한다.

3. 불교 전통에서 종교적 삶

스미스에 의하면, 불교 전통에서 초월적 실재에 대한 확신은 붓다의 도덕적 삶에 의하여 가장 웅변적으로 증언된다. 스미스는 붓다를 비롯하여 불자들의 삶이 초월적 실재에 대한 신앙을 증언해 준다고 하면서 열반의 경지에 이르는 길의 근거가 되는 실재로서 다르마 곧 법(法)의 실재에 주목한다.

열반은 묘사할 수 없으며 논의해서 아무런 이득이 없는 아득한 실재이지만, 붓다는 누구에게나 즉각적으로 유용한 또 하나의 절대 실재를 보았고 가르쳤다. 곧 도덕법이다. 붓다는 우주적 흐름 가운데 하나는 확고하다고 가르쳤다. 사건들의 혼돈 가운데 한 패턴은 영원하다. 인간의 삶의 부침속에 한 가지 형태는 절대적이며 지고하며 신뢰할 수 있으며 구원의 효력이 있다. 다른 모든 것과 달리 한 가지는 확실하고 안정되어 있으며 굳건하고 지속적이며 항상 즉각적으로 다가갈 수 있다. 그것이 다르마, 곧 올바른 삶에 대한 진리이다.

여기에서 캔트웰 스미스는 다르마를 '도덕법(moral law)'이라고 해석하여 인간의 공동체적이고 도덕적인 삶의 중요성에 대한 붓다의 통찰을 강조하면서, 다르마의 절대성과 지고성을 뚜렷이 말하고 있다. 다르마의 절대성과 지고성에 대한 언급에 이어서 캔트웰 스미스는 붓다가 다르마의 창조자가 아니라 발견자에 지나지 않음을 강조한다.

붓다와 그의 추종자들은 단호하게 주장하기를, 싯다르타 고타마가 다르마에 대한 자신의 견해를 꾸며 내지 않았다고 하였다. 그는 그것을 발견했다. 붓다의 가르침은 기원전 6세기에 시작되었지만, 다르마는 항상 있어 왔다. 그가 가르친 다르마의 타당성이나 권위는 그가 현명하고 위대한 사람이었다는 사실에 의존하지 않는다. 거꾸로 그는 그것의 선재하는 진리를 깨달음으로써 현명하고 위대한 사람이 되었다. 그는 그리스어로 말하자면 선재하는 로고스라고 해야만 하는 무엇을 발견함으로써 붓다가 되었다.

다른 모든 것은 덧없다. 그러나 삿다르마(Saddharma) 곧 정법(正法)은 영원하다. 이러한 그의 설명은 붓다의 탁월함에 앞서서 있는 다르마의 역동성을 잘 부각시킨다. 다시 말하지만, 붓다가 현명하다는 것에 그의 가르침의 권위가 있는 것이 아니라, 다르마 자체의 역동성에 대한 깨달음이 붓다의 가르침에 권위를 부여한다. 다르마는 붓다에 앞서서 있는 역동적인 실재인 것이다. 여기에서 그는 다르마의 있음에 대하여 '존재하다(exist)'라는 말을 쓰지 않고 '있다(is)'라는 말을 쓰는 섬세함을 보인다. 그는 다음과 같이 말한다.

다르마가 항상 '존재해 왔다'고 말하는 것이 정당한지는 의문이다. 이제 우리는 다르마가 항상 '있어 왔다'고 말하고자 한다. 신이 여러 존재자 가운데 하나일 뿐이라는 것을 암시하기 때문에 '존재한다(exist)'가 신에게 적합한 말인지 의문스럽다고 하는 그리스도교 신학자의 상황과 매우 유사하다. 오히려 우리는 신은 있다고 말해야 한다. 신은 존재의 근거이다. 존재하는 것은 무엇이나 그를 통하여 존재하고, 있는 것은 무엇이나 그를 통하여 있어 왔다.

불교인들은 승의제(勝義諦) 곧 궁극적 또는 최종적 형태의 참된 법과 속제(俗諦) 곧 객관화되고 경험적인 가르침으로서의 법을 구별했다. 후자는 역사에 종속된다. 전자는 초월적인 것으로서 부처가 사람들에게 그것을 전하는 것으로부터 독립되어 있다. 선재하는 로고스와 비유되기에 합당한 것은 물론 승의제의 법이다.

신이 모든 존재의 근거로서 그저 '존재한다'라고는 말해질 수 없듯이, 구체적인 가르침 곧 능전(能詮)으로서의 다르마와 달리 그 가르침이 가리키는 초월적 실재 곧 소전(所詮)으로서의 다르마도 모든 존재의 근거로서 일개 존재자라고는 할 수 없다는 것이다. 다르마의 선재성을 이처럼 역설하는 캔트웰 스미스는 다시 다르마의 역동성에 대하여 다음과 같이 말한다.

서구학자들이 가장 강하게 주장해 온 것의 하나가 붓다는 사람이 스스로를 구원해야 하며, 그를 구해 줄 외부의 어떤 힘도 없다고 가르쳤다는 것이다.

붓다가 도덕적 삶에 대하여 다소 펠라기우스적 태도를 취했다는 것은 사실이다. 그는 각자가 도덕적으로 살 것인가를 스스로 결단할 수 있고 스스로 결단해야 하며 그 결단을 스스로 실천해야 한다고 굳게 믿었고 가르쳤다. 역사적 붓다에게 대속적(代贖的) 도덕(vicarious morality)은 없다. 그러나 붓다가 사람이 스스로를 구원할 수 있다고 믿고 가르쳤다고 말하는 것은 거짓이라는 점에서 그러한 (대속적 도덕의) 의미는 있다. 영원한 다르마가 없다면 사람은 스스로를 구원할 수 없을 것이다. 구원하는 것은 선재하는 법 곧 다르마에 따라 사는 것이다.

그렇게 살고자 하는 결단은 인간 자신의 것이다. 그러나 그러한 삶이 구원을 가져다 준다는 것은 인간에 앞서는 것이고 인간으로부터 독립되어 있는 것이다.

4. 종교적 삶에서 신앙

스미스는 종교적 삶에서 신앙의 의미를 다음과 같이 간결하게 이야기하는데, 이는 특히 자신의 삶에서 의미를 못 찾고 방황하거나 저열한 가치나 거짓된 가치를 좇는 풍조가 우심한 오늘날 절실하게 다가온다고도 하겠다.

신앙이 '통찰 더하기 헌신'이라면 신앙의 결여란 '피상성 더하기 아노미'(anomie)이다. 신앙이 가치를 인식하고 그 가치의 맥락에서 살고자 하는 역량이라고 한다면, 불신앙 곧 신앙이 없는 삶이란 그 어떤 것에 대해서도 믿음이 없는 무력함이다. 신앙이 확신과 신뢰라고 한다면, 신앙의 결여는 불안이다. 신앙이 인격의 통합과 온전함이라고 한다면, 신앙의 부재는 우리의 세속적인 시대에서 자아해리(自我解離, ego-diffusion)라는 명칭을 부여받아 왔다.

여전히 통계적으로 종교 인구는 많다고 하지만, 히키코모리(은둔형 외톨이) 현상과 같은 구체적인 문제 현상과 더불어 온갖 부정부패의 만연, 더 나아가 날로 우심해지는 양극화 현상 등은 오늘날 과연 종교적 삶이 건강하게 영위되고 있는 것인지를 되묻게 한다. 그러나 앞에서도 언급했듯이 2016년 말~2017년을 환하게 밝힌 촛불은 우리에게 새로운 희망이 될 것으로 기대해 본다.

X. 붓다의 길과 예수의 길

정경일 (새길기독사회문화원 원장)

1. "이 산의 또 다른 면이 있다"

1968년 가을, 토마스 머튼(Thomas Merton, 1915-1968)은 아시아를 여행하며 불교 수행자들을 만난다. 이미 일본의 스즈키 다이세츠, 베트남의 틱낫한 등과 교류하며 지적·영적으로 불교를 탐구하고 있던 수도자 머튼에게 이 아시아 여행은 불교를 더 가까이에서 더 깊이 체험하게 된 기회였다. 머튼은 인도에서는 달라이 라마와 차트랄 린포체를 만나 티베트 불교의 정수를 배웠고, 스리랑카 폴로나루와의 와불 앞에서는 불자의 공(空) 체험을 연상시키는 신비체험도 했다. 불교와 그리스도교의 경계를 자유롭게 넘나들며 가장 보편적 언어인 '침묵'으로 대화를 나눠 온 그였기에 불교 영성의 가장 깊은 곳에 도달할 수 있었을 것이다.

그런데 불교를 깊이 만날수록 머튼 자신의 그리스도교 신앙에 대한 물음도 깊어졌던 것일까? 약 두 달 동안의 아시아 여행 중에 쓴 머튼의 『Asian Journal』에는 그의 내적 긴장과 고투도 고스란히 담겨 있다. 히말라야 다즐링에 머물고 있을 때 머튼은 칸첸중가 산을 보며 답답함을 느낀다. 칸첸중가는 구름에 가려 전모를 잘 드러내지 않았고, 카메라로 담기도 어려웠다. 머튼은 칸첸중가를 '8,500미터 엽서'라며 불평한다. 이를 카메라가 상징하는 서양 기술문명과 칸첸중가가 상징하는 동양 정신문명의 갈등으로 해석할 수도 있겠지만, 그보다는 머튼의 내면에서 일어난 불교와 그리스도교의 창조적 긴장으로 보는 것이 더 타당할 것이다.

어느 날 머튼은 꿈을 꾼다. 순백의 칸첸중가 산을 바라보고 있는데, 문득 "이 산의 또 다른 면(another side)이 있다."는 소리를 듣는다. 그리고 그의 눈앞에서 칸첸중가 산이 회전하더니 모든 것이 다르게 나타난다. 그는 그 산을 티베트 쪽에서 보게 된 것이다. 즉 같은 산의 한 면만을 보던 머튼이 다른 면도 보게 됨으로써 비로소 그 산의 전체를 보게 된 것이다. 아마도 궁극적 진리를 그리스도교의 눈으로만 보아 왔던 머튼이 이제는 불교의 눈으로도 진리를 보게 되었음을 암시하는 꿈이 아니었을까. 머튼은 "그날 아침 그 산과 나의 다툼은 끝났다."고 쓴다.

2. 구원의 다른 길들

그런데 여기에서 한 가지 마음에 걸리는 것이 있다. '같은 산'이라는 은유다. 머튼이 꿈에서 본 칸첸중가 산처럼 불자와 그리스도인은 같은 산을 각기 다른 방향에서 보고 있는 것일까, 아니면 두 개의 전혀 다른 산을 보고 있는 것일까? 이런 물음은 다른 종교인보다 그리스도인에게 더 중요하다. 그리스도인은 "너희는 내 앞에서 다른 신들을 섬기지 못한다(출애굽기 20:3)."는 유일신 신앙과 예수만이 '길이요 진리요 생명(요한복음 14:6)'이라는 유일회적 구원 신앙을 갖고 있기 때문이다.

이에 대해 존 힉은 "하느님은 많은 이름을 가진다."는 가설을 제시한다. 인간은 하나의 절대적 실재(The Ultimate)를 여러 방식으로 체험하고 표현한다는 것이다. 힉과 달리 존 캅은 여러 절대적 실재들(Ultimates)이 있을 수 있다고 주장한다. 비슷하면서도 다른 맥락에서 S. 마크 하임은 여러 '구원들

(salvations)'의 가능성을 제시한다.

그들 사이의 신학적 차이에도 불구하고 세 그리스도인 학자는 전체적으로든 부분적으로든 이웃 종교의 진리성과 구원의 가능성을 긍정한다. 하지만 성서의 유일신론적·그리스도 절대주의적 진술을 문자적으로 믿는 대부분의 그리스도인들은 오직 하나의 산(하느님)이 있고 그 산으로 가는 길도 오직 하나(예수 그리스도)라고 맹신한다.

불자와 그리스도인이 보는 산이 같은 산인지 다른 산인지는 실증적으로 알 수도 규명할 수도 없는 문제다. 분명한 것은 같은 산이든 다른 산이든 그곳으로 가는 길이 다르고, 각각의 길이 구원을 향해 있고, 그 길을 가는 사람들에게 고유한 방식으로 구원을 경험하게 하고 있다는 사실이다. 그 모든 구원의 경험들을 아우르는 공통의 궁극적 구원이 있는지는, 유한한 인간으로서는 희망할 수는 있지만 입증할 수는 없다.

종교적 가르침과 삶의 방식에서도 붓다의 길과 예수의 길은 매우 다르다. 하지만 길이 다르다고 해서 불자와 그리스도인이 서로 만나지 못할 이유는 없다. 아니 오히려 서로 다르기 때문에 만날 수 있고 만날 필요가 있고 배울 것도 더 많다. 본디 새로운 것은 남에게서 배우는 법이다. 다른 길을 걷고 있는 불자와 그리스도인이 서로 만나 대화하면 각자의 길과 그 길이 향하는 산에 대해 더 새로운 눈으로 볼 수 있게 될 것이다.

3. 환대의 꿈

그런 길 위의 만남과 대화를 생각할 때면 떠오르는 꿈이 하나 있다. 나는 수직의 낭떠러지를 내려가고 있었다. 겨우겨우 바위틈에 발 디딜 자리를 찾아 조금씩 아래로 내려갔지만, 좀처럼 바닥이 보이지 않았다. 내가 선택한 방향이 맞는지도 확신할 수 없었다. 그러다 길이 끊겨 내려갈 수도 되돌아 올라갈 수도 없게 될지도 모른다는 생각에 현기증이 나며 가슴이 두근거렸다. 바로 그때! 저 아래에서 올라오는 낯선 사람이 보였다. 순간 깊은 안도감에 후유 숨을 내쉬었다. 그가 올라온 길을 따라 아래로 내려갈 수 있을 것이기 때문이었다. 너무 멀어 얼굴을 볼 수 없었지만, 그도 나를 보고 같은 마음으로 숨을 돌리는 것을 느낄 수 있었다. 그 역시 내가 내려온 길을 따라 올라가면 될 것이었으니까. 이처럼 불자와 그리스도인도 서로에게 길을 알려 주는 도반(道伴)이 될 수 있지 않을까?

'길[道]'은 제도로서의 '종교'를 대체할 수 있는 더 좋은 표현이다. 붓다와 예수는 불교와 그리스도교라는 종교를 만든 것이 아니라 구원의 길을 가르쳤다. 붓다는 '여덟 가지 바른 길[八正道]'을 알려 주었고, 예수는 '십자가의 길'을 보여주었다. 길은 목적지가 아니다. 길은 머물기 위해 있는 것이 아니라 지나가기 위해 있는 것이다. 길이 제도화된 것이 종교다. 종교는 길 위에 지은 집이다. 집은 차단하고 길은 연결한다. 불교와 그리스도교를 신봉하는 사람들은 대립하지만 붓다와 예수의 길에 헌신하는 사람들은 대화한다. 자신의 길에 헌신하는 사람은 타인의 길에 개방적이기 때문이다. 불교와 그리스도교를 지키는 '교도'가 아니라 붓다와 예수의 길을 따라 걷는 '제자'에게 붓다와 그리스도는 대화의 걸림돌이 아니라 디딤돌이다. 그래서 존 캅은 '그리스도는 다른 길들(Other Ways)에게 열린 길(The Way)'이라고 한다. 붓다 역시 닫힌 종교의 창시자가 아니라 열린 구원의 길을 걸은 수행자다.

한 그리스도인으로서 붓다의 길을 따라 걸어 보며 내가 배워 온 것은 무엇인가? 모든 것은 변화한다는 무상(無常)의 지혜, '나'라고 할 것이 있을 수 없다는 무아(無我)의 지혜, 모든 존재는 '또 다른 나'라는 연기(緣起)의 지혜, 고통의 현상에 대한 정교하고 정확한 이해, 무조건적이고 무차별적인 자비,

철저한 비폭력 평화주의, 체계적이고 실용적인 명상수행 등 제한된 지면에 다 쓸 수 없는 많은 배움이 있었다. 그런 배움 중 내게 가장 중요한 도전이 자 선물이었던 것은 진리에 대한 붓다의 체험적이고 개방적인 태도다. 붓다는 다양한 가르침 때문에 오히려 혼란에 빠진 칼라마 사람들에게 다음과 같이 말한다.

> 거듭 들어서 얻어진 지식이라 해서, 전통이 그러하다고 해서, 소문에 그렇다고 해서, 성전에 쓰여 있다고 해서, 추측이 그렇다고 해서, 일반적 원칙에 의한 것이라 해서, 그럴싸한 추리에 의한 것이라 해서, 곰곰이 궁리해 낸 견해이기에 그것에 대해 갖게 되는 편견 때문에, 다른 사람의 그럴듯한 능력 때문에, 혹은 '이 사문은 우리의 스승이시다.'라는 생각 때문에 그대로 따르지는 말라. 그대 칼라마인들이여, 스스로 "이들은 좋은 것이고, 이들은 비난받지 않을 것이고, 이들은 지혜로운 이에 의해 칭찬받을 일이고, 이들이 행해져 그대로 가면 이롭고 행복하게 된다."라는 것을 알았을 때 그대 칼라마인들이여, 그대로 받아들여 살도록 하라.
>
> - 이거룡, 「이웃 종교에 대한 불교의 가르침」, 『불교평론』 37호, 2008.

진리를 외적, 제도적 권위에 의지해 맹목적으로 받아들이지 말고 스스로 주체적으로 깨닫고 체험하라는 것이다. 이는 성서와 교리와 전통의 종교에 지나치게 의존하다가 그만 십자가의 길을 망각하고 상실한 그리스도인이 가장 절실하게 배워야 할 태도다. 역사 속의 그리스도교가 저질러 온 악행들이 종교적 권위에 대한 맹목적 신앙과 관련되어 있기에 더욱 그렇다. 아무것도 묻지 않고 의심하지 않는 신앙이 무지와 폭력을 초래한 것이다. 그러니 붓다의 열린 정신과 태도를 배운다면 그리스도인도 맹목적인 닫힌 신앙을 버리고 의심하는 열린 신앙을 가질 수 있지 않을까?

붓다의 열린 진리관은 다른 길에 대한 그리스도인의 태도에도 의미 있는 영향을 줄 수 있다. 대부분의 그리스도인은 다른 길에는 진리와 구원하는 힘이 없다고 믿는다. 하지만 왜 그런 것인지 알아볼 관심이나 의지가 없다. 단지 자신의 길이 아니라고 해서 다른 길은 틀린 길이라고 생각하는 것은 너무 단순하고 무지막지하다. 물론 자신의 길이 다른 길보다 더 좋은 길이라고 주장할 수는 있지만, 그 '더(more)'는 비교를 의미하며, 비교를 위해서라도 먼저 다른 길을 알아야 할 필요가 있는 것이다. 즉 붓다가 가르친 것처럼 '스스로' 다른 길을 직접 걸어 보며 이해한 후에 그 길이 더 좋은 길인지 아닌지 판단하면 되는 것이다.

불자와 그리스도인이 서로의 길을 이해하는 것은 대화적이다. 대화는 듣기와 말하기로 구성된 쌍방적 과정이다. 여기에서 중요한 것은 자신의 길을 피상적으로만 아는 사람들 사이에서는 진정한 의미의 대화가 불가능하다는 것이다. 설령 듣고 말하는 대화의 기본 형식을 갖춘다 해도, 자신의 길에 대한 앎이 얕은 이들 사이의 대화는 '상호 이해'가 아니라 '상호 오해'를 낳을 뿐이다. 그러니 서로의 길로 건너가 보려는 열린 불자와 그리스도인은 먼저 자신의 길부터 깊게 알아야 한다. 다른 길에 대한 개방성은 자신의 길에 대한 헌신성을 전제할 때 의미가 있는 것이다. 그래서 타인과의 대화는 자신과의 대화를 전제로서 요구한다.

붓다의 길로 건너갔다 돌아올 때마다 나는 예수의 길을 더 새롭게 보게 되고, 그래서 내가 걷는 이 길에 대한 믿음과 헌신이 더 깊어진다. 불교의 길을 향한 나의 모험을 격려하고 안내해 준 폴 니터는 붓다 없이 자신은 그리스도인일 수 없었다고 고백한다. 나는 붓다의 길과 예수의 길 중 어느 길이 더 좋은 구원의 길인지 지금껏 생각해 본 적이 없고, 아마 앞으로도 그럴 것이다. 종교는 '개종'을 요구하지만 길은 '전환'을 요구한다. 탐욕과 분노와 무지의 길에서 돌아서는 것이 붓다의 길이라면 우리 모두는 불자다. 자기중심적 길에서 돌아서 우리 사회의 가장 작은 이를, 고통받는 이를 사랑하는 것이 예수의 길이라면 우리 모두는 그리스도인이다. 붓다의 길과 예수의 길은 동일한 고통의 대지에서 생겨났고, 고통의 종식이라는 동일한 구원을 향해 있다. 마라와 맘몬이 전대미문의 위력을 떨치고 있는 신자유주의 악령의 시대에 불자와 그리스도인은 함께 구원과 해방의 길을 걷는 도반이 되어야 한다. 그 만남과 동행은 불자를 더 좋은 불자가 되게 하고 그리스도인을 더 좋은 그리스도인이 되게 할 것이다.

> 다른 꽃 위에 앉았던 하얀 나비 두 마리가 날아오르더니,
> 공중에서 잠시, 우연히 함께 놀다가, 다른 방향으로 떠나갔다.
> - 토마스 머튼

XI.
불교와 기독교, 아픔을 공유하다

- 개운사 훼불사건 및 불당회복을 위한 모금운동 일지

손원영 (서울기독교대학교 신학전문대학원 해직교수)

이 발제문은 2016년 1월 중순에 있었던 경북 김천 개운사의 불당훼불사건과 그에 따른 불당 회복을 위한 모금운동, 그리고 모금운동으로 발생한 나에 대한 학교 당국의 징계 사건이 구체적으로 어떻게 진행되는지를 소개하는 일지 형식으로 구성되어 있다. 특히 이 발제문의 내용은 필자 본인이 페이스북(facebook)에 올린 개운사 사건 관련 문서들과 또 학교 당국의 소명 요구에 대한 답변서를 객관적으로 소개하는 것으로 갈음하려고 한다. 왜냐하면 개운사 사건과 관련한 일련의 자료들(facts)을 공유하는 것이야말로 그것이 불교와 기독교 사이의 창조적 대화를 위한 하나의 사례로서 유용하게 활용될 수 있을 뿐만 아니라 더 나아가 향후 종교 평화를 위한 역사적 의미를 찾고자 할 때 사료로 활용될 수 있기 때문이다. 본 사건과 관련된 문서들이 여럿 있지만, 이 글에 소개된 자료들은 오늘의 토론 주제와 연관하여 가장 중요하다고 여겨지는 여섯 개의 문서들을 임의로 선정한 것이다.

아래에 소개된 각 문서들은 크게 두 부분으로 나누어 볼 수 있다. 우선 첫째 부분은 〈자료1〉부터 〈자료5〉까지로, 이것들은 개운사 불당훼불사건이 벌어지고 난 뒤, 본인이 추진하였던 일련의 모금운동의 일지이다. 즉 필자가 어떤 동기로 불당회복을 위한 모금운동을 시작하였는지, 모금운동을 펼치는 과정에서 어떤 일을 겪었는지, 그리고 불당회복을 위한 모금운동이 어떻게 마감되었는지 등을 소상히 소개하는 글로, 모두 필자의 페이스북에 올렸던 글들이다. 그리고 둘째 부분은 〈자료6〉으로 필자가 봉직하는 대학(서울기독대학교) 당국에 필자가 보고한 일종의 개운사 모금운동 관련 답변서이다. 주지하듯이, 학교 당국은 불당회복을 위한 모금운동이 끝날 무렵 나의 모금운동을 소위 '우상숭배' 운운하며 신학자로서 본인의 기독교 신앙에 큰 오류가 있는 것처럼 문제 삼았다. 그리고 학교 당국은 나에게 그와 관련하여 여러 번 해명을 요구하였고, 현재(2017년 1월 현재)는 이 문제로 징계위원회가 구성되어 징계 과정 중에 있다. 그 과정에서 나는 학교 당국에 공식적으로 여러 번 나의 모금운동에 대한 답변서를 제출하였는데, 그중 하나가 바로 〈자료6〉이다.

오늘 나의 발제문이 개운사 훼불사건이 벌어진 뒤 진행된 불당 회복을 위한 모금운동과 또 그 모금운동을 문제 삼아 벌어진 본인에 대한 학교 당국의 징계 과정을 이해하는 데 작으나마 도움이 되리라 생각한다. 필자가 겪은 일련의 사건 곧 개운사 훼불 및 불당 회복을 위한 모금운동, 그리고 나에 대한 학교 당국의 징계 사건은 한 개인의 종교 관련 일탈적 사건이 아니라, 기독교와 불교 사이의 갈등을 미학적인 아름다움으로 넘어서기 위해 신학자요 종교교육자로서 필자가 종교 간의 대화와 평화를 위한 구체적인 '실천(praxis)'의 과정에서 겪은 투쟁의 사건으로 이해되기를 바란다. 그리고 더 나아가 이 사건이 다종교 사회인 한국 사회에 종교 평화를 위한 논의가 더욱 촉발되는 디딤돌과 같은 사례로서 숙고되기를 간절히 빌어 마지않는다.

〈자료1〉 개운사 불당회복을 위한 모금을 시작하며
- 손원영 facebook, 2016.1.21

최근(2016.1.17) 김천 개운사에 난입한 한 개신교인이 불당을 훼손한 사건을 보면서, 그와 같은 개신교 신자로서, 더욱이 목회자를 양성하는 신학대학의 교수로서 죄송한 마음과 함께 그냥 지켜만 볼 수가 없어서 '개운사 불당회복을 위한 모금운동'을 시작하게 되었습니다. 그리고 저의 이런 입장을 밝히자 뜻을 같이하는 몇몇 지인들이 동참 의사를 밝혀 와서 함께 이 일을 시작하게 되었습니다.

그래서 금번 모금은 제가 운영하는 〈예술목회연구원〉과 평화운동을 연구하는 학술단체인 〈레페스(종교평화)포럼〉(대표: 이찬수 서울대 교수), 그리고 인터넷신문인 《가톨릭프레스》(김근수 대표)가 공동으로 모금운동을 펼치게 되었습니다. 그리고 모금운동의 투명성을 위해서 운영위원회를 두기로 하였습니다. 위원은 손원영 원장, 이찬수 대표, 김근수 대표, 그리고 저와 같은 종교교육학 전문가인 박범석 박사(서울대)가 함께하기로 하였습니다. 참고 바랍니다. 뜻을 함께한 분들에게 진심으로 감사드립니다.

제가 '개운사 불당회복을 위한 모금'을 시작한다고 하자, 주변에서 저를 아끼는 적지 않은 분들이 혹 겪을지도 모르는 불상사를 미리 걱정해 주었습니다. 특히 제가 자칫 이단성 있는 종교다원주의자로 오해받을 수도 있다는 위험성과 함께 과격한 개신교 근본주의자에 의해 개운사에서 벌어진 일과 비슷한 '테러'를 당할지도 모른다는 걱정이었습니다. 충분히 공감되는 부분으로 이런 걱정을 해 주신 여러분들에게 마음으로부터 감사의 인사를 올립니다. 하지만 그럼에도 불구하고 저는 우리의 구원은 예수 그리스도를 통하여 이루어진다는 믿음 위에 굳게 서서 비록 작은 일이지만 이 모금운동을 실행하기로 마음먹고 이렇게 실천하게 되었습니다. 왜냐하면 이 모금운동은 큰 상처를 받은 개운사 신도 여러분에게 대한민국의 동료 시민으로서 작은 위로를 전하는 사랑의 실천임과 동시에, 제가 속한 개신교가 절대로 이웃 종교를 폄하하거나 심지어 테러(단체)를 용인하는 폭력적 종교가 아님을 분명히 알리기 위해서입니다. 이 점 널리 혜량해 주시길 바랍니다.

덧붙여 아마도 누구에게나 어떤 일을 숙고하고 결정하는 데, 그리고 더 나아가 실천할 때에는 어떤 원칙이라는 것이 있을 줄 압니다. 저 역시 그 비슷한 것이 있는데, 이번 일을 결정하고 실천하는 데 크게 작용한 원칙들을 참고로 페친님들과 나누고 싶습니다. 그 원칙은 세 가지입니다. 첫째는 "예수라면 어떻게 했을까?" 하는 것입니다. 이것은 복음서에 기록된 기독교의 최고 스승인 예수 그리스도의 가르침을 판단의 기준으로 삼는 것입니다. 물론 이 기준은 "성서를 무엇이라고 말하고 있나?"로 바꿀 수 있습니다. 그런데 후자는 많은 논란이 있을 수 있습니다. 왜냐하면 성서 안에는 개운사의 법당을 훼손한 자의 명분 곧 "우상을 없애라."라는 말씀도 있는 것이 사실이기 때문입니다.

하지만 여기서 우리가 간과할 수 없는 것은 성서의 모든 문자적 기록이 곧 하나님의 말씀은 아니기 때문에 문자적 의미를 넘어선 신중한 신학적 해석이 필요하다는 점, 그리고 똑같이 성경 안의 말씀이라 하더라도 더 중요한 말씀이 있을 수 있다는 점 등입니다. 그래서 저는 어떤 문제를 판단할 때 "예수라면 어떻게 했을까?"로 판단 기준을 삼곤 합니다. 그렇다면 금번 개운사 사건에 대해 예수라면 어떠한 행동했을까요? 제 마음속에 떠오른 예수의 말씀과 행동은 분명히 개운사 신도분들에게 용서를 빌고 작은 것이라도 그들에게 위로의 마음을 담아 전달하는 것이었습니다.

둘째는 약자와 늘 연대하는 것입니다. 저는 오래전 박사과정 때 해방신학을 처음 제안한 구티에레즈(Gustavo Gutierrez) 신부님에게서 해방신학을 직접 배운 바 있습니다. 그분의 핵심적인 가르침은 "가난한 자에 대한 편애적 선택(preferential option for the poor)은 성서가 증언하는 하나님의 보편적인 사랑과 모순되지 않는다."라는 것입니다. 그리고 복음적 삶은 그런 이해 위에 차별적으로 선택된 '약자와 연대하는 것(solidarity with the poor)'입니다.

그렇습니다. 바로 지금 상황에서 개운사를 돕기로 결정한 것은 제가 배운 이 해방신학의 원칙을 실천하는 것일 뿐입니다. 특히 여기서 언급하고 싶은 것은 가난한 자란 단지 경제학적인 의미로 돈이 없는 사람만을 뜻하는 것이 아니라 사회적 약자로 이해할 수 있습니다. 말하자면 사회적인 편견과 구조적인 악의 문제로 인해 상처받고 고통당하는 사람들 모두를 의미합니다. 따라서 그리스도인이라면 종교의 유무나 종교적 소속을 떠나 고통당하는 개운사 분들의 편을 들고 그들과 연대하는 것은 지극히 당연한 일입니다.

셋째는 대한민국의 헌법 정신을 구현하는 것입니다. 우리 모두는 대한민국의 국민이요 민주 시민입니다. 대한민국 국민이라면 모두 지켜야 하는 의무가 있고 또 권리가 있습니다. 예컨대 종교를 떠나 우리 모두는 국방과 납세의 의무가 있고, 동시에 행복을 추구할 권리가 있습니다. 따라서 대한민국 국민이라면 누구든 종교의 문제로 차별받아서는 안 되고 동시에 자신의 종교적 신념은 존중받아야 마땅합니다. 이런 점에서 금번 개운사 사건은 심각한 헌법 가치의 훼손이라 할 수 있습니다. 따라서 개신교인 중에 종교(하나님)의 이름으로 혹 이러한 폭력행위를 지지하거나 동의하는 자가 있다면, 그는 분명 대한민국 국민임을 스스로 포기하는 자가 될 것입니다. 이런 점에서 저는 헌법을 준수해야 하는 대한민국의 한 시민으로서 개운사 주지 스님과 신도분들 그리고 모든 불자들에게 죄송한 마음을 전하고 이웃의 작은 우정을 표하고자 합니다.

결국 위에서 밝힌 것처럼, 금번 모금활동에 대하여 큰 오해가 없기를 바랍니다. 그리고 저와 뜻을 같이하는 많은 분들이 이 일에 동참하여 상처를 입은 분들에게 용기를 북돋아 주고, 우리 대한민국이 여러 가지 갈등과 분쟁이 있지만, 그럼에도 불구하고 살 만한 가치가 있는 좋은 사회라는 것을 느끼는 계기가 되면 좋겠습니다.

"평화를 이루는 사람은 복이 있다. 하나님이 그들을 자기의 자녀라고 부르실 것이다(마태복음 5:9)." 감사합니다.

〈자료2〉 제안: 김천 개운사 불당회복을 위한 성금모금
-손원영 facebook, 2016.1.22

아침부터 마음이 아픕니다. 소위 믿음 좋다는 한 개신교인에 의해 한 사찰의 법당이 엊그제 무참히 훼손되었기 때문입니다. 그 소식을 접한 어제는 너무나 충격을 받아 잠을 제대로 이룰 수 없었습니다. 그래서 평소 가끔 쓰는 페북칼럼으로 개운사 주지 스님과 신도님들 그리고 불교인들에게 용서를 구하는 짧은 글을 쓴 바 있습니다.(예술목회이야기(22): 불상훼손사건에 즈음하여 불교인들에게 용서를 구함)

그 칼럼을 쓴 뒤 어떻게 하면 개운사 불자님들에게 위로가 될까 고민하던 중 몇몇 지인들의 격려와 평소 묵상하는 아래의 성경말씀에 힘을 얻어 작지만 우리의 정성을 모아 법당회복을 위한 헌금을 그들에게 전달하면 어떨까 생각했습니다. 그것이 그들에게 얼마나 큰 힘이 될지, 그리고 그것으로 그리스도교인인 우리가 지은 잘못을 용서받을지 잘 모르겠지만, 정말로 미안한 마음과 용서를 비는 마음으로 저부터 실천하기로 하였습니다. 부디 뜻을 같이하는 페친들이 있다면, 이 일에 동참해 주시길 부탁드립니다.

"우리를 반대하지 않는 사람은 우리를 지지하는 사람이다. 내[예수]가 진정으로 너희에게 말한다. 너희가 그리스도의 사람이라고 해서 너희에게 물 한 잔이라도 주는 사람은, 절대로 자기가 받을 상을 잃지 않을 것이다(마가복음9:40-41)." "자녀 된 여러분, 우리는 말이나 혀로 사랑하지 말고, 행동과 진실함으로 사랑합시다(요한일서3:18)."

모금은 아래와 같이 좀 더 공신력 있는 모금을 위해 제가 운영하는 〈예술목회연구원)(원장 손원영/서울기독대 교수)과 〈레페스(종교평화)포럼〉(대표: 이찬수/서울대 교수), 그리고 〈가톨릭프레스〉(대표: 김근수)가 공동으로 모금하고, 투명성 제고를 위해 조만간 '개운사 불당회복을 위한 모금위원회(가칭)'를 조직하도록 하겠습니다. 부디 이 일에 동참해 주시길 바라며, 이와 관련된 좋은 의견이 있으시면 리플을 부탁드립니다. 자세한 것은 추후에 다시 알리도록 하겠습니다. 감사합니다.

 * 모금 주체: 예술목회연구원, 레페스포럼, 가톨릭프레스
 * 대표자: 손원영 교수(예목원장), 이찬수 교수(레페스포럼 대표), 김근수 대표(가톨릭프레스 대표)
 * 모금 통장: 국민은행 605301-04-****** 예금주: 손원영(개운사불당회복모금)
 * 모금 기간: 오늘부터 부처님 오신 날까지 (2016.1.19-2016.5.14)
 * 전달: 부처님 오신 날 개운사 방문하여 전달 예정

〈자료3〉 사순절 참회록: 때로는 마음도 쉼이 필요하다
-손원영 facebook, 2016.3.6

참, 인연이라는 것은 묘하기도 하다. 목사인 내가 비구니 스님과 인연을 이렇게 맺을 줄이야! 엊그제 인사동의 한 밥집에서 지난 1월 개신교 신자의 훼불로 큰 피해를 입은 김천 개운사의 주지이신 진원 스님을 만나게 되었다. 체구가 작으신 스님이었지만 그분은 마치 예쁜 여고생의 해맑은 웃음이 온 장삼 자락을 가득 채우듯 그렇게 아름다움을 존재에서 뿜어내는 평안한 분이었다. 출가한 지 30년이 되었다는 스님, 하지만 외모의 아름다움과 평안함과는 어딘가 어울리지 않는 좀 험한 일을 많이 하고 계신 스님. 그 스님께서는 지금 〈여성긴급전화 1366 경북센터〉의 책임자로서 가정폭력 · 성폭력 · 성매매 · 결혼이민여성들을 위한 여성인권을 위해 맹렬히 애쓰고 계셨다.

각종 폭력으로부터 여성들을 지키고 또 그 여성들의 인권 신장을 위해 변호하며 싸워 오신 스님께서는 정작 이번엔 당신이 몸소 폭력을 당하셨다. 바로 지난 1월 중순경 당신이 주지로 있는 절에 개신교 신자가 강도가 되어 불당에 난입하여 불당을 우상이라는 이유로 훼손하고 폭력을 행사했으니 말이다. 얼마나 놀라셨을까. 몸은 상한 데 없어 천만 다행이었지만 얼마나 당황했을까. 게다가 그 일이 있은 후, 스님을 위로하고 격려하는 분들도 많았지만, 더욱 슬프고 황당한 것은 유선으로 또 인터넷의 쪽지로 수많은 협박 메시지가 왔단다. 우상을 섬기지 말라거나, 심지어 이번 기회에 개종하라고…. 험한 말들과 함께 말이다. 제2의 폭력이 그에게 이어진 것이다. 안타까운 우리의 현실이다.

사실은 내가 '개운사불당회복운동'을 시작하면서 스님께 사죄의 인사와 더불어 취지 설명을 드리는 것이 예의일 듯싶어 페북 쪽지로 연락을 했으나 거의 한 달 동안 스님에게서 답이 없었다. 다행히 연락이 되어 이렇게 만나게 되었지만, 스님은 그동안 무서워서 나의 쪽지를 비롯하여 이메일이나 페북쪽지를 일체 읽을 수 없었단다. 폭력의 여진이 얼마나 큰지 새삼 느꼈다. 하나님의 이름으로 혹은 성경의 이름으로 자행된 폭력을 작은 온몸으로 맞으신 스님께 다시 한 번 진심으로 사죄하며 참회한다. 그리고 내가 비록 개신교를 대표할 위치에 있지는 않지만, 한 개신교 신자로서 또 개신교의 목사요 교수로서 잘못 가르치고 잘못 살아온 것을 참으로 부끄럽게 생각하며 참회한다.

나는 믿는다. 종교의 이름으로 자행되는 어떤 폭력도, 아니 하나님의 이름으로 자행되는 어떤 폭력도 그것은 참하나님의 마음이 아니라고! 비록 성경에 수많은 폭력을 정당화하는 이야기가 적혀 있지만, 그래서 종종 많은 사람들이 성경을 핑계로 하나님의 이름으로 그런 폭력을 정당화하려고 하지만, 그것은 적어도 예수의 정신은 아니라고 믿는다. 예수께서는 말씀하셨다. "칼을 쓰는 자는 칼로 망하리라(마태복음26:52)." 그리고 예수께서는 그 자신이 스스로 종교 폭력의 희생자가 되어 십자가에 달림으로써 폭력의 악순환의 고리를 끊을 것을 우리에게 온몸으로 부탁하며 기도하셨다. "아버지, 저 사람들을 용서하여 주십시오. 저 사람들은 자기네가 무슨 일을 하는지를 알지 못합니다(누가복음23:34)." 그리고 오늘도 말씀하신다. "평화를 이루는 사람은 복이 있다. 하나님이 그들을 자기의 자녀라고 부르실 것이다(마태복음5:9)."

그렇다. 예수로 시작된 기독교는 평화의 종교요, 사랑의 종교이다. 기독교는 더 이상 구약의 유대교가 아니다. 비록 기독교가 유대교의 성서인 구약성서(율법)를 하나님의 말씀으로 인정한다 할지라도, 그것이 예수의 가르침과 모순이 될 때에는 구약의 가르침이 아니라 신약의 가르침 곧 예수의 가르침을 따르는 것이 기독교라고 나는 믿는다. 따라서 구약의 십계명에 나오는 "우상을 섬기지 말라."고 한 것을 존중하지만, 그 우상이 곧 불상이라고 믿기에는 문제가 많으며, 그 대신 진정한 우상은 하나님이 아닌 것을 마치 하나님처럼 섬기고 있는 인간의 모든 끝없는 탐심과 이기심, 곧 돈의 절대화, 잘못된 권세와 욕망, 그리고 자기도취증(narcissism) 등과 같은 자기우상화 등이라고 믿는다. 따라서 나는 오늘 사순절을 보내면서 이런 잘못된 우상을 섬겨 온 자신을 부끄럽게 생각하며 진심으로 참회한다. 주여, 자비를 베풀어 주시옵소서.

진원 스님께서는 나를 만난 기념으로 손수 붓으로 쓰신 글씨를 하나 선물로 주셨다. '때로는 마음도 쉼이 필요하다'라는 글이었는데, 찬찬히 읽으니 마음에 많이 와 닿는다. 그렇다. 우선 스님에게 그 자신의 말대로 폭력으로부터 벗어나 몸과 마음에 쉼이 있기를 기도한다. 그리고 이 땅에 살아가는 나와 인연을 맺은 모든 사람들에게도 쉼이 있기를 빈다. 몸도 마음도!

더욱이 잘못된 우상관으로 인하여 타인에게 해를 입히는 것을 당연시하는 많은 개신교 신자들이여, 스님의 간곡한 말씀처럼 그런 잘못된 마음에서 벗어나 참쉼을 누리기를 바란다. 그것은 비단 스님의 말씀만이 아니라, 우리가 주님으로 섬기는 예수 그리스도의 말씀이기도 하다. "수고하며 무거운 짐을 진 사람은 모두 내게로 오너라. 내가 너희를 쉬게 하겠다. 나는 마음이 온유하고 겸손하니 내 멍에를 메고 나한테 배워라. 그리하면 너희는 마음에 쉼을 얻을 것이다. 내 멍에는 편하고, 내 짐은 가볍다(마태복음11:28-30)." 타인을 해하려는 폭력의 마음을 내려놓고, 예수의 온유하심과 겸손하심을 배우자. 그리고 그분 안에서 참쉼을 누리자. 아멘.

〈자료4〉 개운사 불당회복을 위한 모금운동 마감에 즈음하여
-손원영 facebook, 2016.5.10

지난 1월 중순경, 한 개신교 신자가 경북 김천의 개운사에 늦은 밤 난입하여 불당을 크게 훼손하는 일이 벌어졌다. 전해 듣기로는 약 1억 원 정도의 재산상 피해가 있었고, 또 그 사건으로 인해 주지 스님께서는 큰 정신적 충격을 받고 지금까지 심한 심적 고통을 겪고 있는 것으로 알고 있다. 참으로 안타까운 일이다.

나는 당시 언론에서 불당훼손 소식을 접한 뒤, 그 사건이 결코 남의 일같이 느껴지지 않았다. 왜냐하면 나 자신이 학교에서 종교교육을 연구하고 가르치는 교수이자 또 개신교 목사로서 말할 수 없는 죄책감과 함께 사회적 책임감을 통감했기 때문이다. 특히 그 사건은 단순히 한 개인의 일탈이라고 하기에는 너무나 큰 사회적 파장을 일으켰던 것이다. 언론에서도 개신교의 폭력성을 질타하는 보도가 이어졌고, 인터넷상에서는 소위 '개독교'에 대한 비난의 목소리가 도배되다시피 하였다.

　이 일이 있은 후, 나는 페이스북에 사과의 글을 올리며, 함께 개운사 불당 회복을 위한 모금을 제안하였다. 왜냐하면 말로만 백번 미안하다고 한들 무슨 의미가 있겠는가 싶고, 동시에 개신교 신자가 훼손한 것이기에 한국 교회가 훼손된 불당을 원상태로 돌리는 것은 양심에 따른 당연한 도리라고 생각하였기 때문이다. 그래서 종교평화를 위해 또 개신교 이미지의 제고를 위해 뜻을 같이하는 몇몇 벗님들(김근수 선생/가톨릭프레스 대표, 이찬수 교수/서울대, 박범석 박사/서울대)과 공동으로 모금활동을 시작하였던 것이다.

　이제 약속한 시간이 다가오고 있다. 나는 금주 말 부처님 오신 날(5.14)까지 모금을 하여 약속한 대로 개운사에 모금된 성금을 그대로 전할 참이다. 현재 모금액은 피해액에 비하면 아주 미미한 수준이지만, 종교평화를 바라는 우리의 마음은 잘 전달되리라 믿는다. 그리고 우리의 모금운동이 오해되어 교리적 논쟁으로 확대되지 않기를 진심으로 바라며, 다만 모든 분들에게 예수 그리스도를 통한 하나님의 사랑이 조금이라도 공감되기를 희망한다. 끝으로, 모금에 동참하시고 또 아낌없는 응원의 박수를 보내 주신 모든 분들께 충심으로 감사를 드리며, 혹 뜻을 같이하는 분들이 있다면 며칠 남은 기간 동안 모금에 동참해 주시길 부탁드린다. 새삼 "종교 간의 평화 없이 세계평화는 결코 없다."고 외친 신학자 한스 큉의 말이 가슴에 크게 울린다. 감사합니다.

〈자료5〉 보고 및 감사: 개운사 불당회복을 위한 성금모금 보고
-손원영 facebook, 2016.5.14

　안녕하세요? 오늘 부처님 오신 날을 맞이하여 모든 불자님들과 벗님들에게 축하의 인사를 드립니다.

지난 2016년 1월 17일 김천 개운사에서 한 개신교인에 의한 불당훼손사건이 있었습니다. 이 사건이 있은 후, 기독교인으로서 불자들에 대한 미안한 마음과 용서를 비는 마음, 그리고 무엇보다 기독자와 불자 사이의 상호 종교의 이해 및 종교평화를 비는 마음으로 개운사 불당회복을 위한 작은 모금운동을 시작하였습니다. 그리고 약속한 대로 오늘 부처님 오신 날까지 모금을 하였기에 이 일을 응원해 준 여러분에게 감사의 인사와 더불어 아래와 같이 결과 보고를 드리고자 합니다.

아래는 간단한 모금활동 및 성금 전달 관련 개요입니다.

2016.01.17. 한 개신교 신자에 의한 김천 개운사 불당훼손사건 발생 (피해액 약 1억 원 추정).

2016.01.18. 개운사 진원 스님이 자신의 페북 및 언론에 훼불사건 공개함. 페북에 '예술목회이야기(22): 불상훼손사건에 즈음하여 불교인에게 용서를 구함'이란 칼럼 게재.

2016.01.19. 불당 훼손자 체포 및 구속영장 발부됨(주거침입 및 재물손괴 등의 혐의).

2016.01.21. 〈제안: 김천 개운사 불당훼손을 위한 성금모금〉 칼럼 작성 및 모금통장 개설. 페북에 〈개운사 불당회복을 위한 모금〉 공개그룹오픈. 모금은 2016.5.14. 부처님 오신 날까지 모금하기로 함. 바른 모금활동 및 투명한 전달을 위해 〈성금모금위원회〉 구성함 (4인 위원 위촉: 손원영 교수/예술목회연구원장, 김근수 선생/가톨릭프레스 대표, 이찬수 교수/서울대/레페스포럼대표, 박범석 박사/서울대). 〈가톨릭프레스〉 공동모금 시작.

2016.01.23. CBS방송국 'CBS주말교계뉴스' 출연 관련 내용 대담 (대담: 조혜진 기자).

2016.03.06. 개운사 진원 주지 스님과 회동. 회동 후 '사순절참회록(5): 때로는 마음도 쉼이 필요하다' 칼럼 게재. 진원 스님과 성금 전달 방식 논의함(문화행사 포함).

2016.03.31. 개운사 진원 주지 스님 주지직 사임. 새로운 주지 스님으로 천은 스님 부임.

2016.05.10. 페북에 모금 참여 감사의 글 게재 ('개운사 불당회복을 위한 모금운동 마감에 즈음하여'). 개운사 측으로부터 성금 수령에 대한 입장 전달받음(내용: 개운사는 성금에 대하여 그 마음만 받고 수령을 사양하며, 대신 기독자와 불자 사이의 상호 종교 이해의 증진을 위한 선한 사업에 써 줄 것을 요청함).

2016.05.13. 성금모금위원회의 성금 처리 방식 논의 및 결정함 -결정사항: 1. 개운사의 요청을 수용하여 기독자와 불자 사이의 상호 종교 이해의 증진을 위한 종교평화사업에 성금을 사용하기로 결정함. 2. 현재 종교평화 관련 토론 모임으로 사회에 큰 영향력을 끼치고 있는 〈레페스포럼〉(대표: 이찬수 교수)에 모금한 성금 전액을 전달하며, 목적에 맞는 행사를 요청하기로 함.

2016.05.14. 개운사 불당회복 모금 마감 (5.14.현재 2,670,000원).

2016.05.16. 통장정리 후 〈레페스포럼〉에 기부금 전달 예정. 모금활동 및 성금모금위원회 해산 예정. 이상 끝.

다시 한 번, 성금 모금에 동참해 주시고 응원해 주신 모든 분들께 마음 깊이 감사드립니다. 특히 사건 발생 후 안타까운 마음으로 〈성금모금위원회〉를 함께 구성하고 예수 그리스도 안에서 동역자가 되어 모금활동에 앞장서신 성금모금위원회 모든 위원님들께 진심으로 감사드립니다. 모쪼록 우리의 작은 노력이 큰 고통을 겪은 개운사 주지 스님을 비롯한 여러 불자님들에게 심심한 위로가 되기를 바라며, 우리 사회가 이번 기회를 통해 더욱 아름다운 사랑과 평화의 공동체를 향해 나아가기를 간절히 빕니다. 감사합니다.

2016. 5. 14.

개운사 불당회복을 위한 성금모금위원회 대표 손원영 올림.

〈자료6〉 대학 당국의 신앙 검증에 대한 답변서
-손원영, 서울기독대학교에 2016.5.31. 보고

우리 주님 예수 그리스도의 이름으로 문안드립니다.

〈개운사 불당회복을 위한 모금운동〉과 관련하여 그리스도의교회협의회 임원회의 문제 제기에 따라 학교 당국은 신학과장을 통해 2016년 5월 20일 본인에게 의견서를 요청해 온 바, 이에 대하여 아래와 같이 본인의 의견을 밝히는 바입니다.

위 사건과 관련하여, 우선 본의 아니게 학교 당국과 그리스도의교회협의회 여러분, 그리고 여러 동료 교수님들에게 심려를 끼친 점 죄송스럽게 생각합니다. 바라기는 금번 사건이 상호 간 큰 상처 없이 원만히 해결되어 모두에게 기쁨이 되기를 간절히 빕니다.

본인이 여러 가지 오해를 무릅쓰고 개운사 불당회복을 위한 모금활동을 전개한 이유는 아래와 같습니다. 널리 혜량해 주시길 부탁드립니다.

1. 한국 교회의 위기 극복은 바른 신학 교육으로부터

주지하듯이, 작금 한국 교회는 큰 위기를 겪고 있습니다. 목회자의 윤리적 탈선(살인·강간·사기·표절 등), 대형 교회의 탈법적 세습과 물신숭배적 태도, 사회적 물의를 일으키는 사회 지도자들의 초대형 부패 사건에 기독교인의 연루, 교회연합기관(한기총·NCCK 등)의 선거부정 및 왜곡된 정교유착, 교단 지도자들의 비민주적 교단 운영, 각종 이단의 득세, 더욱이 이웃 종교에 대한 기독교인의 테러 등 일일이 나열할 수 없을 정도로 수많은 기독교인의 비윤리적 행동으로 인하여 한국 개신교는 현재 사회로부터 종종 소위 '개독교'로 불리면서 많은 비난을 받고 있습니다. 이런 상황에서 한국 교회는 복음 전도의 사명에 매우 큰 어려움을 겪고 있고, 한국 땅에 복음이 전래된 이후 지금이 어쩌면 가장 큰 위기를 겪고 있다 할 것입니다.

그렇다면 위와 같은 한국 교회의 문제는 어떻게 해결될 수 있겠습니까? 물론 모든 목회자와 기독교인들이 참회하는 마음으로 한국 교회의 이미지 개선과 성숙한 기독교인이 되기 위해 노력해야 하겠지만, 저의 판단은 목회자를 양성하는 신학대학 교수들이 이 일에 앞장서야 한다고 봅니다. 왜냐하면 한국 교회의 질은 목회자의 수준에 달려 있기 때문입니다. 따라서 본인은 개운사 사건을 접하면서 한 사람의 실천신학(기독교교육) 관련 신학 교수로서 책임감을 깊이 통감하고 신학생들에게 '민주 사회에서의 이웃 종교에 대한 바른 태도'를 교육할 필요가 있어, 불교 측에 유감 표명과 함께 피해의 원상회복을 위한 모금운동을 전개했던 것입니다. 교육은 말(이론)과 혀(강의)로만 하는 것이 아니라 교사의 '시범'과 '실천(praxis)'을 통해 이루어진다는 것을 모든 교육자들이 이미 다 잘 알고 있듯이, 본인은 교육자로서 신학 교육의 한 차원에서 위와 같은 모금운동을 전개하였음을 양지해 주시길 바랍니다.

2. 우상숭배 운운에 대하여

먼저 금번 사건은 '교리적인 문제'가 아니라 '윤리적인 문제'임을 분명히 말씀드리고 싶습니다. 즉 본인은 금번 사건과 관련하여 기독교의 핵심 교리들이기도 한 '우상숭배 거부'와 '예수 그리스도를 통한 구원'의 교리를 결코 훼손하지 않았음을 명백히 밝히는 바입니다. 오히려 한국 교회가 갖고 있는 잘못된 우상관을 교육하는 차원에서, 특히 기독교인이 이웃 종교의 시설물을 불법적으로 크게 훼손한 것에 대하여 민주 사회에서는 있을 수 없는 비윤리성을 지적하면서 그에 상응하는 손해배상의 차원에서 사과 표명과 함께 모금운동을 전개한 것입니다.

참고로, 본인의 모금운동에 대해 십계명에서 언급한 '우상숭배' 여부에 대한 논란이 있기에, 그와 관련하여 차제에 십계명의 제2계명에서 말하는 우상숭배의 의미가 무엇인지 저의 생각을 짧게나마 말씀드리고 싶습니다. 이와 관련하여 저는 저의 스승이자 구약학계의 저명한 신학자인 박준서 교수(연세대 명예교수, 한국구약학회 회장 및 한국기독교학회 회장 역임, 경인여대 총장 역임)의 십계명 해석에 크게 공감하고 있습니다(박준서, 『십계명 다시보기』, 한들, 2001. 참조). 그에 따르면, 십계명에서 말하는 우상숭배 거부 신앙이란 '신상이 없는 신앙(iconoclastic faith)'을 강조하는 것으로서, 고대 근동에서 신상을 만드는 것이 보편화되었던 당시에 '창조주' 하나님을 강조하는 혁명적인 위대한 신앙고백이라 말할 수 있습니다. 즉 제2계명은 하나님의 백성인 이스라엘 백성들에게 '하나님의 신상'을 만들지 말라는 것입니다. 왜냐하면 천지를 창조하신 영원하신 하나님은 유한한 피조물이 아니기 때문이며, 피조물의 육안으로는 창조자의 영광을 바라볼 수조차 없기 때문입니다(출애굽기 33:20). 이것이 고대 근동의 상황에서 생긴 위대한 기독교 신앙의 뿌리입니다. 따라서 성서를 존중하는 우리들은 구약시대의 무지한 사람들처럼 이제 더 이상 어리석지 않아서 하나님을 대신할 신상으로서 금송아지를 비롯한 그 어떤 것도 만들거나 또 숭배하지 않습니다. 그렇다면, 현대에 와서 우상이 없어졌습니까? 아닙니다. 여전히 우리 교회와 사회 안에는 새로운 형태의 우상이 넘쳐 납니다. 이에 대하여 박준서 교수는 아래와 같이 현대인의 우상숭배에 대하여 아주 명쾌하게 해설해 주고 있습니다.

"성서적 신앙으로 볼 때 유일하신 창조주 하나님만이 인간의 절대적인 충성과 순종, 신앙과 찬양의 대상이 된다. 한 분 하나님 이외에 어떤 것이든 그것을 섬기는 일체의 행위는 우상숭배가 된다. 그 대상이 무엇이든 간에 창조주 하나님께 돌려야 할 영광과 찬양을 피조물(인간을 포함해서)에게 돌리는 것은 우상숭배이다. 사도 바울이 말씀하신 대로 피조물을 조물주보다 더 경배하고 섬기는 것은 모두 우상숭배인 것이다(롬1:25). 하나님만이 절대적인 존재이다. 모든 피조물들은 상대적인 존재요, 상대적인 가치밖에 없다. 이러한 상대적인 존재에게 절대적인 가치를 부여하는 것, 상대적인 것을 절대화시키는 것, 이런 것들이 바로 우상숭배이다. 그러므로 물질이나 재물, 명예나 명성, 사회적 지위나 세상의 권세, 교회의 교권, 인간의 지식과 기술이나 사람들이 만든 이데올로기나 모든 것을 막론하고 이들에게 가치를 부여하고 절대화시킨다면, 이것들이야말로 바로 현대적인 의미에서의 우상숭배가 될 것이다."(박준서, 『십계명 새로 보기』, 63-64쪽)

그렇습니다. 현대인에게 우상숭배란 더 이상 신상을 만드는 행위가 아니라, 창조주 하나님께 돌려야 할 영광과 찬양을 피조물에게 돌리는 것이요, 피조물을 하나님보다 더 경배하고 섬기는 것입니다. 이런 점에서 우리가 믿는 하나님은 천지를 창조한 창조주로서 유한한 피조물로 축소되어 숭배될 수 없습니다. 다만 불상이든 십자가상이든 혹은 마리아상이든 그것들은 각 종교의 진리 체계를 표현한 하나의 상징물이요 종교적인 예술 작품일 뿐입니다. 예술작품이 어떻게 하나님을 대신할 수 있겠습니까? 따라서 인간의 예술작품을 하나님으로 오해하는 사람이 있다면, 그보다 더 어리석은 자는 없을 것입니다. 그럼에도 불구하고 우리 개신교의 몇몇 목회자들이 불교의 불상이나 가톨릭교회의 마리아상 등에 대하여 우상 운운하는 것은 신학적 무지의 소치로서, 기독교가 강조하는 '신상이 없는 신앙(iconoclastic faith)'을 지나치게 확대해석하여 이웃 종교에게까지 강압적으로 적용시키려는 잘못된 우상관이요 신앙관이라 사료됩니다. 결국 현대인에게 우상이란 불상이나 마리아상이 아니라 상대적인 것을 마치 하나님처럼 섬기는 모든 것, 곧 물질이나 재물, 명예나 명성, 사회적 지위나 세상의 권세, 교회의 교권, 인간의 지식과 기술이나 사람들이 만든 이데올로기 등입니다. 따라서 차제에 혹 우리 개신교인들 중에 잘못된 우상관을 갖고 있는 이가 있다면, 물질(돈)이나 교권(권력) 등을 마치 하나님처럼 받드는 잘못된 우상숭배에서 벗어나 천지를 창조하신 전능하신 하나님에게 속히 돌아오는 기회가 되었으면 좋겠습니다.

이와 관련하여, 민주주의 국가에서 헌법을 준수하는 것은 기독교인의 당연한 의무라는 점도 분명합니다. 우리 모두는 '민주주의'를 국시로 하는 대한민국의 국민입니다. 따라서 모든 국민은 헌법을 준수하고 그 정신을 실천해야할 책임이 있습니다. 이것은 기독교인이라 하여 예외가 될 수 없습니다. 따라서 기독교인은 성서의 가르침과 함께 대한민국의 헌법 및 법률을 성실히 준수해야 합니다. 이것은 우리 개신교를 시작한 마틴 루터의 신학 사상이기도 합니다. 그는 하나님의 나라 사상을 '두 왕국설'을 통해 설명하면서, 하나님의 나라를 추구하는 우리 기독교인들은 영의 나라인 교회를 잘 섬겨야 할 뿐만 아니라 세상의 나라인 국가도 잘 섬길 것을 말한 바 있습니다. 그렇습니다. 우리는 신실한 교인이 되어야 할 뿐만 아니라 동시에 세상 속에서 세상을 밝히는 건강한 시민이 되어야 합니다. 여기서 우리가 하나님 사랑과 이웃 사랑을 강조한 예수 그리스도의 말씀을 언급해 무엇하겠습니까.

그렇다면, 여기서 묻고 싶습니다. 이웃의 사적 시설물(불당)에 난입하여 큰 피해(1억 원 상당)를 입힌 것이 개신교인으로서 잘한 일입니까? 더욱이 민주 시민으로서 칭찬받을 일입니까? 결코 아닙니다. 오히려 자신의 신앙과 다르다고 하여 그들에게 강도처럼 불법을 행하고 테러를 일삼는 것은 비난받아 마땅합니다. 따라서 그러한 잘못을 지적하고 반성하는 일은 성서에 조금이라도 식견이 있는 기독교인이라면 마땅히 실천해야 할 도리입니다. 그런데 한국 교회의 현실은 오히려 종종 그 반대로 향하니 안타까울 뿐입니다.

다행히 개운사 훼불사건과 관련하여 저와 뜻을 같이하는 기독교 단체(한국교회연합/대표회장 조일래; 한국교회언론회/대표 유만석)가 있어 큰 위로가 되며 마음 깊이 감사드립니다. 그들은 〈타 종교에 대한 무례한 적대 행위 용납할 수 없다〉는 제목의 성명서를 각각 발표하면서 "나와 다르다는 이유만으로 타 종교와 타인에게 함부로 해를 끼치는 행동이 정당화된다면 전 지구촌의 공적이 된 반인륜적 테러집단 IS 등과 다를 바 없다."고 못박았던 것입니다(2016.1.20. 성명서 발표). 바라기는, 금번 사건을 통해 한국 교회에 우상숭배의 문제에 대한 바른 이해가 더욱 확산되기를 빌어 마지않습니다.

3. 우리 학교는 정통-보수신학이라는 주장에 대하여

얼마 전 본 사건과 관련된 《뉴스앤조이》의 보도(2016.5.16.)에 따르면, 그리스도의교회협의회 엄 모 총무는 기자와의 인터뷰에서 "우리 교단은 정통-보수신학을 가르친다."고 언급하면서 저의 신학적 문제를 제기하였습니다. 그런데 유감스럽게도 우리 대학의 신학 노선은 정관에 나와 있듯이, 정통-보수신학이 아니라 '환원운동에 기반을 둔 복음주의 노선'이라고 말할 수 있습니다. 제가 알기로 정통-보수신학은 장로교(합동 측)에서 종종 자신의 신학적 입장을 설명할 때 사용하는 표현입니다. 그렇다면 환원운동은 무엇입니까? 그것은 교리보다는 성서로, 교회의 분파나 분열보다는 성서적 초대교회로, 그리고 정형화된 교단으로부터 교회일치를 향한 운동성을 강조하는 참기독교정신의 회복운동입니다(황한호, 『교회일치와 환원운동』, 서울: 태광출판사, 2013, 제6장 참조). 말하자면, 환원운동은 초대교회의 순수한 성서적 신앙을 회복하는 운동(restoration movement), 곧 예수 그리스도에로 돌아가는 기독교 신앙의 각성운동이라 말할 수 있습니다. 그래서 환원운동을 사랑하는 사람들은 '성서로 돌아가자', '초대교회로 돌아가자'라는 모토를 외치는 것입니다. 따라서 환원운동은 성서적 신앙의 양심에 따라 모든 일에 "예수 그리스도라면 어떻게 할 것인가?"를 각자 판단하여, 기독교 신앙의 본질에서는 일치를, 비본질에 있어서는 자유를, 그리고 모든 일에 있어서는 사랑으로 실천하며 살 것을 강조하는 신앙운동이라고 말할 수 있습니다. 이런 점에서 새삼 우리 학교의 건학 이념을 이번 기회에 모든 그리스도의교회 목회자들에게 다시 교육할 필요성을 강하게 느낍니다.

4. 결론을 대신하여

그리스도의교회협의회 임원회의 요청에 따라 저의 신앙을 굳이 밝힌다면, 저의 신앙은 성서를 바탕으로 삼위일체 하나님을 믿는 신앙 위에서 환원운동을 추구하는 신앙이라 말할 수 있습니다. 따라서 서울기독대학교의 설립 이념인 환원운동에 기반을 둔 복음주의 노선과 부합한다고 감히 말할 수 있습니다. 그러므로 위에서 밝힌 바처럼, 그리스도의교회협의회가 본인의 신앙에 대하여 의구심을 갖고 질문한 것에 심심한 유감을 표하며, 부디 저의 소견이 잘 이해되기를 바랍니다.

끝으로, 본 사건이 본인과 우리 대학을 아끼는 많은 분들에게 걱정을 끼친 점 다시 한 번 유감으로 생각하며, 앞으로 본인은 서울기독대학교 교수로서 더욱 사려 깊게 행동할 것과, 신학 연구 및 교육에 더욱 분발 정진할 것을 다짐하는 바입니다. 감사합니다.

2016. 5. 31.

손원영 / 서울기독대학교 신학전문대학원 교수

종합토론

사회: 원영상

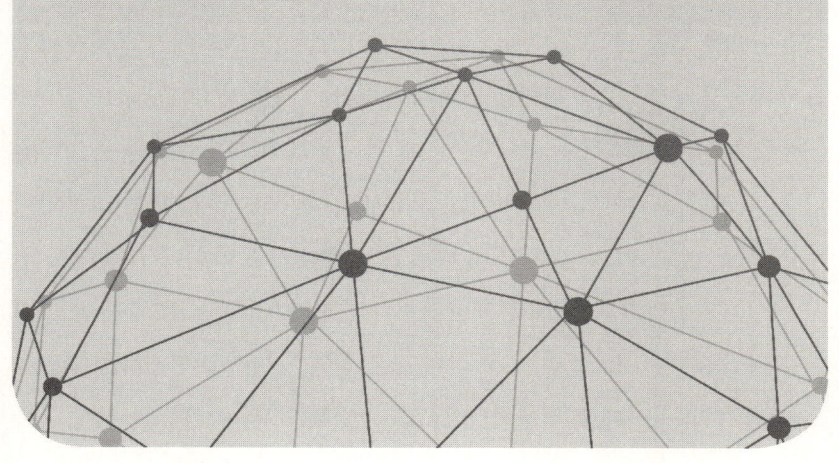

원영상   이번 제3부에서도 재미있는 난상 토론이 예상됩니다. 어느 분이 말씀 먼저 꺼내 주시겠습니까?

종교다원주의는 동일성으로의 회귀인가

이관표   어제는 불교 안에서 몇 가지 이야기에 대한 정리가 필요했다면, 오늘 오전에는 기독교 안에서의 정리가 필요해진 것 같습니다. 정경일 박사님께서 말씀하셨던 것을 종교다원주의라 전제하고 말씀드려 보겠습니다. 종교다원주의 정신은 굉장히 관용적이고 좋은 것처럼 보이지만, 제가 봤을 때는 동일성의 향수가 느껴지는 지점이 분명히 있습니다. 다시 말해, 포괄주의와 맥을 달리하는 것처럼 이야기하지만, 그 이면에는 포괄주의와 유사하게 동일성으로의 회귀를 드러내고 있는 것처럼 보입니다.

예를 들어, 종교다원주의는 여러 산과 하나의 종착점에 대한 이야기를 합니다. 하지만 한국인의 마음속에는 백두산과 한라산이라는 명산이 분명히 두 개 따로 있고, 이 두 산은 전혀 다르고 그 꼭대기도 다릅니다. 종교도 역시 마찬가지입니다. 그런데 종교다원주의를 강하게 제안하는 분들의 논의를 따라가 보면, 너무 쉽게 이 두 산이 같은 산일 것이라고 전제하는 입장을 두 개의 종교 사이에도 적용합니다. 하지만 백두산과 한라산은 전혀 다른 산이거든요. 하나는 제주도에 있고 다른 하나는 북한과 중국에 걸쳐 있는 산이기 때문입니다.

　종교 간에도 마찬가지입니다. 하나의 목적을 향해 가고 다른 두 길일지 아닐지는 우리 인간은 알 수 없습니다. 제가 비트겐슈타인의 가족유사성을 말하는 이유가 바로 이것입니다. 동일하다고 말하는 순간 더 큰 폭력이 될 수 있다는 점을 지적하기 위해서입니다. 김용표 선생님이 말씀하신 열려 있는 포괄주의도 조금은 염려가 됩니다. 왜냐하면 불교라는 거대한 웅덩이를 상정하고 무언가를 자꾸 담고 있지만, 사실 그것도 하나의 중심 안에 다른 종교들을 해소시키려는 폭력적인 것이 되는 게 아닌가 생각되기 때문입니다. 각자 고유한 길을 가고 있고, 비슷비슷한 산을 그냥 올라가고 있다는 것, 그 자체만을 긍정하는 것은 어떨까요. 종교의 다양한 길이 종교의 한 목표를 향해 일치해 간다고 주장하는 것이 중요한 것이 아니라, 그냥 다양한 삶의 방식으로 서로를 바라보는 자세가 더 중요한 게 아닌가 하는 생각이 들어서 말씀을 드립니다.

　이찬수　등산로는 다르지만 하나의 정상에서 만난다는 종교다원주의적 비유를 이관표 박사님은 동일성의 향수나 포괄주의의 다른 표현이라고 말씀하셨는데, 무슨 뜻으로 한 말씀인지 한편에서는 동의합니다. 그런데 그 비유에는 다른 측면도 있다고 봐요. '하나의 산' 혹은 '산의 정상'이라는 비유는 단순히 자기중심적 포괄주의를 말하려는 것이라기보다는 어떻든지 다양성을 연결시키려는 의도를 담고 있어요. 다양성을 단순히 획일적으로 통일시키기 위한 비유는 아니라는 겁니다. 지금 당장 확인할 수 있는 일방적 기준이 아니라, 신의 보편성이나 우주적 원리의 전체성 같은 것을 확보하려는 일종의 형이상학적 '가정'이에요. 경험적 다양성을 그냥 다양성으로만 끝내면 이들 간의 관계를 어떻게 설명하겠어요? 다르다고만 하고 차이만 주장하면 소통과 일치 혹은 공유를 어떻게 설명할 수 있겠어요?

물론 현실적 경험에서 종교들은 달라요. 하지만 지금은 다르더라도 어떤 방식으로든 다양성은 연결되어 있고, 또 언젠가 만날 수 있으리라는 개방적 전제와 미래적 희망을 가져야만 현실적 다양성과 궁극적 보편성을 모두 살릴 수 있는 것 아닐까 싶어요. 특히 기독교적 세계관에서는 그것이 포괄주의라면 포괄주의겠지만, 제 아무리 탁월한 기독교인이라고 해도 신은 다 알 수 없다는 신의 개방성과 초월성을 그렇게 표현한 것이라고 봅니다. 예수도 신을 다 알았던 것은 아니지 않습니까? 김용표 교수님이 불교는 열려 있는 포괄주의라고 말씀하신 것도 사실상 이와 통하는 의미가 아닐까 싶어요. 물론 이들 용어에 대한 이해가 서로 달라서 더 토론해야 할 필요도 있겠지만요.

초월의 여러 차원

이관표　김용표 선생님께 여쭤 보고 싶었던 것은 선생님은 예수의 삶에 대해서 '알 수 없음'을 계속적으로 강조하시는데, 결국에는 그 '알 수 없음'이라는 것들이 해방신학적 관점을 통해서 하나의 혁명과 변혁이라고 하는 뚜렷한 규정성을 갖고 나타나거든요. 이 두 가지가 어떻게 연결될 수 있는지 궁금합니다. 또 하나는 류제동 박사님께 여쭤 보고 싶은 건데, 선생님은 초월자에 대해 기독교가 갖고 있는 한계 같은 것들을 말씀하셨는데, 저는 오히려 동양이 서양에서 얘기하는 초월이라는 사상을 잘 이해하지 못하고 있다고 봐요. 서양 사상에서 말하는 초월이라는 것은 정말 단순하거든요. 초월자로서의 초월도 있지만, 내 자신이 나에게 머물지 않고 관계로 나아가는 것, 혹은 내 삶이 또 다른 방식의 새로운 메타노이아(metanoia, 回心)를 성취해 내는 것, 이런 것들도 하나의 초월의 방식으로 이야기가 되거든요. 이런 식으로 본다면, 불교 안에서도 초월에 대한 이야기들이 강조될 수 있지 않을까 하는 생각이 듭니다. 더 나아가서 이미 삼사라(sansara, 윤회)가 곧 해탈이고, 해탈이 곧 삼사라라고 얘기하는 그 방식조차도 초월과 내재 자체를 넘어서는 또 다른 초월의 모습은 아니겠는가 하는 생각이 들어서 말씀을 드립니다.

김근수　그리스도교를 나타내는 특징적인 표현으로 초월(超越)이라는 단어는 적절하지 않은 것 같아요. 그리스도교는 초월이 역사 안에 들어왔다는 것을 자랑하고 특징으로 하는 종교이기 때문입니다. 그리스도교에서 '초월'이라는 단어를 아예 쓰지 않고, 포함한다는 의미에서 '포월(包越)'을 쓰는 게 좋다고 생각해요. 그리스도교는 현실과 역사를 포함하면서도 그 너머를 전망한다는 것이죠. 이 세상과 관계없는, 이 세상 너머에 있는 초월은 그리스도교에서 아예 인정하지 않으니까요. 사람이 하느님에게 나아간다는 것이 아니고, 하느님이 역사 안으로 들어오셨다는 것을 그리스도교가 강조하고 있거든요. 그래서 초월이라는 단어는 어울리지 않는다, 차라리 '포월'이라는 단어가 어울린다, 이렇게 봐요. 하느님이 역사 안에 들어왔다는 게 중요하니까요.

초월은 폭력적인가 우상파괴적인가

이도흠　어제도 연기론 얘기가 나왔지만, 하느님을 초월적인 타자라고 하는 한, 기독교도 연기적인 인식이 있었음에도 이를 보지 못한다고 봐요. 초월적 타자라 할 때 실체론적인 틀에 얽매여서 동일성의 패러다임에 갇히게 되고, 그러면 아무리 다원주의로 간다 하더라도 동일성의 틀 안에서 타자에 대한 배제와 폭력을 행할 수밖에 없게 되지요. 그렇지만 폴 틸리히처럼 하느님을 '관계성의 원천과 힘'으로 해석하면, 신과 인간·나와 타자 사이에 포월도, 중생구제도, 역사도 가능하게 됩니다. 그렇기 때문에 저는 초월적 타자 개념에서 관계성의 원천과 힘으로서의 신의 개념으로 인식이 옮겨 가야 하는 게 아닌가 합니다.

이관표   그런데 오히려 그런 방식으로 연결이 되면, 우상파괴라는 게 힘들어지거든요. 신이라 불리는 어떤 사건/대상/실체, 그 무엇이든지 간에 여하튼 그것은 우리가 경험할 수 없다고 전해져 옵니다. 예를 들어, 유대교와 기독교 경전인 출애굽기에서는 신을 만난 자는 죽는다며, 신과 피조물 사이에 거리를 분명히 두고 있습니다. 그리고 바로 이러한 건널 수 없는 간극 때문에 우리에게 우상파괴가 중요하고 가능한 것입니다. 결코 만날 수 없는 간극이 있기에 우리는 영원히 끊임없는 우상파괴를 해야 한다는 점이 성립됩니다. 오히려 저는 궁극적 차원을 더더욱 초월적이고 '알 수 없음'으로 밀어내야지만, 종교적 경험의 다양성을 이해할 수 있게 되며, 나아가 우리에게 벌어지고 있는 종교 간 폭력이나 불신·몰이해 등을 줄여 나가고 더욱더 겸손해지는 계기가 된다고 봅니다.

이도흠   저는 정반대로 하느님을 초월적 절대자로 삼으니 우상이 생긴다고 봅니다. 그 초월적 절대자에 의존하여 자기의 불안과 불완전한 한계를 극복하고 '지금 여기에서' 재앙을 없애고 복을 빌어서 다시 삶의 전일(全一)을 도모하려는 데서, 아니면 보이지 않고 존재하지 않는 초월적 절대자에게 기대서 불안과 의심을 없애려 하는 데서 더욱 우상을 강화한다고 봅니다. 그 초월적 절대자를 볼 수도 확신할 수도 없으니 더욱 불안해지고 결국 우상을 만들어 소망을 가탁하거나 결국 일종의 자기기만일 마음의 평안을 얻는 것이지요.

초월과 포월

이찬수   토론할 때 언어 혹은 개념의 문제를 좀 정리해야 할 것 같아요. 지금까지 '초월'이라는 말이 많이 나왔고, 김근수 선생님이 그리스도교에서는 '포월'이라는 말을 써야 된다고도 말씀하셨는데요, 용어들이 연결되면서 다소 혼동도 있는 것 같습니다. 초월이라는 말은 영어로 하면 'transcendence'잖아요. 넘어(trans)간다(cend)는 것이거든요. 낱말 뜻상으로는 '넘어간다'는 건데, 철학적인 의미로 쓰면 초월은 인식론적인 겁니다. 인간이 지금까지 인식한 것을 언제나 넘어선다, 지금까지 인식된 것 안에 갇히지 않는다는 뜻입니다. 그러니까 변화도 있고, 진전도 있고, 이른바 발전도 있고, 넘어서 나아감이 있는 거예요. 신이 초월적 실재라는 말은 신은 인간의 인식을 언제나 넘어선다는 뜻이 되는 거죠. 그러니까 인식 행위만 놓고 볼 때에는 지금까지 말한 초월이라는 말이 어울리는 것 같아요.

공간 밖에 뭔가 있다는 식의 초월에 대한 이해는 일반 종교인들의 대중적인 이해라서, 연구자들의 토론으로는 가져오지 않는 게 좋겠다 싶어요. 신이 구름 너머에 있다는 식의 상상은 일반 종교인의 언어이지 학문적이고 정교한 언어가 절대로 아니거든요. 일단 초월을 인식 행위로서만 제한할 필요가 있을 것 같아요.

아까 김근수 선생님이 얘기한 '포월'은 원래 인하대 철학과에 계시던 김진석 교수께서 『초월에서 포월로』라는 책에서 처음 하신 말로 기억됩니다. 그때의 '포월'의 '포'는 포함할 때의 '포(包)'가 아니고, 기어간다는 의미의 '포(匍)'거든요. 이 땅의 고통스런 현실 속에 완전히 들어가 있으면서 넘어서는, 그러니까 고통의 현장을 무시하는 게 아니라, 고통의 현장 속에서 고통을 넘어서는, 땅바닥을 기어가면서 땅을 넘어선다는 차원의 '포월(匍越)'이라는 뜻입니다. 그런데 사람들이 한자를 빼고 한글만 보니까 '포함한다'는 뜻으로 이해하게 되었고, 어느 틈에 포함하면서 넘어선다는 의미로 쓰이고 있더라구요. 물론 그건 그것대로 의미가 있다고 봅니다.

제가 보건대 김진석 선생께서 쓴 '포월'은 인간의 실천적 행위와 관련된 거라는 생각이 들고요, 김근수 선생님이 아까 얘기하신 '포함하면서 넘어선다'는 그 포월은 기독교의 신에 해당하는 말인 것 같습니다. 신이 세상을 포함하면서 넘어선다는 거죠. 신이 세상 안에 내재하면서 또 넘어선다, 신이 고통 속에 있으면서도 넘어선다는 것이죠. 그리고 아까 얘기한 '초월'은 인간이 인식된 것을 또 언제나 넘어서는 신의 존재 양식을 말한 것이구요. 그러니까 인간의 인식 행위로서의 초월과 신의 존재 양식, 신의 작동 방식으로서의 포월과 인간의 실천적 행위로서의 포월은 구분해서 사용하는 게 좋겠다는 생각이 들어요. 때로는 초월이라는 말을 쓰더라도 포함하면서 넘어서는 포월(包越)과 기어가면서 넘어서는 포월(匍越) 두 가지를 모두 함축하는 의미로 쓸 수도 있을 것 같습니다만, 어떻든 용어를 정리하며 써야 할 것 같습니다.

불교는 충분히 드러났는가

김승철   아까 초월이 연기론과 어떻게 관계되느냐에 관한 말씀들을 많이 하셨는데, 초월이라는 개념에도 워낙 이해 방식이 다양하게 존재하겠지요. 초월자가 저 밖에 계신 어떤 분이라고 하는 것도, 물론 일반적으로 그런 방식으로 많이 이해되고는 있습니다만, 그것도 하나의 이해에 불과한 것이겠지요. 아까 류제동 박사님이 캔트웰 스미스에 대해 말씀하시면서 다르마의 초월성을 강조했잖아요? 그것이 전통적인 불교 이해와 상치되지 않느냐는 말씀을 하셨는데, 초월적인 다르마 이해가 불교적이 아니라고 과연 말할 수 있을까 하는 의문이 들어요. 예를 들어서, 좀 다른 맥락이긴 합니다만, 휴먼 클로닝(human cloning) 문제가 나왔을 때 미국의 신학자 테드 피터스(Ted Peters)가 뭐라고 했느냐 하면, 인간이 도대체 무엇인가 하는 것은 아직 나타나지 않았다고 했습니다. 그러니까 휴먼 클로닝의 문제를, 이것은 인간이 마치 자신이 하느님이 된 듯 자의적으로 행동하는 것(playing God)이라고 함부로 단죄하면 안 되고, 좀 더 신중히 생각해야 된다고 말한 적이 있습니다.

피터스의 말에 빗대어서 말씀드리자면, 저는 불교가 무엇인가 하는 것은 아직 완전히 드러나지 않았다고 생각합니다. 끝없이 역사가 진행해 가는 가운데, "과연 이것이 불교적인 것인가?"를 계속 물어 나가면서 지금까지 알지 못했던 '불교적인 것'이 나타난다고 생각합니다. 그래서 아까 캔트웰 스미스의 얘기를 빌리자면, 다르마의 초월성을 강조하는 것이 오히려 더 불교적이지 않을까, 그런 불교 이해는 있을 수 없는가 하는 것이 제 질문입니다. 거꾸로 말해서, 기독교가 전통적으로 얘기해 왔던 초월적인 하느님이라고 하는 것에 대해서, 불교의 연기론적인 세계관을 받아들여 연기론적으로 신을 이해하는 것이 오히려 더 기독교적이라는 이해가 충분히 가능하다고 저는 생각합니다. 그런 점에서 저는 지평이라는 것이 불교적 지평이 따로 있고 기독교적·유교적 지평이 따로 있는 것이 아니라, 현대의 우리에게는 의식적이든 무의식적이든 간에 지평은 이미 융합되어 있는 거예요. 그중에 어떤 역사적인 우연성을 통해서 좀 더 기독교적인 용어가 친숙한 사람이 있고, 불교적인 용어가 친숙한 사람이 있을 뿐이지, 사실은 지평은 이미 혼재되어 있는 것이 아닌가 생각해요. 저는 초월적인 다르마 이해가 불교적이 아니라고 하는 것은 재고해 볼 필요가 있지 않는가 생각하는데, 어떻게 생각하시는지 궁금합니다.

손원영   저도 관련된 질문을 드리고 싶은데요, 류제동 선생님께서 인용하신 캔트웰 스미스의 불교관에 대해 다른 선생님들 의견을 좀 듣고 싶습니다. 저도 스미스가 말한 초월적 실재나 다르마 같은 것들이 기독교와 불교가 대화할 수 있는 여러 접점 중에 하나가 될 수 있다는 생각이 들어요. 좀 더 구체적으로 말씀드리면, '법'이라고 할 때 스미스도 그걸 '로고스'라고 표현했잖아요. 근데 요한복음에 따르면, 로고스가 육신이 되었다고 하잖아요. 로고스 기독론이라고 할 수 있죠. 그렇다면 거기가 대화의 여지를 좀 이론적으로 탄탄하게 다질 수 있는 토대가 되지 않을까 하는 생각이 들거든요. 류제동 선생님이 조금 더 부연해 주셔도 좋고, 아니면 다른 선생님들께 그 가능성이 어느 정도나 되는지 여쭙고 싶어요.

경전은 지평 융합의 사건이다

이도흠   이런 생각이 듭니다. 김승철 교수님 말씀은 결국 이해와 지평 사이에서 끊임없이 '해석학적 순환'을 해야 한다는 거 아네요? 이해를 통해서 지평이 확장되고 융합이 일어나는 것이지, 이해 없이 지평의 융합이 일어나지 않는 거잖아요. 그리고 또 새로운 지평으로 새로운 이해를 하고요. 그렇게 해석학적 순환 속에서 계속 진리를 찾아가는 것이라 봅니다. 물론 가까이 다가가는 것이지 도달하는 것은 아니지요. 김승철 선생님 말씀대로 이미 지평의 혼재 내지 융합이 이루어져 있는데, 편견·집착·망상·이데올로기에 따라 보지 못하는 것이 문제입니다. 그다음으로는 맥락에 따른 해석이고요.

불교의 이해도 해석학적 순환을 하되, 맥락화와 탈맥락화, 재맥락화가 있어야 한다고 봅니다. 어제 말했듯 쌍용자동차 노동자 투쟁에 연대할 때 지식인으로서는 옳은 일일지라도 불자로서 분노하면 안 된다는 말을 듣고서, 경찰의 차벽 앞에서 수차례 질문을 하였습니다. "과연 이 자리에 부처님이 계신다면 나를 나무랐을까, 잘했다고 했을까?" 우선 관련 논문과 경전을 뒤졌습니다. 경전에 이를 긍정하는 문구가 없다면 저는 더 이상 참여하지 않아야 하지요. 아니면 불자이기를 거부하든지. 마침내 자비로운 분노에 관한 『대방편경』의 선장과 선원 이야기를 찾았습니다. 하지만 경전은 텍스트일 뿐입니다. "달을 그렸다."는 단순한 문장도 미술 시간의 맥락에서는 "지구의 위성을 그림으로 그렸다."이지만, 산수 점수를 물어보는 맥락에서는 "빵점을 맞았다."이며 화투판의 맥락에서는 "팔광 패를 들었다."입니다. 그처럼 텍스트는 맥락에 따라 의미가 달라집니다. 『대방편경』의 말씀이 나온 2,500여 년 전의 맥락에서 이를 해석하고 그 맥락을 제거한 다음, 이를 다시 현재 내가 발을 디디고 있는 맥락과 결합하여 해석해야 온전한 의미를 형성하게 됩니다. 이런 과정을 거치고서 과연 이 해석이 부처님의 뜻에 부합할까 아닐까 곰곰 반추해야 하지요.

정경일   경전이 맥락성을 갖는다는 말씀, 그리고 현대적 맥락으로 경전의 가르침을 해석해야 한다는 말씀에 전적으로 공감합니다. 그런데 사회적 맥락과 관련한 경전 해석에서 불교와 그리스도교의 차이가 하나 있는 것 같습니다. 불교 경전과 마찬가지로 그리스도교 성서도 현대와 다른 시대적 맥락에서 기록되었고, 그래서 윤리적 규범이 오늘의 그것과 다를 수밖에 없습니다. 예를 들면, 최근 한국 교회에서 큰 쟁점이 되고 있는 성소수자에 대한 태도에서 성서 시대의 입장과 현 시대의 입장은 같지 않습니다. 그래서 성서 해석을 놓고 논란이 많습니다. 그럼에도 불구하고 한 가지 분명한 사실은, 성서의 근본정신은 사회적 약자에 대한 하느님의 우선적 사랑이라는 것입니다. 그 정신에 비추어 성서를 해석하면 성서 안의 억압적·차별적 내용들을 비판적으로 볼 수 있습니다. 이도흠 선생님의 정치적 실천과 분노에 대해, 지식인이요 시민으로서는 괜찮지만 불자로서는 문제가 있다고 한 분의 비판은 분노하지 말라는 불교 경전의 가르침 혹은 최소한 문자에 근거한 것이기에 가볍게 부정할 수 없을 것 같습니다. 그리스도교 성서에도 정치적 실천을 부정하거나 약화시키는 내용이 없는 것은 아니지만, 예언자적 실천을 강조하는 성서적 전거가 있기에, 시민으로서만이 아니라 신자로서도 선과 악·정의와 불의를 구분하고 악과 불의에 저항할 수 있습니다.

그런데 불자들은 정치적 실천을 위한 근거를 경전에서 직접적으로 찾지 않는 것 같습니다. 그래서 시민으로서의 정치적·윤리적 삶과 불자로서의 삶을 분리하게 되는 것이겠죠. 이에 대해 이도흠 선생님께서 사회적 약자와의 정치적 연대와 실천을 '불설'이라고 주장하신 것이 무척 의미 있게 들립니다. 선생님의 그런 주장을 불교 공동체는 어떻게 받아들이는지 궁금합니다.

불설/비불설이 아니라 중심/주변의 문제다

이도흠　'불설/비불설'이라 할 때 그 용어를 업이나 윤회처럼 불교에서 당연하게 받아들였던 것이 사실 부처님의 말씀이냐 아니냐의 문제입니다. 그런데 제가 말할 때의 불설/비불설은 그것과 조금 차원이 다릅니다. 한마디로 불자하고 지식인이 분리가 될 수 없죠. 불자이자 지식인이어야지요. 그런데 자비로운 분노를 긍정한 문구가 경전에 없다면, 저는 그걸 찾기 전까지는 불자와 지식인과의 괴리를 현장에서 계속 느낄 수밖에 없는 거죠. 그렇기 때문에 그것이 합치가 되어야 하잖아요. 그 후에 초월이나 이찬수 선생님이 말씀하신 포월(匍越)도 가능해지고 그래야 이해의 차원에서 믿음의 차원으로 나아갈 수 있는 것이고요.

그런데 저는 불설/비불설의 문제가 아니라 중심/주변의 문제라고 봅니다. 옳고 그름의 문제는 아니라고 생각해요. 예를 들어 '고(苦)'도 '사회적 고(苦)'와 '개인적 고(苦)'가 있는데, 후자만 다루면서 고를 없애는 것을 개인적 문제이자 개인이 해결해야 할 과제로만 한정합니다. 하지만 사회적 고를 중심으로 다루면, 이를 산출하는 권력·자본·소집단에 대해 국가·제도·시스템을 비판할 수 있고 이것을 없애는 것을 사회적 과제로 삼게 됩니다.

업(業)도 마찬가지입니다. 전생을 업이나 숙명적인 것으로 해석하는 것은 불교적인 해석이 아니라고 치더라도, '공업(共業)'이라는 개념은 주변화하여 이 용어조차 아는 불자가 별로 없습니다. 공업 개념을 끌어들이면, 개인의 업장이 소멸하더라도 열반이 불가능하니 그 집단에서 범한 공업을 소멸하기 위하여 집단에 소속된 사회적 약자들의 구제/구원에 눈을 돌릴 수밖에 없지요. 공업과 사회적 고(苦) 등을 결합하여 불교를 다시 체계화하면, 옛날의 민중불교론보다 한층 더 높은 차원으로 승화된 '보살불교론'을 만들 수 있는 토대가 되리라 봅니다.

그래서 저는 21세기의 맥락에서 그동안 주변화하였던 개념들을 다시 중심화하여 재해석해야 한다고 보며, 저는 그 작업에 주력할 것입니다. 그렇다고 저의 해석이 무조건 옳다는 것은 아닙니다. 궁극적 진리를 제외한 진리들은 끊임없이 헤게모니 투쟁, 담론 투쟁의 과정에 있을 수밖에 없습니다. 다만 그동안 종교 권력층이 권력과 야합하여 해석을 독점하였기에 이들의 해석이 압도적으로 우월하였을 뿐입니다. 미국의 연방대법관인 벤저민 카도조(Benjamin N. Cardozo)가 "법관 재임 중 중립적이라고 생각한 판결은 나중에 보니 강자에게 기울어진 판결이었고, 약자에게 유리한 판결은 나중에 보니 중립적이었다."라고 말했습니다. 모든 것이 기울어진 상황에서는 약자들에게 편애적인 해석과 연대를 해야 오히려 공정함에 이를 수 있다는 지적이죠. 중용(中庸)에서 '중(中)'은 '산술적 균형'을 말하는 것이 아니라 올바름을 뜻합니다.

연기의 그물에도 권력이 작용한다

원효의 화쟁(和諍)에 대해 저하고 도법 스님이 논쟁한 지점도 바로 여기입니다. 도법 스님은 이를 모두 옳고 모두 그르다는 개시개비(皆是皆非)로 해석하며 화쟁위원회를 운영하셨습니다. 『장아함경』이나 『우다나경』에 보면 우리가 잘 아는 장님 코끼리 만지기 비유가 나옵니다. 원효는 이 비유를 끌어와 화쟁을 설명합니다. 누구든 코끼리를 말하고 있는 것은 사실이므로 옳지만[皆是], 누구도 코끼리의 전모를 보지 못한 채 부분을 전체로 오인하고 있으니 그르다[皆非]는 것입니다. 조성택 교수는 이를 근거로 화쟁의 핵심이 바로 개시개비이니, 다른 사람의 주장에도 귀를 기울이는 '평화로운 다툼'과 '경청'의 과정을 통해 코끼리의 전모를 완성할 수 있다며 이를 4대강·강정마을 문제 등 한국 사회의 갈등을 해결하는 데도 적용하자고 주장하였고, 보수도 그래야 하지만 진보 진영도 정부 쪽 이야기를 경청하라고 주문도 하였습니다. 도법 스님은 이에 부응하여 '진영의 감옥'에서 탈피하자며 4대강 문제 등에 정부 쪽과 이에 반대하는 사람을 함께 불러서 토론회를 가졌고, 노동문제나 종단 개혁에서도 이 방식을 고수하였습니다.

하지만 개시개비는 화쟁의 출발점일 뿐이며 핵심은 아닙니다. 화쟁은 '대립물 사이의 연기적 깨우침'입니다. 극렬하게 싸우던 두 집단이 서로 긴밀하게 의존하고 있어 상생하는 것이 모두 잘되는 길임을 깨우치면 싸움을 멈출 것입니다. 연기론을 현대 사회의 맥락에 적용할 때 가장 중요한 것은 연기의 그물망에 권력이 작용하고 있음을 놓치면 안 된다는 겁니다. 한 예로 군대에서 한 신병이 추운 겨울날에 찬물로 세수하고 있는데, 지나가던 소대장이 이를 보고 측은한 마음이 들어 "식당에 가서 온수를 달래라."고 했습니다. 신병은 그렇게 했다가 고참에게 군기가 빠졌다고 두들겨 맞았습니다. 다음 날 아침 인사계가 신병에게 "식당의 김 병장에게 내가 세수할 온수를 달래서 가지고 와라."라고 시켰습니다. 신병이 그리하자 인사계는 신병에게 그 물로 세수하라고 일렀습니다. 소대장과 인사계 모두 신병에 대한 자비심도 있었고 개시개비의 화쟁적 사고를 하였습니다. 하지만 소대장은 여러 조건을 고려하지 못하고 신병의 실체만 보았습니다. 반면에 인사계는 고참과 신병·자신과 신병 사이의 연기 관계, 특히 거기에 스민 권력을 파악하였기에 소대장과 다른 사고와 행동을 한 것입니다. 대립자 사이에 놓인 조건과 인과관계, 거기에 작용하는 권력관계를 무시하고 실체만 바라보고 개시개비하면, 관념은 가능할지라도 현실의 장에서는 화쟁이 이루어지지 않습니다.

실제로 4대강 사업, 봉은사 문제에서 한상균 사태에 이르기까지 권력과 약자들이 대립한 문제의 경우 양자를 불러다가 대화를 시켜서 도법 스님이 해결한 것은 아무것도 없었습니다. 정부나 종단이 압도적으로 강력한 권력을 갖고 있고 많은 진실을 은폐하는 상황에서 약자보고 상대방 입장에서 생각하라는 것은 아무리 동기가 순수하더라도 강자를 편든 것으로 귀결됩니다. 그러기에 세월호든 노동문제든 이 문제를 화쟁으로 해결하려면, 양자가 놓인 조건을 파악하고, 먼저 대화의 장만큼은 권력이 대칭이 되도록 만들어야 하고, 파사현정(破邪顯正)을 해야 합니다. 이것이 불가능하면 약자의 편에 서는 것이 바로 '공정한 화쟁'을 이루는 길입니다.

앞으로 저는 약자의 입장에서 편애적으로 사회적 고와 공업 등 불교 교리를 재해석하는 작업을 하겠습니다. 다만 너무 당위적인 데 치우치는 등 민중불교론이 실패한 요인들을 성찰하겠습니다.

  이관표 사회참여와 관련해서 제가 질문을 좀 드리고자 합니다. 예를 들어, 똑같이 신약학을 공부했던 기독교 신학자들도 전혀 다른 방식으로 예수의 말을 이해하고 해석하곤 합니다. 메노나이트(mennonites) 같은 평화주의자들은 예수 그리스도를 분명 정치적으로 해석하는데, 그 정치적인 목표가 전혀 다릅니다. 정치가 삶의 기술이고 무엇인가 얻으려는 것에 그 목표가 있어 왔다면, 평화주의자들은 그와 정반대로 모든 것을 그냥 내어주고 패배하는 것을 예수의 정치의 최종점으로 봅니다. 예수의 말은 저항이 아니라, 어떤 공격이 나에게 와도 그냥 패배하고 죽어 버리라는 것인데, 그럴 때 오히려 더 많은 변화가 일어난다고 보기 때문입니다. 예를 들어, 무기를 들고 나가서 싸우면 지금 당장 무언가가 변하는 것 같이 보이지만, 그건 변하는 게 아니라 그저 폭력의 되풀이와 원한 관계가 반복일 뿐이라는 것입니다. 오히려 모든 패배를 감내하고 내가 뒤집어썼을 때만 (평화가) 가능하다는, 그런 해석이 평화주의자들에게서 나오고 있습니다.

  그런데 이도흠 선생님께서 성찰하시는 내용을 들어보면, 불교에 사회참여가 부족하다고 계속 말씀을 하시는데, 사실 붓다의 가르침은 평화주의자들이 예수의 말씀을 해석하는 것처럼 모든 원한 관계와 업을 끊으라는 게 아닌가 여쭤 보고 싶습니다. 그러니까 사회문제에 실천적으로 참여했을 때 업은 더 발전하고 커지면서 우리를 더 힘들게 만드는 방식으로 가게 될 텐데, 이것은 부처의 본래 가르침으로부터 멀어지는 것은 아닌가 질문을 드리는 것입니다. 오히려 부처의 정신에 더 가까우려면 그 업을 끊기 위해서도 내가 다 받아들여 감당하고 인내해야 한다고 생각할 수는 없을까요? 그리고 이러한 자세는 기독교 평화주의자들이 예수의 정신을 해석하면서 강하게 이야기하는 바와 유사성이 있습니다. 원수가 오른뺨을 때리면 왼뺨을 내주고, 겉옷을 달라고 하면 속옷까지 내주는 식으로 하면 끊임없이 순환하는 원한 관계들을 끊어 버릴 수 있지 않을까요? 종교의 '참나'의 정신은 그런 게 아닐까 하는 생각을 하고 있습니다.

공업(共業)과 자비로운 분노

이도흠　요한 갈퉁(Johan Galtung)도 그랬잖아요. 단지 전쟁이나 갈등이 없는 상태는 소극적 평화이고 구조적 폭력을 없애는 것이 적극적 평화라고요. 나 혼자라면 오른뺨을 때리면 당연히 왼뺨을 내주어야 하지요. 저도 누구와 갈등이 있고 대화를 해도 해소가 안 될 경우 저 혼자에게 미치는 것이면 그냥 제가 손해 보는 쪽을 택해요. 그게 마음의 평안을 얻는 길이죠. 하지만 남의 뺨을 부당하게 때리는 사람을 저지하지 않으면 그 사람이 또 다른 사람의 뺨을 때릴 것이고, 그런 사람을 보는 저와 주변 사람의 마음은 평화롭지 못합니다. 업의 면에서 보아도 나의 업은 덜지만 그 사람의 업은 늘리는 게 됩니다. 저는 소극적 평화만을 평화로 고집하는 해석들이 기독교든 불교든 모든 사회적 문제를 개인의 문제로 돌리고 적극적 평화를 도모하는 데 장애가 되는 구조적 폭력을 상존시키도록 한다고 봅니다.

불교에서도 개인의 깨달음만 주장하는데, 이는 아프니까 청춘이라는 담론처럼 사회적 문제를 개인의 문제로 치환하여 사회 모순을 은폐합니다. 불교에서 오랫동안 지배했던 담론이, 분노는 무조건 정당하지 않다는 것만이 아니라 절이 싫으면 중이 떠나라는 것과 개인이 변화해야 세상이 변한다는 담론입니다. 절이 올바르게 운영되지 않으면 스님들과 불자들이 즉각 나서서 바로잡아야지 왜 의로운 스님들이 절을 떠나야 합니까. 개인이 변해야 세상의 변화가 오는 것은 사실이지만, 개인이 변화해도 세상이 변하지 않으면 그 변한 개인만 손해를 보고 핍박을 받으며 결국 의인이기를 포기하게 됩니다. 선한 사람이 손해를 보고 모든 이들의 업도 늘어나게 됩니다.

앞에서 말씀드렸지만, 불교는 지혜와 자비를 쌍으로 하며, 자비로운 분노는 불교 교리에 비추어 보아도 정당합니다. 사회적 고를 없애기 위하여 고를 산출하거나 심화하는 제도와 시스템을 개혁해야 진정으로 고를 멸할 수 있으며, 내 집단의 공업(共業)을 소멸시키기 위하여 사회적 약자들을 구제해야 비로소 나와 구성원들은 업장의 굴레에서 벗어나며, 마음과 몸의 평화를 이루게 됩니다.

원영상   이도흠 선생님의 앞의 얘기에서 정리를 해야 될 것이 있다고 봅니다. 먼저 불교는 초기불교와 대승불교를 구분해야 할 필요가 있습니다. 대승불교는 사실 초기불교에 대한 새로운 해석이죠. 아까 말씀하신 연기 문제는 대승불교에서 사회적 연기 차원에서 줄기차게 제기해 왔습니다. '업(karma)'도, 예를 들면, 인간 개개인이 지은 정업(定業), 인간 누구나 공통으로 갖게 되는 생로병사에 관한 천업(天業), 그리고 인간 사회 구성원이 함께 지은 공업(共業)의 세 가지 업으로 나누기도 합니다. 공업의 개념도 대승불교에서 발전해 나오는 거죠.

다음의 실체론 문제의 경우, 대승불교 차원에서 『법화경』에서는 구원본불(久遠本佛) 또는 구원석가불(久遠釋迦佛)이라고 해서, 부처가 이미 영원하신 하느님과 같은 존재로서 실체화되거든요. 화엄의 비로자나불이나 정토의 아미타불, 그리고 밀교의 대일여래도 마찬가지입니다. 이 모든 부처는 이법(理法)적인 법신불(法身佛)에 기초하고 있습니다. 이 전체 부처는 법신 혹은 법신불의 화현이자 개개 구성 요소들인 거예요. 이런 쪽으로 이미 대승불교는 기독교와 거의 같은 지점에 이를 정도로 '존재자'로서도 이미 구성되어 가고 있다는 점을 정리할 필요가 있다고 봅니다.

깨달음의 길에도 판단과 검증이 필요하다

명법　　아까 이관표 박사님이 말씀하신 그런 교리들이 현실적으로 어떻게 작용하는가 하는 측면을 보면, 승려들 사이에서도 그런 일들이 비일비재하고, 재가불자들도 마찬가지입니다. 많은 종교인들이 평화주의가 옳다고 생각하는데, 그런 논리가 정말 평화를 수용하는 태도인가, 아니면 무력감을 강화시키고 문제의 해결책 찾기를 포기하는 태도인가를 다시 살펴보아야 할 것 같아요. 좌파냐 우파냐 하는 것이 중요한 것이 아니라, 분명히 개인의 문제와 전체의 문제는 상호 관계 속에 있지, 어느 일방의 원인으로만 될 수는 없습니다.

하지만 종교가 개인적인 결단과 개인적인 변화를 촉구하는 건 분명한 것 같아요. 일반적으로 종교는 사회적 구원을 정치의 영역과 경제의 영역에 맡기는 경향이 있는데, 예를 들면, 달라이라마의 평화주의에 대해서도 과연 티베트의 현 상황을 타개하는 가장 훌륭한 문제해결 방법인가를 여러 측면에서 반성할 수 있습니다.

불교에서도 수연행(隨緣行)이라고 해서 모든 것을 감내하고 받아들이는 수행법이 있는데, 저는 그것도 굉장히 오해되고 있다고 생각해요. 그런 태도가 그냥 인생에 대한 무력감을 표현하는 게 아니에요. 감내한다는 것은 그 위기와 고통을 자기화시켜 가면서 감내하는 것이지, 나는 그것에 관계없이 나 혼자 좀 편안하게 지내거나, 그런 고민을 하지 않고 살겠다는 것은 아니라고 봅니다.

'수연행'은 달마 스님이 하신 말씀인데, 살다 보면 감내해야 할 시간들이 있어요. 살다 보면 자기 뜻대로 되지 않는 시간들이 있는데, 그건 감내할 수밖에 없거든요. 하지만 그 감내가 결코 무력감의 표현은 아니라는 거죠. 그런데 우리가 그런 이야기를 자의적으로 해석하면서 평화주의라고 윤색하게 되지 않았나 생각을 하게 돼요. 그래서 저는 그것을 사회참여냐 개인의 구원이냐의 문제가 아니라고 봐요.

불교에서도 도덕은 굉장히 중요합니다. 깨달음 이후에 도덕적 판단을 전혀 하지 않느냐, 모든 것이 용인되느냐 따위의 논쟁이 있는데, 그건 아니거든요. 깨달음으로 가는 길에서도 올바른 길이냐 아니냐에 대한 계속적인 자기 판단과 검증이 필요해요. 그렇지 않으면 모든 것이 용인되는 상대주의에 빠지게 됩니다. 그 때문에 불교 안에서도 많은 논쟁이 있었습니다. 깨달음의 방법에 대해서도 계속 검증과 비판을 해 온 겁니다. 그러니까 원칙이 없는 건 아니죠. 그 원칙들을 가지고 자기수행을 하는 것과, 그것을 다른 것에 적용해서 판단하는 것은 조금 다르게 보아야 할 것 같아요.

저는 아까 이관표 선생님 이야기가 의미 깊다고 생각합니다. 그리고 상대주의의 함정도 있다고 생각해요. 상대주의는 다양한 해석에 대한 용인과 이해가 우리를 폭넓게 하기 때문에 의미가 있는 것이지, 너는 너대로 하고 나는 나대로 한다는 것이라면 별 의미가 없다고 생각해요. 그건 상대주의도 아니고 다양성도 아니죠. 그냥 너는 네 살길 찾고, 나는 내 살길 찾자는 개인주의적인 삶을 조장하는 이야기죠. 지금 다원주의 해석에서 많은 '재현'이 있다는 말들이 크게 오해되고 있어서 이관표 선생님은 그것을 '공' 또는 '알 수 없음'으로 비워 놓고, 그것에 대한 다양한 해석들을 용인하는 방식으로 가자는 이야기이시잖아요.

이관표   그렇습니다. 인간의 유한성을 수용하고, 궁극적인 차원을 우리 마음대로 하려는 욕심을 버리고 끊임없이 자기비움과 우상파괴를 반복하자는 것입니다. 그렇게 될 때, 종교 간 대화라는 말을 굳이 하지 않아도 종교 간 전쟁은 없어질 것으로 보입니다.

방편은 편의주의가 아니다

명법   그러니까 그냥 다양한 해석이 아니라, 우리 손으로 잡을 수 없지만, 공통의 어떤 것을 상정하는 쪽이 우리를 좀더 겸손하게 한다, 그리고 다양성의 어떤 함의들, 결국 개인주의적으로 빠지는 것을 예방할 수 있다, 이런 말들은 굉장히 의미 깊게 받아들여집니다. 다만 '무' 또한 절대적인 것으로 절대화될 요인을 내포하고 있는 거잖아요? 불교에서도 그렇게 적용하는 사례가 있어요.

속제(俗諦)와 진제(眞諦) 개념을 그렇게 이해할 수도 있는데, 속제와 진제의 관계에서 속제를 단순한 편의로 이해하면 안 됩니다. 현실의 원칙을 적용할 때 그런 방법을 취할 수밖에 없다는 맥락에서 속제가 의미 있는 것이지, 그냥 편의적인 것은 아닙니다. 일반적으로 '방편'이라는 말을 굉장히 편의적인 의미로 쓰는데, 그것은 아닙니다. 가장 현실에 적합한 방식을 취하겠다는 의미이지, 이 편의도 좋고 저 편의도 좋다는 말은 절대로 아닙니다. 상황에 따라서 그 함의가 다양하게 해석될 수 있다는 점에서 방편설의 의미가 있다고 보지만, 진제에 대한 해석에 대해서는 아직은 잘 모르겠어요. 그걸 비워 둠으로 이해하는 것도 매우 의미 있다고 생각하지만, 비워 둠 또한 절대적인 것, 또는 그것의 재현이 될 수 있어요. 그래서 불교에서는 그것을 '공(空)'이라고 하여 '무'라는 개념이 절대화되는 것을 피하려고 했습니다. 심지어 '공'마저도 절대화하려는 시도에 대하여 '필경공(畢竟空)'이라고 주장하며 그 가능성을 철저히 없애고 있어요.

이찬수   '방편' 사상이 불교의 강점이라는 생각을 자주 했었는데요, 현실에 가장 적합한 방법을 취하겠다는 의미라는 말씀이 오늘 더 잘 와 닿네요. 어떻든 '방편'은 불교의 교리적인 자신감이랄까 민중적 포용성이랄까 그런 것을 잘 보여주는 것 같아요. 그런데 강을 건넜으면 뗏목은 버려야 하듯이, 방편이라는 것은 결국 버리든지 떠나든지 해야 할 것이잖아요? 언어도 결국은 방편이니까 불립문자(不立文字)라 말하기도 하는 것일 테고…. 그런데 버려야 할 것으로 버려지지 않을 어떤 세계에 도달한다는 것이 논리적으로 가능할까요? 버려지지 않을 이상적 상태에 도달하게 하는 것이라면 그것도 그러니까 방편도 결국은 버려질 수 없는 것이라는 뜻 아닌가 싶어요. 진제(眞諦)의 눈으로 보면 세상에 버려질 것이 어디 있겠어요?

내재적 초월과 범재신론

원영상   그 말씀 듣고 보니, 이찬수 선생님이 다른 글에서 '내재적 초월'이라는 말을 쓰셨던 게 생각나는데요. 오늘 초월에 대한 이야기도 많이 나왔고, 지금 방편에 대한 이야기도 나왔는데, 내재적 초월이 그와 연결되는 개념 아닌가요?

이찬수   존재하는 것들은 다 신과의 근원적 연결성 속에 있다, 그러니까 일종의 자기초월성을 지닌다는 의미에서 쓴 말이었는데요, 일전에 낸 범재신론(汎在神論)에 대한 책도 그런 거였어요. 이 책은 기독교의 유일신론이라는 말에 대한 오해가 너무 크니 이제는 새로운 용어로 신론을 재구성하자는 취지의 책이에요. 유일신론에 담긴 신이 '하나'라는 말을 숫자로만 이해하다가 신을 다신교 중의 최고신 수준으로 만들어 버리는 자가당착을 해결하려면, 이제는 유일신론이라는 말을 사실상 폐기해야 하지 않겠나 하는 거였죠. '신이 하나'라고 할 때의 '하나'는 숫자가 아니고 전체이자 근원을 의미하는 것으로 보아야 한다, 만물의 근원을 근원이 되는 숫자 '일'로 표현한 거다, 그런데 사람들이 단순히 산술적으로 이해하면서 '다른 것들보다 우월한 여러 가지 것들 중의 하나'처럼 생각하게 되었다, 이제는 그런 수준을 넘어서자는 거였어요. 이제는 유일신론이라는 언어 말고, 학계에서 쓰기 시작한 '범재신론'이라는 용어를 쓰면 좋겠다는 거였어요.

범재신론(panentheism)은 '모든 것(pan)은 신(theos) 안에 있다(en)'는 뜻인데, 신이 모든 것을 포괄하고 모든 것의 근거가 된다는 인식을 담고 있어요. 신은 모든 것에 내재하면서 동시에 모든 것을 초월한다는 거죠. 인식론적으로 신은 인간에 의해 인식되면서도 인식된 것을 넘어서고, 존재론적으로 신은 자연 안에 있으면서도 자연적 변화를 추동하고 그 지향점으로 여겨지는 일종의 힘이라는 겁니다. 그런 신의 존재 양식에 대한 인식을 담은 말이 범재신론입니다. 만물은 다 그 신과의 근원적 연결성 속에 있으니, 그 자체로 의미 있다는 뜻도 되고요.

원영상   그러니까 내재적 초월이라는 것은 인식론적인 것과 존재론적인 것의 결합이 가능하다는 말씀인가요?

이찬수   당연하지 않아요? 인식론과 존재론은 동전의 양면이고, 인식된 만큼 존재하는 것일 수밖에 없잖아요. 신은 인간 안에 내재하기에 인간에 의해 인식될 수 있으면서, 인식의 대상이기만 한 것이 아니라, 도리어 인식의 주체에 가깝다는 관점입니다. 동시에 자연 안에 있으면서 자연의 목적 혹은 지향점처럼 간주될 수 있는 어떤…. 이제는 범재신론적 사유를 해야 될 것 같아요. 원광대 노권용 교수님과 대화하다가 불교와 원불교에서 모두 범재불론(汎在佛論)이라는 말을 써도 좋겠다는 말이 나오기도 했어요. (웃음)

신과 인간의 대대성(待對性)

이관표 　그런 의미에서 봤을 때 여기에는 대대법 혹은 교토학파의 즉비 논리가 들어 있는 것이라 생각됩니다. 사실은 범재신론이라고 이야기하는 '대'가 화이트헤드 이론과 딱 들어맞는 것이 바로 이 때문입니다. 기본 단위는 '엑츄얼 엔티티(actual entity)'이고, 이것이 기본단위로서 자신을 유지하기 위해서는 결국 그 안에 있는 이중적인 모습, 예를 들어 정신과 물질·영혼과 육체 등의 이중성이 해명되기 위해서는 신이 그 이중성을 해결해야 합니다. 그래서 신은 한 명이 아니라 사실 두 명입니다. 원초적 본성과 결과적 본성으로 신을 구분하는 이유가 바로 여기에 있습니다. 그리고 결국 이 두 본성은 내재적 초월이라는 대대적 혹은 즉비적 개념을 통해서 하나로 연결됩니다. 이러한 대립하는 것들의 역설적 공존이 세상의 본래 모습이라는 깨달음은 여기가 공의 장이고, 원래 여여한 세상이고, 모든 역설을 다 껴안고 있다는 불교적인 정신에 가깝습니다. 그리고 이러한 대대법 혹은 즉비논리가 인정되지 않으면, 역설적 공존은 불가능합니다.

이도흠 　그러니까 근본적으로 이원론으로 보느냐, 아니면 대대(待對)로 보느냐의 문제라고 봅니다. 신과 인간의 관계를 이원적으로 볼 때는 초월을 비롯하여 여러 개념들에 문제나 오류들이 따르지만, 신과 인간의 관계를 대대적으로 볼 때에는 그런 문제들이 많이 지양이 된다고 봐요. 물론 백 퍼센트는 아니지만.

불일(不一)과 불이(不二)의 균형

원영상 　원래 이 불이(不二)라는 것은 사실 불일(不一)을 전제로 한 불이라고 할 수 있습니다. 대승 경전인 『유마경』에서 불이법문(不二法門)이 등장하는 것은, 예를 들면 이분법적인 유무(有無)・범성(凡聖)・생사(生死)・미추(美醜)・미오(迷悟) 등의 언어는 각각 상대적인 것이 전제된 개념들이기 때문에, 일차적으로 이 상대성에 집착하지 않아야 된다는 가르침을 주기 위한 것입니다. 유는 무라는 것이 전제된 유이며, 무는 유라는 것이 전제된 무인 것이죠. 언어적인 메타포(은유)는 이미 무언가 상대적인 것을 전제로 하고 있음을 유의할 필요가 있습니다. 그리고 그 전체가 하나라고 하는 것도 양쪽이 합쳐진 상태의 하나라는 것을 넘어서 있다는 것입니다. 굳이 일(一)이라고 하지 않고 불일이라고 한 것은, 그 전체라는 사고도 넘어서야 한다는 것을 의미합니다.

이관표 여쭤 보고 싶은 게 불이에 불일도 공속해야 하는 것이 맞지요?

이도흠 같이 가야죠. 예전에 교토포럼에 갔을 때 일본 학자가 저한테 그런 질문을 하더라고요. 니시다 기타로(西田幾多郞)가 병역도 거부할 정도로 평화주의자였는데, 왜 나중에 천황을 지지하게 되었는지에 대해 불교적 해석이 가능하냐고. 저는 이 질문에 "불일(不一)과 불이(不二)가 균형을 이루어야 하는데, 니시다가 처음에는 그랬는데 후기로 갈수록 불이에 기울어져서 세계와 인간을 해석한 것 같다. 그러면서 하이데거가 존재와 총통을 동일화하여 나치를 지지한 것처럼 니시다도 전일(全一)을 천황에 동일화한 것으로 보인다."라고 답한 적이 있습니다. 지금도 마찬가지인 것 같아요. 두 가지가 균형을 이뤄야 되는데, 어느 한쪽에 힘을 실어 주고 인식의 초점을 맞출 경우에는 니시다와 같은 오류를 범할 수 있다고 봐요. 행동에서든 인식에서든.

초월이란 문제의 의식이다

류제동   저는 좀 달리 생각하는데요, 이론적인 면에서는 균형을 그렇게 생각할 수 있겠죠. 그래도 어떤 면에서 그것을 메타적으로 해석한다면, 니시다나 박근혜랑 최순실 같은 사람들을 선생님은 균형을 깬 거라고 보고, 저는 악이라고 보는 거거든요. 명칭의 차이라고 생각할 수도 있을 것 같기는 한데, 그래도 좀 더 명확하게 보아야 할 것 같아요. 불교에서 고집멸도라고 하는데, 보통 사람은 고를 고라고 생각지 못해요. 그런데 부처가 더 초월적인 시각을 얻게 된 것은, 사람들이 그냥 희희낙락하면서 편안하게 사는 모습이 고를 고인지 모르고 사는 것, 독약이 독약인지 모르고 먹는 것, 이것을 보았다는 의미이거든요.

그러니까 초월적인 시각이라는 건 문제를 인식하는 시각이라는 거죠. 현실에 아무 문제가 없다고, 최순실도 그렇고 박근혜도 그렇고, 이런 사람들은 현실에 아무것도 문제가 없다, 그 태블릿 PC 내 거 아니다, 이런 식으로 인식을 하는 거잖아요. 정말 내면에서 그렇게 인식하는지는 모르겠지만. 하여튼 그러한 인식, 이기적인 인식, 자기의 인식을 왜곡할 수도 있는 뻔뻔함, 그런 인식을 초월해서 현실에 문제가 있다는 것을 의식해야 하는 것이지요. 좀 더 원시적인 인식이라는 건 이기적인 인식에서 못 벗어나고, 현실에 문제가 하나도 없다, 그게 자연스러운 것이다, 그러니까 자기 자식한테 다 물려주고, 편법 상속하고 이러는 게 문제가 없다고 당당하게 생각하는 거죠. 근데 그게 부끄러운 거라는 걸 인식하기 시작하면서 인간의 인식에 진화가 일어난다는 거죠.

현실에 문제가 더 많다고 인식할수록 문제를 더 많이 개선할 수 있게 되고, 그런 면에서는 불교와 기독교가 서로 만나는 것이 세상의 문제를 더 많이 발견하고 더 많이 치료할 수 있게 되는 데서 서로 접점을 찾을 수도 있고, 도움을 줄 수도 있다고 봐요. 의사를 보더라도 한 명의 의사가 치료할 수 있는 범위는 상당히 제한되지만, 의사가 많아질수록 진단도 더 좋아질 수 있는 거고, 슈퍼컴퓨터가 생기면 더 좋은 거고 그러니까요. 세상에 문제가 하나도 없다, 이렇게 생각하는 시각은 세상에 개선과 변화를 가져올 수가 없죠. 깨달은 사람일수록 고통을 더 많이 인식하고, 주변 사람들한테 고통을 더 인식하게 만드는 게 깨달은 사람의 일이라고 봐요. 제가 불교 경전을 읽으면서 감동받은 것 중에 하나가 보통 사람들은 가시를 손바닥에 올려놓은 사람과 같고, 깨달은 사람은 가시가 눈에 박힌 사람하고 같다고 그래요. 그러니까 깨달은 사람은 편안하게, 세상을 여여(如如)하게 맘 놓고 바라보는 게 아니라, 훨씬 더 괴롭고, 어떻게 보면 예수님처럼 십자가의….

김근수   나 깨닫기 싫어요.(웃음)

류제동   그런데 그만큼 고통이 있어야지 세상을 바꿀 수 있는 의지를 갖고 발심을 낼 수가 있는 거고, 분노도 낼 수 있는 거고, 앞장서 나갈 수도 있는 거죠. 십자가를 맬 수도 있는 거고요.

고(苦)냐 고통(苦痛)이냐

이찬수   간단한 용어 문제인데요, '고(苦)'하고 '고통'은 달라요. 불교의 '고'는 고통·통증이 아니잖아요? 일체개고(一切皆苦)라고 하듯이, 세상만사 실체 없는 것을 잡으려고 하는데 잡히지 않는 그 실상을 '고'라고 표현한 거니까요.

류제동   원어를 생각하시면 돼요. 고, 그러니까 두카(dukkha)라는 건 어그러져 있다는 거예요. 세상의 질서가 어그러져 있다고 인식하는 거죠. 자연 상태가 그대로 좋은 게 아니라는 거죠.

　이찬수　　잘못 얘기하셨다는 게 아니라, 우리말의 '고통'이라는 말은 무언가 의료적 치료를 받거나 해야 할 것 같은 뉘앙스가 들어 있어서, '고'라는 말에 담긴 철학적이고 무언가 깊은 실존적 의미를 퇴색시킬까봐 그런 거예요. 불교철학적 토론을 할 때는 가급적 '고통'보다는 '고'에 초점을 맞추는 게 좋겠다, 그런 제안이에요.

자비 없는 깨달음은 없다

　이도흠　　불교에서 말하는 고는 고통도 포함하지만, 좀 더 실존적이고 근원적인 고를 말합니다. 12연기로 보면, 무명(無明)에서 시작하여 고를 낳는 인과 관계, 혹은 이를 없애는 길에 대한 통찰이라 할 수 있습니다. 인간의 삶에서 보면, 유토피아든 개인의 꿈이든 모두가 이상을 꿈꾸지만, 이 세상의 최고의 부자든 권력자든, 모든 인간이 이상에 도달할 수 없기에 이상과 현실의 괴리에 괴로워합니다. 욕망은 신기루와 같아서 달성되는 순간에 결핍을 느끼고는 다시 욕망하게 됩니다. 모든 대상과 언어가 허상일 뿐인데 이에 집착하니 괴롭습니다. 인간은 살아 있는 한 이 고에서 벗어날 수 없습니다. 사회적 고는 그걸 올바로 인식할 수 있는 사회의식이 필요하지만, 이런 고에 대해선 개인의 성찰과 수행이 필요합니다. 신과 인간, 절대자와 상대자, 이상과 현실, 신과 인간의 문제도 이원론적으로 보면 류제동 선생님이 제기한 문제들이 발생합니다. 존재론적 단절과 불연속성이 건널 수 없는 강처럼 내재하지요.

　하지만 대대적으로 불일불이(不一不二)의 화쟁으로 양자를 보면, 현재를 올바로 직시하는 것이 올바름과 초월에 이르는 길이 됩니다. 12연기론에서 말하는 무명에서부터 비롯된 고, 개인적이고 실존적인 고와 그 원인을 직시하여 원인을 제거하면 내 안의 불성을 보게 되고 결국 열반에 이릅니다. 이것이 '내재적 초월'이죠. 내 안의 고를 제거하는 데 그치지 않고 내 주변의 가난한 이들의 현장으로 가서 그들의 고를 없애 그를 부처로 만들어 그 순간에 내 안의 불성 또한 드러나는 것은 '내재적 포월(匍越)'이지요.

티베트 불교에서 가장 중요한 교과서인 『보리도차제론(菩提道次第論)』을 보면, 수행을 3층 건물에 비유하는데, 2층이 선정이고 3층이 보살행이에요. 자비 없는 깨달음은 아직 2층에 머문 것에 지나지 않고, 보살행을 해야 비로소 완성에 이르는 것입니다. 반면에, 자꾸 말씀드려서 죄송하지만, 한국 불교는 자비 없는 지혜, 자비 없는 깨달음을 너무나 강조하고, 그것만이 깨달음의 길인 것처럼 하면서 스스로 암자불교로 전락하고 대중들이 차츰 절을 떠나게 만들었습니다. 제가 문제제기가 무조건 옳다는 것이 아니라, 이런 식의 해석이 있어 줘야만 불교가 균형을 잡을 수 있다는 거죠.

명법 저는 그렇게 생각 안 합니다. 선생님 말씀이 옳아야 한다고 생각해요. 그런데 단 한 가지, 자비 없는 깨달음이 있다는 말은 안 맞는다고 생각해요. 그리고 한국 불교가 언제부터 자비 없는 깨달음을 말했는지 확인해 봐야 합니다. 근대에 들어와서 깨달음을 더 강조하면서 그렇게 된 것인지, 전통을 얼마나 계승한 것인지는 모르지만 전근대까지 싸잡아서 비난할 수 있는지 더 살펴볼 필요가 있어요.

이도흠 네. 한국 불교의 종지가 교와 선의 원융이고 지혜와 자비의 화쟁인데, 다분히 근대적 현상이지요.

명법 그리고 그렇게 말했던 사람과 실천을 했던 사람이 또 다르거든요. 그러니까 담론으로서의 자비 없는 깨달음을 말한 사람은 있겠지만, 자비를 실천한 사람의 말 없음을 우리가 더 살피고 발굴해 내려는 노력을 해야겠죠.

자비의 실천 정토종, 한국에 있었나

원영상 그런데 대승불교의 가장 큰 신앙 계열에 속하는 정토의 신화에 나오는 아미타불은 사실 법장비구(法藏比丘)가 48원이라는 조건, 즉 별원(別願)을 세워 성공한 것입니다. 이미 자비를 내걸고 얻은 깨달음이거든요. 우리가 말하는 깨달음은 자비를 내포한, 자비적 실천을 전제한 깨달음이라는 것을 대승불교는 확실하게 내걸고 있습니다. 앞에서 왜 신란이 믿음이 곧 깨달음의 씨앗인 불성이라고 했는지 이해가 갑니다. 깨달음은 자비의 실천이라는 행위가 함께 이루어졌을 때 완결된다는 것을 가르치고 싶었던 것입니다. 정토불교하고 기독교하고 가까운 이유가 바로 자비의 구현과 대속(代贖)의 문제에 유사성이 있기 때문입니다. 기독교와 불교를 비교 연구하는 학자들이 불교 전체가 아니고 대승불교의 정토신앙 또는 사상을 대비시키는 이유가 여기에 있는 것입니다.

대승불교권에서는 정토신앙이 민중의 신앙으로 받아들여지고 있으며, 대승불교의 다른 유파들도 이러한 정토신앙을 기본적으로 내면화하고 있습니다. 단지 한국 불교에서는 선종이 주도적인 세력을 형성하고 있기 때문에 역사적으로 정토종이라고 하는 종파가 한 번도 형성된 적이 없습니다. 그러나 선종은 정토사상을 회통불교의 원리에서 포용하고 있다고 봅니다. 아무튼 기독교와 접하는 불교의 접점이 왜 정토사상인가 하는 점은 이러한 양자의 종교학적 차원의 유사성에서 기인한다는 점을 알 수 있습니다.

이도흠 잠깐만요, 정토가 한국 불교에서 한 번도 형성되지 않았다는 주장은 사실과 다릅니다. 지금 명법 스님이 말씀하신 것처럼, 근대 불교와 중세, 고대 불교를 구분해서 생각해야 합니다. 한 예로 신라시대 의상과 원효 이후부터 최소한 경덕왕(景德王, 742-765년 재위) 대까지는 노비인 욱면(郁面)이나 노힐부득(努肹夫得)과 달달박박(怛怛朴朴)과 같은 평민이 극락정토에 왕생하고, 경주 남산 등 서라벌 인근의 산에 아미타불을 무수히 조각하고 거의 모든 신라인이 극락왕생을 염원하며 경주 서쪽에 있는 선도산(서악)을 극락정토로 비정할 정도로 정토불교가 유행했고 지배적이었어요.

원영상   불교의 내적 역사에서는 그렇습니다. 그런데 제 얘기는 일본처럼 교단(order)이 성립되어 독자적인 체계나 교학을 가지고 활동한 적은 없다는 것입니다. 최근 신불교계에서 정토종이라는 종단을 세워 활동하고 있지만, 불교가 전래된 삼국시대 이후 근대까지 구체화되지 않았다는 것을 말씀드리고자 하는 것입니다.

이원론을 변호하다

김승철   아까 말씀을 들으면서 제가 이원론을 변호해야겠다는 생각도 좀 들었습니다. 이원론이 그렇게 간단한 건 아닌 것 같아요. 잘 아시겠습니다만, 화이트헤드가 『과학과 근대세계』라는 책에서 왜 자연과학이 서양에서 나왔을까에 대해 얘기하면서, 자연과학의 근원이 두 개 있다고 보지 않습니까? 하나는 인격적인 창조주에 대한 신앙이 있었기 때문에 자연과학이 가능했다, 또 하나는 희랍 비극에 등장하는 운명에 관한 이야기가 있었기 때문에 자연과학이 가능했다고 말했거든요.

인격적인 창조주 신앙과 과학이 어떻게 연관되느냐 하면, 창조주 하느님이 만든 것이기 세계는 피조물이에요. 창조주 하느님과 피조물은 완전히 분리됩니다. 피조물은 하느님이 만든 것이기 때문에, 하느님이 엉터리로 마구

잡이로 만든 게 아니라, 거기에 어떤 지적인 계획이 있다고 본단 말이죠. 동시에 이 피조물은 신적인 것이 아니기 때문에 인간이 얼마든지 분석하고 메스를 가할 수 있는 거예요. 그렇기 때문에 자연과학이 생겼다는 말이거든요. 그렇게 볼 때 창조주와 피조물을 가르는 이원론에서 자연과학이 나왔다고도 할 수 있습니다. 그 문명의 혜택을 지금 우리가 입고 있고요.

지혜와 자비를 얘기할 때에도 사실은 자비를 배제한 지혜가 필요할 때가 있죠. 그렇기 때문에 모든 경우에 이원론이 나쁘다고 말하는 것은 좀 어폐가 있지 않을까 생각해요. 그리고 이원론이라고 얘기할 때도 아까 이도흠 교수님이 말씀하신 대로 그 맥락에 따라서 사용을 해야지, 그것을 전체적으로 그렇다 아니다 말하는 것은 논의를 진전시키기 위해서는 오히려 마이너스가 되는 게 아닌가, 그런 생각을 해 봤습니다.

이도흠 그래서 도법 스님께서 화쟁위원회를 처음 만든 뒤 저보고 화쟁위원들에게 화쟁에 대해 강연을 하라고 했을 때 제가 가장 강조했던 점이 '화쟁(和諍)'이라는 것은 '쟁(諍)'을 통한 '화(和)'라는 거였어요. 그 '쟁' 중에 중요한 것은 이원론적으로 분할하여 바라보며 대립하는 일상 세계의 문제입니다.

발제문에서 말씀드린 대로, 실제 세계는 A and not-A, 밤인 동시에 낮이지만, 일상의 차원에서는 A or not-A, 밤과 낮을 구분해서 말해야 서로 소통이 이루어집니다. 궁극적 진리가 말을 떠난 것이지만 일상에서는 말로 설명을 해야 학생들이 알아듣습니다. 그래서 화쟁에서도 중요한 것인 일심(一心)과 이문(二門)을 화쟁하는 것입니다. 무지개를 흔히 7가지 색이라 하지만, 빨강과 주황 사이에도 무한대의 색이 존재합니다. 그처럼 세계는 혼돈(chaos) 그 자체로 하나입니다. 하지만 명도와 채도에 따라 색을 구분해서 질서인 코스모스(cosmos)로 만들어 이것과 저것으로 나누어 주어야 우리는 그에 대해 설명할 수 있고 소통할 수 있고 활용할 수 있습니다.

　마찬가지입니다. 일상의 차원에서는 밤과 낮·이데아와 그림자·진리와 허위·이성과 감성을 구분해야 분석·해석·설명·소통·이용이 가능합니다. 일단 이원적으로 우리 앞의 세계를 나누는 것이 우선입니다. 하지만 이럴 경우 이것이 허상인데 이에 집착하고, 양자 가운데 한쪽에 우월성을 부여하여 동일성에 의한 배제와 폭력을 낳고, 코스모스에 현혹되어 세계 그 자체의 실상(實相)을 보지 못하는 등 여러 문제가 발생합니다. 이런 문제가 있고, 또 실제 세계는 연기적이고 대대적인 관계에 있는 혼돈 그 자체이기 때문에, 양자를 화쟁하여 일심으로 돌아가야 합니다. 화쟁위원회가 실패했던 요인 가운데 하나는 이문(二門), 곧 국가와 시민·자본과 노동·종단과 불자들이 극렬하게 대립하는데 이를 무시하고 무조건 양자의 화합을 주장하면서 일심(一心)에 이를 수 있다고 착각했기 때문이에요. 그런 착각 때문에 실은 양비론이나 양시론으로 기울어졌고 이는 권력자에게 유리한 결론으로 귀결되었지요.

　원영상　근데 이 문제에 하나 개입해야 될 점이 있습니다. 그 무엇을 옳다 그르다 설정하는 것, 또는 절대적이라고 지칭하는 것에 대해 불교가 집착해서는 안 된다는 가르침이 기본적인 원칙이거든요. 그 이유는 체험한 진리라는 것이 생각이나 언어로는 표현이 불가능하다고 보기 때문입니다. 이러한 근본 가르침의 배경하에 깨달은 자의 언어를 전파하고 있습니다. 결국 불경이나 성경은 불교에서 볼 때, 텍스트가 아니고 진리라는 그 무엇에 대한 컨텍스트가 되는 것입니다. 다르마(Dharma, 법 또는 진리)는 끊임없이 재해석될 수 있는 여지가 있기 때문입니다.

　그런데 기독교에서는 성경의 무오류설은 차치하더라도 기본적으로 성경의 말씀 그 자체를 하느님과 동일시하는 그런 차원에 놓고 보고 있습니다.

이럴 경우, 불교와 기독교의 대화의 가능성, 혹은 경전 상의 대화가 어떻게 이루어질지 궁금합니다. 또한 이러한 지점을 놓고 양 종교가 경전에서 선과 악을 어떻게 설명하고 있는지 궁금합니다.

악은 상대적이기만 한가, 상대악과 절대악

이관표   이제는 텍스트를 근거로 한 질문을 좀 드리고자 합니다. 불교와 윤리의 관계에 대한 이야기입니다. 니시타니 케이지(西谷啓治)의 『종교란 무엇인가』에 '공과 시간'이라는 장이 있습니다. 그런데 그 장과 관련하여 계속 논쟁이 되는 것이 있는데 그것은 바로 니시타니가 아우슈비츠의 문제를 상대적인 악이라고 말하는 지점입니다. 다시 말해, 니시타니는 아우슈비츠가 분명 최악의 사건이긴 하지만 그렇다고 절대적인 악일 수는 없고 상대적일 뿐이라고 말합니다. 그리고 이것을 중심 없는 중심으로서의 불교의 특징이라고 이야기합니다. 오해를 사지 않기 위해 분명히 해야 하는 것은 니시타니 역시 사람들이 자신의 이야기를 껄끄럽해 할 것이라는 사실을 알고 있었다는 점입니다.

하지만 모든 절대를 타파하지 않으면, 불교의 기본적인 살불살조라든가 인간이 자기 스스로 업으로서 받아들여야만 하는 죄책감들에 대해 말할 수 없다는 것입니다. 왜냐하면 만약 절대악이 있다면, 나는 그냥 거기에 따라 간 것이며, 그래서 나의 책임이 아니라 그 절대악이라는 식으로 변명을 하게 된다는 것 때문입니다.

그런데 과연 그런 식의 접근 방식을 택했을 때 우리가 세계 안에서 무슨 얘기를 할 수 있을지 궁금해지는 것이 사실입니다. 아우슈비츠라든가, 우리에게 가까운 것으로 본다면 세월호 사건이라든가 이런 문제가 발생했을 때, 기독교인들은 그것이 분명히 절대악이며, 그것을 극복하기 위해 노력해야 한다고 말합니다. 그런데 모든 것들을 상대화하는 불교에서는 절대악을 말할 수 없기에 어떤 비참한 사건도 상대악이라고 말할 수밖에 없는 것인지요?

김근수 그런데 우리 중에 아우슈비츠 갔다 온 사람 있어요? 저밖에 없는가요? 단체로 여행을 한 번 다녀와야 하나요. (웃음)

명법 저는 니시타니 책에서 말하는 상대악이라는 개념이 뭔지를 잘 모르겠네요.

이도흠 불교 자체가 선과 악을 구분하는 것을 배격하지만 불교 밖에서 보더라도, 저는 니시타니가 상대악과 절대악을 구분한 자체가 별로 의미가 없고, 특히 절대악이라는 용어 자체가 어불성설이라고 생각합니다. 물론 상대적 악과 맥락적 악은 성립하지요. 하지만 선과 악이란 것 자체가 상대적이고 연기적이며 맥락적인 것이고, 인간이 특정 시대에 사회라는 장(場) 안에서 규정한 것입니다. 무엇보다 선과 악의 구분은 맥락성을 갖습니다. 아들이 아버지에게 대드는 행위가 무조건 악이 아니라, 관직에 있는 아버지의 부정과 부패에 대해 직언하는 맥락에서는 외려 선입니다. 70년대만 하더라도 20대 처녀가 혼인 전에 사랑하는 이와 성행위를 하면 악으로 규정하였지만, 지금은 일부 극단적인 사람들만 그렇게 규정합니다. 동성애도 마찬가지입니다. 그렇다고 포스트모더니스트처럼 모든 진리와 선악에 대해 회의하자는 것은 아닙니다. 중요한 것은 '맥락'과 '지향성'입니다. 히틀러에 대해서 여러 평가가 나올 수 있지만, 인간의 존엄을 거의 모든 나라의 헌법에 규정하고 이 가치를 지향하는 20세기의 맥락에서 이를 심대하게 훼손한 것은 분명히 악입니다. 절대든 상대든, 맥락성과 지향성을 살피지 않고 선과 악을 규정하는 것은 편견·집착·망상·이데올로기입니다. 그러니 늘 파사현정이 필요합니다.

이관표 　그것도 또 다른 방식을 통해서, 또 다른 기준을 통해 가치와 의미와 사실판단 등이 바뀔 수 있다는 것으로 저희들은 해석을 합니다. 상대악이라는 개념을 쓴 이유가 절대적인 것은 없다, 그렇기 때문에 이 악이 있고, 그것이 우리에게 당장 괴로울지라도 조금 다른 방식으로 해석할 여지가 있다, 뭐 이런 식으로 저희들은 받아들이기 때문입니다.

명법 　저는 사실 교토학파의 불교 해석에 상당히 의문을 제기하는 사람이에요. 그런데 지금 우리의 이야기를 통해서 보면, 불교에서 용어는 언제나 상대성 속에 있는 것입니다. 개념 자체가 말입니다. 그래서 절대악이라는 개념도 상대성 속에 있는 것이죠. 그런데 니시다니가 말한 '어떤 것은 상대적이고 어떤 건 절대적'이라는 말 자체가 굉장히 자의적이지 않은가 싶어요.

교토학파에 대하여

이찬수 　니시타니에 대해 박사 논문을 썼던 사람으로서, 좀 끼어들어야 할 것 같은데요. 이도흠 교수님과 명법 스님 말씀하신대로 악은 상대성 속에 있습니다. 니시타니는 스승 니시다 기타로를 따라 '장소'라는 말을 중시하면서, '의식(意識)의 장(場)', '허무(虛無)의 장(場)', '공(空)의 장(場)'이라는 표현을 씁니다. 악이든 죄든 의식의 장에서 규정되는 일이고, 의식의 장은 표상의 영역이며, 악이든 죄든 표상 작용이라는 거죠.

　그러나 의식의 뿌리인 자아도 뿌리가 없는, 말 그대로 '허무'한 것입니다. 그러니 죄나 악의 뿌리도 허무하다는 겁니다. 의식의 장에서 악은 상대적인 것이어서 분명히 다른 상대에 의한 극복의 대상인데, 허무의 장에서는 극복할 악 자체는 물론 극복의 주체도 없다는 거죠.

그런데 극복할 악 자체가 없다는 자각이 악에 대한 새로운 이해로 이끕니다. '허무의 장'에서 '공의 장'으로의 전환이죠. 공의 장에서는 악이 극복의 대상이 아닌 채로 극복의 대상이 됩니다. 의식의 장에서 악은 상대적이지만, 공의 장에서 악은 절대적입니다. 이때 절대적이라는 말은, '대(對)를 끊었다[絶]'는 의미에 담겨 있듯이, 악의 실상이 고스란히 악의 실상으로 드러난다는 겁니다. 그래서 '절대악'입니다. 단순히 다른 것과의 관계 때문에 악이 발생한다는 '연기적(緣起的)' 측면이 아닌, 어쩌면 화엄불교의 '성기적(性起的)' 측면에서의 악에 대한 해석이라고 할 수 있을 것 같습니다.

물론 악이니까 그것은 분명히 극복의 대상이에요. 그런데 '절대악'이라는 말을 쓴 것은 그 심층에서 보면 뿌리가 없는 허무한 것이기에, 사실상 구원될 것도 없는, 역설적으로 그 자체로 신의 구원 형태라는 겁니다. 신란의 '악인정기설'과 통하는 말이라고 할 수 있어요. "악인도 구원되는데 하물며 선인이랴."는 신란의 말처럼, 악은 그 자체로 신의 전능 속에 있다는 겁니다. 성철 스님 때문에 유명해진 '산은 산, 물은 물'이라는 말의 논리와도 동일합니다.

공의 장에서도 악은 극복의 대상입니다. 그러나 의식의 장에서 말하는 치고받고 싸우는 그런 극복이 아닙니다. 니시타니는 이런 식으로 악에 대해 말하고 있습니다. 사람이 악을 하는 행위, 악을 행할 수 있는 힘 자체가 이미 신이 자기부정적으로 현현한 사건이라는 겁니다. 니시다 기타로가 인과 인간의 '역대응(逆對應)'이라는 말을 한 적이 있는데, 그 말도 같은 논리 안에 있어요. 어떻든 이것이 '절대악'의 의미입니다.

선·악보다는 선업·악업으로 풀어야

정경일　　악의 형이상학적 문제는 그리스도교에서도 단순하지 않습니다. 하느님은 악을 미워하고 악인을 벌하신다고 하지만, 전지전능하고 전적으로 선하신 하느님이 왜 악을 허용하시느냐 하는 신정론의 문제가 있기 때문입니다. 예를 들면, 홀로코스트를 자행한 히틀러는 절대악이라고 얘기할 수 있지만, 전지전능하고 전적으로 선하신 하느님이 왜 대학살을 막지 않으셨는지, 그리고 히틀러가 그런 악을 저지르고 영벌에 처해져야만 할 것을 아시면서도 왜 그를 존재하게 하셨는지, 즉 하느님의 전지전능함과 전적 선함 중 하나를 포기해야만 해결되는 신학적 문제가 생깁니다. 이런 신학적 문제에 대해 모두를 만족시킬 수 있는 이성적 논리는 없습니다. 신정론은 그리스도교 이성의 무덤입니다. 그러니 하느님이 계신데도 홀로코스트가 왜 있었는지 하느님은 히틀러도 구원하실 것인지에 대해 신학적으로 추론하기보다는 오늘의 홀로코스트인 세월호 참사와 같은 고통을 막고 줄이고 없애기 위한 실천에 더 집중해야 합니다.

명법　　선악의 개념을 대체할 수 있는 개념은 업이에요. 불교에서는 선업이냐 악업이냐로 구분합니다. 그리고 그것은 불교적으로 보면 상대적이에요. 왜냐하면 업이라는 건 사라지고 없어지고 변할 수 있다는 것을 전제로 하기 때문이에요. 그래서 업의 결과를 받는데, 그것이 또 결정적인 것만은 아니거든요. 악업을 저질렀다고 악과를 받는다는 원칙이 100프로이면서도 100프로가 아닌 거예요. 참회라든지 발심이라든지 하는 과정을 통해 업을 변화시킬 수 있고, 그 점에서 내재적 초월이 가능합니다. 그럴 때 공성(空性)이 초월의 가능성으로 제시됩니다. 그렇지만 업은 업이기 때문에 갚아야 되는 거죠. 어떤 방법으로 갚느냐는 것은 서로 조금씩 다르지만, 불교에서 궁극적인 갚음은 내재적 공성에 대한 이해와 깨달음으로써 갚는 것입니다.

원영상　'대리고(代理苦)'라는 개념이 있어요. 일본의 무라오카 키요시(村岡潔)라는 학자가 제시한 이론입니다. 의사로서 불교학을 연구하고 있는 이분이 일본의 질병 발생 통계를 통해 특정한 질병이 일정한 기간에 일정한 비율로 발생하고 있다는 것을 발견했습니다. 보통 병을 앓고 있는 사람들을 향해 자신의 건강관리에 대한 부주의를 비난하는 희생자 비난 이데올로기라는 것이 있다고 합니다. 질병과 고통은 본인이 지은 업으로 귀착되고, 당사자는 자신을 책망하게 됩니다. 그런데 일정 부분, 예를 들어 5%의 사람들이 질병을 앓고 있다고 한다면, 나머지 95%는 항상 건강하게 살 수 있도록 이 5%의 사람들이 병에 대한 예방을 하도록 끊임없이 경책하고 집단의 건강을 위해 의학을 발전시키도록 하는 자기희생적 보살의 역할을 한다는 것입니다. 이 5%의 사람들은 대리고의 역할을 한다고 보았습니다. 그리고 환자와 건강한 사람이 언제나 고정되어 있는 것이 아니고, 그 역할은 언제든 바뀌며 순환되는 구조 속에 있다고 합니다. 여기서 제기되는 점은 업에 대한 새로운 해석과 예수의 대속의 의미에 대한 종교 간의 대화, 그리고 종교의 사회적 역할이란 무엇인가 하는 물음에 대한 해답을 구할 수도 있지 않을까 하는 점입니다.

이관표　그런데 오히려 그렇게 얘기를 하면 고통당하는 사람들 입장에서 하는 말이 아니라, 5%에 해당되는 사람들에게 우리 마음 편하자고 원인을 돌리는 게 아닌가요? 조금 문제가 있는 것 같습니다.

원영상　그것은 아니죠.(웃음) 기본적으로 우리가 집단 전체를 보고, 고통 받는 자들을 어떻게 볼 것인가 하는 인식의 새로운 전환을 통해 해석의 여지를 확장시켜 보자는 것이지요. 기본적으로는 불교의 업과 고를 새롭게 해석해 보는 하나의 방법론, 그리고 종교의 궁극적인 역할을 한번 생각해 보자는 것입니다.

원영상　자, 재미있게 토론하다 보니 어느 틈에 마칠 시간이 거의 되었습니다. 여기서 좌장 격에 해당되는 김용표 교수님께 오늘의 토론에 대해서 정리하는 말씀을 좀 부탁드리겠습니다.

이원적 현실에서의 불이적 지혜

김용표　제가 어제 저녁에 자리를 비워서, 색신은 왔다 갔다 했지만, 법신은 항상 여기에 있었습니다.(웃음) 이 세 번째 토론 시간이 이번 대화의 정점에 있지 않았나 하는 생각이 듭니다. 손원영 교수님의 실천적 대화의 한 예를 접하면서 감동적이었고요, 감동을 떠나서 같은 아픔으로 다가오는 얘기였습니다. 김근수 선생님이 종교는 진리 이론이기 이전에 기쁨으로 먼저 다가온다는 상당히 시적인 표현을 하셨는데, 저는 기쁨보다도 오히려 타인에 대한 아픔으로 다가오는 게 종교 아닌가 그런 생각을 했습니다. 그게 대승불교에서는 공성이 윤리적으로는 곧 보살도로 표현이 되는 거죠. 대자대비라고 할 때 사랑을 베푸는 '자'보다는 연민의 정을 함께하는 '비'를 더 중요시합니다. 남의 아픔을 함께하는 것이 보살의 '대비'입니다.

그런 차원에서 세 번째 세션의 의미를 생각해 보면, 우선 가난한 사람을 위한 신학을 말씀하셨는데, 가난한 사람이 행복하다, 이렇게 얘기하면, 가난하다고 행복할 사람이 누가 있으려나 걱정이 되긴 하는데요, 그 가난한 사람을 가난으로부터 벗어나게만 해 주면 그 사람이 진정 행복해질까, 너무 현실의 문제만 해결하려고 하다가, 더 근원적인 문제 해결을 못 하지는 않을까 염려가 돼요. 해방신학이나 민중불교가 이러한 피상적 구제의 길로 빠질 수도 있지 않을까 하는 생각이 듭니다. 가난을 근본적으로 해결해 주는 것은 유심론적인 측면에서, 마음의 가난을 축복으로 생각하고, 마이스터 에크하르트의 말과 같이 마음이 가난하다는 것은 청빈한 마음으로 정말 비워야 되고, 아무것도 원하는 게 없고, 얻을 바도 없고, 또 소유할 바도 없는, 그런 마음을 가질 때, 그 가난은 축복이 되지 않을까요? 이러한 것이 근본적으로 해결되어야 하지, 가난한 사람을 물질적으로 좀 벗어나게 해 준다고 해서 과연 행복해질까 하는 의문이 듭니다.

그 문제와 관련해서, 이원론과 불이론에 대한 이론들이 거론되었는데, 제가 생각하기에 대승불교는 이원론이라고 하지만, 실은 불이적 이원론(不二的 二元論, non-dualistic dualism)의 논리 구조를 지니고 있다고 보아야 합니다. 둘이 아닌 지혜가 현실에 어떻게 적용되는가, 이게 불이적 이원론의 취지입니다. 불이적 지혜와 이원적 현실이 항상 연결되어야 합니다. 깨달음의 지혜는 항상 이원론적 세계에서 적용되는 것이고, 그런 과정이 바로 종교인의 삶의 과정이라고 봐요. 그렇기 때문에 불이론만 얘기하면 안 되고, 불이적 이원론으로 항상 생각해야 되겠다는 것입니다. 그것을 천태학에서는 일심삼관(一心三觀)이라고 합니다. 이는 중관에서 나온 이론이지만, 세상에 '가(假)'와 '공(空)'과, 그것을 다시 통합하는 '중(中)'으로, 초월과 현실, 이런 모든 문제를 동시에 하나의 관점으로 보아야 한다는 것이거든요. 어느 한쪽으로 치우치지 않는 게 중도 곧 '공'이라고 합니다.

자비도 이러한 차원에서 볼 수 있습니다. 이도흠 선생님이 말씀하신 '자비로운 분노'에 과연 경전적 근거가 있느냐고 고민하시는데, 『십일면관음신주경』에 근거한 석굴암 11면 관음상에 보면 관세음보살님 모습에 분노상이 있습니다. 그것은 분노도 자비의 한 기능으로서 표현되고 있다는 것이죠. 하나의 교육적인 문제이기도 한데, 교육적 사랑이 꼭 베풀어 주는 것만 사랑이 아니라, 경책과 매질을 하는 것도 사랑이고 교육이다 이거죠. 탐욕과 악행에 빠진 중생을 보고 그를 고통에서 구제하기 위한 교육적 목적으로 성낸 모습을 보이는 것입니다. 그럴 경우에 관세음보살님의 11면 분노상은 종교교육적 의미가 있다고 보는 거죠. 그러나 이를 너무 강조하여, 폭력을 정당화하거나, 정의의 전쟁을 찬양하는 식으로 나갈 때에는 상당히 종교를 왜곡하게 되는 상황이 되기 때문에, 그 문제는 그 정도로 생각을 해야 할 것 같습니다.

그다음에 이찬수 교수님이 말씀하신 초월적 실재, 다르마에 관련된 문제인데, 다르마란 개념이 힌두교나 불교에서 다양한 의미로 쓰이고 있습니다. 이 문제는 비단 불교와 기독교를 떠나서 좀 다른 관점에서 볼 필요도 있다고 봐요. 도가의 '도'라는 개념을 가지고 이 문제를 보면 좀 더 합리적으로 보이지 않을까 생각이 되거든요. 도라는 말에도 여러 의미가 있습니다. 우주의 근원이라는 의미로도 쓰이고, 하나의 원리·인간이 따라가야 할 길로도 쓰이거든요. 그런 도의 개념이 사실 다르마의 개념도 다 포함하고 있고, 때로는 초월적으로도 되고 내재적으로도 되고, 또는 공성으로도 표현이 되고, 신성으로도 표현이 됩니다.

마이스터 에크르트의 경우에는 신과 신성을 구분하면서, 신성을 절대적인 무(無)로 표현합니다. 불교로 얘기하면 신성은 공성이다, 이렇게 표현하기 때문에 초월적 실재라는 하나의 용어로만 표현할 때는 상당히 오해의 소지가 있을 수 있다는 거죠. 언어의 한계와 뉘앙스로 인하여 그런 뜻으로 표현하지 않았다고 하더라도, '초월적 실재'라고 말할 때 벌써 불교를 공부한 사람들은 뭔가 본능적으로 딱 알레르기 반응이 있거든요.(웃음) 특히 '공' 사상에 젖어 있는 분들은 뭔가 유(有)적인 표현에 집착하는 듯한 그런 스타일의 표현이 나오면, 즉각 반응이 나올 수밖에 없어요, 본능적으로. 저 같은 경우에도 그래요. 그래서 『수타니파타』에 나오듯이 '그물에 걸리지 않는 바람처럼'이라고 표현하면 그게 성공적인 표현이 돼요.(웃음) 그렇지 않으면 성공하지 못한 표현이에요. 학자들은 뭔가 표현의 묘를 가지고 있어야 하는 거거든요. 자꾸 바람에 걸리는 표현을 하면, 여기저기서 비판이 막 나올 수밖에 없죠. 그거 방어하려면 피곤하고 그러니까, 이왕이면 그물에 걸리지 않게 표현하는 게 좋지 않을까, 생각이 들어요.

그리고 손원영 선생님 말씀을 들으면서 생각한 것은, 훼불사건이라는 구체적인 사례를 통해서, 우리가 여기에서 열고 있는 심포지엄의 주제가 하나의 실천으로 집약될 수 있겠구나 하는 생각이 들었습니다. 실존적으로 어떻게 도와 드려야 될까 걱정도 되고요. 여기서 어제 우상이라는 말이 나왔는데, 과연 우상을 파괴한다는 게 뭐고, 또 우상을 숭배한다는 게 뭐고, 이런 문제에 대해 다시 한 번 생각해 보는 계기가 되었다고 봅니다. 우상숭배는 불교의 본질적인 측면에서도 문제가 됩니다. 동국대학교에서도 이런 비슷한 일이 일어났었거든요. 동국대 팔정도 교정에 서 있는 큰 부처님 입상의 가슴에 밤중에 누가 빨간 십자가를 선명하게 그려 놓고 갔어요. 그 사건이 일어나고 나서 매우 큰 충격이 불교계를 강타했어요. 마치 부처님이 폭격을 받은 듯이 반응을 하고, 학교 재단 이사장님이나 총장님이 참회를 하면서 우리가 부처님을 잘못 모셔서 그렇다고 자괴도 했습니다.

그러나 부처님은 과연 십자가를 가슴에 그린 이를 어떻게 보셨을까 다시 생각해 보았습니다. 온 불교계와 학교에서는 그 훼불사건 이후 불상 주변에 24시간 감시하는 카메라를 설치하고, 불상을 지키는 초소까지 만들었어요. 지금 거론된 개운사 훼불사건은 더욱 과격해진 경우입니다. 실질적으로 큰 재산 피해가 났고, 종교의 자유와 헌법 위반적인 문제 등을 야기했습니다. 우상숭배 하는 종교를 없애야겠다는 기독교적인 신념에서 저지른 것이 이

사건의 본질입니다. 어떻게 보면 확신범입니다.

이와 다른 차원에서 불교는 우상숭배를 경계합니다. 불교 조사어록에는 어떤 스님이 목조불상을 불태우고 사리를 찾는 시늉을 한 유명한 일화가 있습니다. 부처를 자신 안에서 찾지 않고 목조불상에서 찾으려는 마음을 경책한 것이니, 정말 우상을 타파하신 거죠. 그런 문제도 한 번 생각해 볼 수 있는 계기가 되었습니다. 개운사 문제는 상당히 복잡한 문제로 비화가 되고, 오늘 심포지움도 그런 인연으로 만들어진 상황이라서, 오늘의 법연을 계기로 바른 종교교육과 정당한 행정 처리가 이루어져 이 문제로 야기된 모든 일이 원만하게 잘 해결되기를 바랄 뿐입니다.

레페스심포지엄, 계속 이어 가자

김승철　이 모임이 참 감사하고 좋은 주제들이 많이 나왔던 것 같아요. 참 많이 배웠습니다. 제 개인적인 욕심을 말씀드리자면, 이 대화를 이번으로 끝내지 말고 앞으로 지속적인 모임으로 갔으면 좋겠다는 생각이 들어요. 사실은 제가 있는 난잔종교문화연구소(南山宗教文化研究所)에서 '난잔심포지엄'이라는 형식으로 모임을 갖고, 그 결과를 정리한 책을 열 권 이상을 냈습니다. 발제문에 토론 녹취록을 정리해서 내는 식으로 말이지요. 우리 모임도 그런 시리즈로 내면 큰 공헌이 되지 않을까 하는 생각을 해 봤습니다. 그래서 이 모임을 여기서 끝내기는 너무 아쉬워서, 2차 3차 계속하면 어떨까 싶습니다. 그런 차원으로, 다음번 모임이나 다다음번 모임에는, 실제로 불교와 기독교의 대화를 통해서 불교를 통해 기독교를 새롭게 이해하려고 했던 분이라든지, 아니면 역으로, 기독교를 통해 불교를 새롭게 이해하려고 노력했던 분들의 저서를 같이 읽고 토론을 하면, 이야기가 좀 더 구체화되고 명료해지지 않을까 생각이 됩니다. 이번에 논의된 내용들 하나하나가 굉장히 중요한 주제들인데, 너무 많은 내용들이 한꺼번에 나와서, 좀 더 내용을 좁힐 필요가 있지 않나 생각이 듭니다. 예를 들어서, 토마스 머튼의 책을 같이 읽고 몇 분 발표하시고 토론한다든지, 아니면 야기 세이치 선생하고 아키즈키 료민(秋月龍珉)—이분은 유명한 스즈키 다이세츠(鈴木大拙)의 비서였던 분인데—두 분이 대화를 해서 책을 많이 냈습니다. 물론 하나의 예에 불과하겠습니다만, 제가 말씀드리는 것은, 구체적으로 그분의 삶 속에서 오랫동안에 걸쳐서 그런 것을 기록으로 남겨 놓으셨던 분들의 일기도 좋고, 저서도 좋고, 그런 것들을 중심으로 대화를 이어 가는 게 어떨까 싶어서 감히 제안을 드립니다.

이도흠   그러면 저는 약간 수정하는 제안을 하겠습니다. 어제 뒤풀이 자리에서도, 주제가 좋으니 앞으로도 계속해 보자는 얘기가 나왔습니다. 그리고 이번에는 포괄적으로 했다면, 앞으로는 인간관이든 진리관이든 수행이든 집중해서 진행하면 좋겠고요. 책을 읽고 토론하는 건 조금 문제가 있을 거라고 봐요. 그래서 주제별로 대화를 할 때 머튼(Thomas Merton)이든 니터(Paul Knitter)든 그 주제에 맞는 책을 선정하여 그 주제로 모이는 가운데 한 명이 발제를 하는 걸로 대신하였으면 합니다. 다음으로 책 출판과 재정이 문제가 되는데, 출판사에 제안을 해서 선인세로 달라고 하고, 모자라는 것은 갹출을 하면 우리 모임이 지속될 수 있을 것 같습니다. 결론적으로 재정은 우리가 각자 부담을 하고 이찬수 선생님은 공간 문제만 책임을 지는 식으로 진행을 해 나갔으면 좋겠어요.

이찬수   네, 저도 여기 계신 분들 모두 가능하신 대로 이 모임을 이어 가면 좋겠어요. 반드시 고정된 멤버십을 가지기보다는 융통성을 가지고 느슨하게 가도 좋겠다 싶어요. 예산 문제는 모임을 실속 있게 최소화하면 얼마든지 해결할 수 있을 것 같고요. 토론을 정리하고 지속적으로 알차게 보완하는 게 더 큰 문제일 텐데요, 무엇이든 방법을 찾아보면 되지 않을까요?

정경일　불교-그리스도교 대화 모임들이 많은데, 이 모임의 독특성은 사회적 고통에 대한 관심이 될 수 있을 것 같습니다. 그리고 이번에는 너무 많은 주제들을 다루어서 깊은 토론으로 들어가지 못해 아쉬웠는데, 다음부터는 한 주제를 가지고 집중적으로 대화를 나누면 좋을 것 같습니다.

이찬수　이번처럼 1박 2일로 해야 집중적이고 연속적으로 토론할 수 있는 데다가 결과를 내기에도 더 좋을 것 같습니다.

이도흠　그러면 이렇게 하면 어떻겠어요? 우리가 1박 2일은 방학 때를 제외하고는 어려우니, 1년에 한 번 내지는 두 번 하기로 하고, 방학 때 모이는 날짜를 지금 미리 잡는 거예요. 그래서 그날은 다른 일정을 잡지 말고 서로 조정하는 것이 좋겠습니다.

원영상　자, 그럼 일단 1년에 두 번 정도 하는 걸로 하고요, 날짜나 장소 정하는 건 이찬수 교수님에게 위임하는 것으로 하고, 오늘 토론은 여기서 마치겠습니다. 모두 수고하셨습니다. (박수)

찾아보기

[ㄱ]

가다머 38
가유(假有) 87, 89, 95
가족유사성 70, 74
개운사 188, 252
개운사 훼불사건 189, 206, 251
경전 218
고(苦) 235
고통 235
공(空) 57, 74, 75, 87, 128, 129
공감 83
공교 27
공동 133
공동 지평 135
공사상 129
공성 22
공업(共業) 225
공정한 화쟁 223
공존 135
공허 74
과정신학 108
관계론 51
교토포럼 233
교토학파 74, 92, 244
구원 177, 181
구원론 152
권력 222
그리스도교 164, 167
그리스도인 182

근본주의 143
『금강경』 23
기독교 16, 17, 24, 25, 55, 59, 71, 72, 92, 132
기독교 신학 37, 96, 108
기복 146
깨달음 56, 227, 237, 247

[ㄴ]

나약함 77, 78
내재적 초월 230, 237
녹조 104
녹조라떼 104
눈부처 80, 83, 84
눈부처 차이 80, 82
니시타니 243, 244, 245

[ㄷ]

다르마 52, 177, 250
다원주의적 다원주의 43
대대론 54
대대법 232
대대성 232
대대적 54
대리고(代理苦) 247
대속성 144
대승불교 155, 238
대화 17, 18, 19, 20, 71, 185
도덕 228
도덕법 175
도법스님 222, 223

[ㄹ]

라캉(Jacques Lacan) 88
레이몬드 파니카 36
레페스심포지엄 252
로고스(logos) 95, 142

[ㅁ]

마이스터 에크하르트(Meister Eckhart) 28
맥락 243
모순 91
무자성 128
무한히 열린 포괄주의 23
믿음 149, 151, 159
밀교 27
밀교적 기독교 96

[ㅂ]

바른 신학 교육 201
방편 229, 230
범재신론 230, 231
변혁 166
보살 63, 139, 140
부처 66, 67, 82, 101
부활 125
부활 신앙 125
불교 16, 17, 18, 31, 36, 52, 59, 60, 71, 73, 92, 96, 103, 132, 164
불교 경전 220
불교 전통 174
불당 회복을 위한 모금운동 189

불립문자 58
불생불멸 110
불성 28, 114, 115
불이 232
불이적 이원론 249
불이적 지혜 248
불일 232, 233
불일불이 62
불자 51, 95, 182
붓다 22, 23, 50, 73, 122, 169, 175, 177
붓다의 길 182, 186
비신화화 37, 38
비움 74, 78
비판불교 100, 101, 103

[ㅅ]

사랑 61, 63, 64
사성제 159
사회참여 224
상대악 242, 243
상대주의 228
상의성(相依性) 109
생명 99
선(禪) 57
선업 246
성서 165, 219
성직자 142
셀프(self) 90
수연행 227
수행 147
슈온(Frithjof Schuon) 27
신 55, 56, 107, 109, 112, 231
신관 25

신란 155, 156, 238
신성 250
신앙 149
신앙인 32
신학 30, 36, 140
신학 교육 202
실천 93
실체론 51, 107, 226
심층적 대화 33
심층 종교 94
심층 종교 경험 134
심포지움 118
싯다르타 56
12연기 110, 236

[ㅇ]

아놀드 토인비 29
아애식(我愛識) 89
악 103, 245
악업 246
악인정기설 155
알버트 아인슈타인 29
야기 세이치 29, 90, 115
얀 반 브라후트 42
양자물리학 87
언어 58, 165
업(業) 221, 225, 246
에고(ego) 90
에른스트 트뢸치 42
에이즈 104
에이즈 바이러스 103
역사의 붓다 166
역사의 예수 165, 166

역사적 우연성 144
연기 100, 101, 102, 104, 222
연기론 53, 93, 97, 99, 102, 103, 105, 108, 109, 111
연기법 159
연기설 98, 103
열반 59, 60, 61, 123, 124, 125, 128, 174, 237
염불 113
예배 17, 72, 116
예수 25, 30, 50, 66, 67, 82, 122, 140, 141, 142, 144, 165, 167
예수의 길 182, 186
예수의 종교 144
예수 중심 배타주의 142
우상숭배 203, 204, 251, 252
우상파괴 114, 115, 214
원불교 116
원효 32, 62, 147
월칭(月稱) 26
윌프레드 캔트웰 스미스(Wilfred Cantwell Smith 172
유대교 72
윤회 99, 110, 125
의심 85
이상 55, 236,
이웃 종교 19, 22, 202, 203, 205
이원론 54, 55, 94, 239, 240
이제설 32
이중적 감정 72
이해 38, 247
인간 55, 57, 59
인과 52
일회적 인생 126

[ㅈ]

자기 90
자기 규정 112
자기비움 76
자기애 26
자력 145, 150, 151
자력종교 147
자비 61, 63, 64, 236, 237, 240, 249
자비로운 분노 158, 225, 226
자비심 64
자성 57
자아해리(自我解離) 177
자연과학 43
자유 84
저항 100
전통 신학 33
절대악 242, 243, 245
정교 분리 17
정법(正法) 175
정의로운 분노 65
정토신앙 155
정토종 238
정통-보수신학 206
제7식 91
존재자 56
종교 17, 18, 19, 43, 117, 134, 135, 139, 144, 183
종교 간 대립 16
종교 간 대화 16, 17, 19, 33, 40, 46, 47, 115, 138, 189
종교교육 252
종교다원주의 25, 33, 210, 211
종교 대화 30

종교불학 30, 31
종교의 천국 18
종교인 32
종교철학과 24
종교 평화 188, 189
죽음 154
『중론』 110
중보자 139
중보자 예수 139, 144
중생 63
중용 222
즉비(卽非) 92
지성인 32
지절 111
지평 38
지평 융합 218
지향성 243
지혜 60, 63
지혜의 종교 157
진속불이(眞俗不二) 62
진여 56, 57
진화론 43
질 들뢰즈(Gilles Deleuze) 82

[ㅊ]

차이 135
창조적 대화 32
체득 107
철학 19, 23
초월 212, 213, 215, 216, 234
초월성 130

[ㅋ]

케노시스(kenosis) 74, 75, 76, 77

[ㅌ]

타력 145, 146, 150, 151
타력신앙 146
타력종교 147
타자 39, 83
토마스 머튼(Thomas Merton) 180
토마스복음 143
토마스 쿤 45

[ㅍ]

패러다임 43, 47, 53, 94
편재성 149
평등 104
평화 226
포월 213, 215, 216
폴 니터 43
폴 틸리히 116
필경공 229

[ㅎ]

하느님 52, 55, 56, 59, 112, 126, 128
하느님 나라 59, 60, 61, 123, 124
하늘나라 55
하인리히 오트(Heinrich Ott) 37
한국 개신교 202
한국 교회 202, 219
한국 불교 63, 237

한국 사회 16, 19, 20, 47, 189, 222
해탈 107
허무 244
헬라화 42
현대 불교학 86
혜능 58
화쟁 223, 236, 237
화쟁위원회 222, 240, 241
화회 해석법 32
환원운동 206, 207
환희심 84
희론(戲論) 26, 31
희생 78
힘 숭배 72, 73, 74

저자 소개

● 김근수 : 해방신학연구소 소장. 평신도 신학자이며, 가톨릭 인터넷신문 〈가톨릭프레스〉의 초대 편집장을 맡았다. 연세대학교 철학과를 졸업하고 독일 마인츠대학교에서 신약성서를 전공한 뒤, 엘살바도르 중앙아메리카대학교(UCA)에서 아시아인 최초로 혼 소브리노에게 직접 해방신학을 배웠다. 『가난한 예수』, 『슬픈 예수』, 『행동하는 예수』, 『교황과 나』 등을 저술했고, 『해방자 예수』, 『희망의 예언자 오스카 로메로』 등을 번역했다. 프란치스코 교황을 직접 만나서 『교황과 나』를 헌정하였다.

● 김승철 : 난잔대학 인문학부 교수. 바젤대학교 신학부에서 박사학위를 받았고, 부산신학교 교수, 긴조가쿠인대학 교수를 거쳐, 현재 난잔(南山)대학 인문학부 교수 및 난잔종교문화연구소 소장으로 있다. 『벚꽃과 그리스도』, 『무주와 방랑』, 『神と遣傳子』 등을 저술했고, 『침묵의 소리』(엔도 슈사쿠), 『장소적 논리와 종교적 세계관』(니시다 기타로), 『참회도의 철학』(다나베 하지메), 『예수의 역사 2000년』(야로슬라프 펠리칸) 등 다수의 책을 번역했다.

● 김용표 : 동국대학교 불교학부 명예교수, 미국 템플대학교 대학원 종교학 박사, 한국종교교육학회장, (사)한국불교학회장, (사)한국교수불자연합회장, BK21세계화시대불교학교육연구단장 등 역임. 저서로 『불교와 종교철학』, 『포스트모던시대의 불교와 종교교육』, 『경전으로 본 세계종교(불교)』, 시집 『해조음』 『보리행경』 등이 있다.

● 류제동 : 성균관대학교 한국철학과 초빙교수, 서강대학교 종교학과에서 박사학위를 받았고, 금강대학교 HK연구 교수, 중앙대학교 철학연구소, 성공회대학교 신학연구원 연구교수 등을 지냈다. 『하느님과 일심』, 『인간본성에 관한 철학이야기』(공저), 『보리수 가지치기: 비판불교를 둘러싼 폭풍』(역저) 외 다수의 책과 논문을 썼다.

● 명법 : 화엄탑사 주지, 은유와마음연구소 대표, 서울대학교 예술문화연구소 객원연구원, 문화재청 문화재위원, 한국선학회 학술이사, 사)한국명상지도자협회 이사. 서울대학교 미학과에서 박사학위를 받고 운문승가대학 교수, 능인불교대 교수 등을 지냈다. 『은유와 마음』, 『미술관에 간 붓다』, 『미국 부처님은 몇 살입니까』, 『선종과 송대사대부의 예술정신』, 「무지한 스승으로서의 선사」, 「불교지성의 시대적 과제와 현대적 모색」 등 다수의 저서와 논문을 썼다.

● 손원영 : 서울기독대학교 신학전문대학원 해직교수. 서울기독대학교 교무연구처장 및 신학전문대학원장, 한국기독교교육정보학회장을 역임했고, 현재 한국종교교육학회 부회장 및 예술목회연구원장으로 있다. 『기독교교육의 재개념화』, 『프락시스교회론』, 『기독교문화교육과 주일교회학교』, 『한국문화와 영성의 기독교교육』, 『영성과 교육』, 『참스승』(공저), 『예술신학톺아보기』(공저), 『환상과 저항의 신학』(공저) 등 다수를 저술했다.

● 원영상 : 원광대학교 정역원 연구교수. 일본 교토 불교대학 석사, 문학박사, 한국불교학회 운영이사, 일본불교문화학회 회장. 저서로는 『아시아불교 전통의 계승과 전환』(공저), 『승가대학 교재: 한권으로 보는 세계불교사』(공저), 『佛教大学国際学術研究叢書: 仏教と社会』(공저) 등이 있고, 논문으로는 "일본불교의 내셔널리즘의 기원과 역사, 그리고 그 교훈", "근대일본의 화엄사상과 국가", "소태산 박중빈의 불교개혁사상에 나타난 구조고찰" 등이 있다. 일본불교의 역사와 사상, 그리고 불교적 관점에서 원불교에 대한 연구를 하고 있다.

● 이관표: 인천대학교 기초교육원 강의교수. 독일 드레스덴 대학에서 철학박사(실천철학/윤리학)를, 연세대학교에서 신학박사(조직신학)를 받고 협성대 초빙교수, 명지대 객원조교수 등을 지냈다. 『소수자의 신학』(공저), "하이데거 사유에서 비움의 문제(1)", "부정성의 극단화로서의 노년", "니체의 새로운 종교성과 신의 빈자리" 외 다수의 논문을 썼다.

● 이도흠 : 한양대학교 국어국문학과 교수. 정의평화불교연대 상임대표, 지순협 대안 대학 이사장, 계간《불교평론》편집위원장. 민주화를 위한 전국교수협의회의

(민교협) 상임의장, 계간《문학과 경계》주간, 한양대 한국학연구소 소장, 의상·만해 연구원 연학실장 등을 역임했다. 저서로『인류의 위기에 대한 원효와 마르크스의 대화』,『화쟁기호학, 이론과 실제』,『신라인의 마음으로 삼국유사를 읽는다』등이 있고, 역서로 틱낫한의『엄마』가 있다.

● 이찬수: 서울대학교 통일평화연구원 HK연구교수, 한국문화신학회 회장. 서강대학교 종교학과에서 박사학위를 받았고, 강남대 교수, (일본)중앙학술연구소, (일본)WCRP평화연구소, 난잔종교문화연구소 객원연구원 등을 지냈다.『인간은 신의 암호』,『다르지만 조화한다』,『불교와 그리스도교 깊이에서 만나다』,『한국 그리스도교 비평』,『평화와 평화들』,『아시아평화공동체』(편저) 외 다수의 책과 논문을 썼고,『화엄철학』등을 번역했다.

● 정경일 : 평신도 신학자, 새길기독사회문화원 원장, 한국민중신학회 총무. 공저로 Terrorism, Religion, and Global Peace,『사회적 영성』,『고통의 시대, 자비를 생각한다』등이 있고, 역서로는『붓다 없이 나는 그리스도인일 수 없었다』(공역), 주요 논문으로는 "Just-Peace: A Buddhist-Christian Path to Liberation", "Liberating Zen: A Christian Experience", "사랑, 지혜를 만나다: 어느 그리스도인의 참여불교 탐구", "램프는 다르지만 그 빛은 같다: 정의를 위한 그리스도인과 무슬림의 협력", "'종교 이후'의 사회적 영성" 등이 있다.

● 기록 및 정리 : 홍정호(연세대 기독교문화연구소 전문연구원)

레페스심포지엄01
종교 안에서 종교를 넘어

등록 1994.7.1 제1-1071
1쇄 발행 2017년 12월 31일

기　획 레페스포럼
지은이 김근수 김승철 김용표 류제동 명 법 손원영 원영상 이관표 이도흠 이찬수 정경일
펴낸이 박길수
편집인 소경희
편　집 조영준
관　리 위현정
디자인 이주향
펴낸곳 도서출판 모시는사람들
　　　　03147 서울시 종로구 삼일대로 457(경운동 88번지) 수운회관 1207호
전　화 02-735-7173, 02-737-7173 / 팩스 02-730-7173
홈페이지 http://modl.tistory.com/

인　쇄 상지사P&B(031-955-3636)
배　본 문화유통북스(031-937-6100)

값은 뒤표지에 있습니다.
ISBN 979-11-88765-03-4　　94210
SET　 979-11-88765-02-7　　94210

* 잘못된 책은 바꿔드립니다.
* 이 책의 전부 또는 일부 내용을 재사용하려면 사전에 저작권자와 도서출판 모시는사람들의 동의를 받아야 합니다.

이 도서의 국립중앙도서관 출판예정도서목록(CIP)은 서지정보유통지원시스템 홈페이지(http://seoji.nl.go.kr)와 국가자료공동목록시스템(http://www.nl.go.kr/kolisnet)에서 이용하실 수 있습니다. (CIP제어번호: 2017034560)